数据资产管理

Data Assets Management

总顾问　宫晓东

主　编　张　宁

副主编　李朝霞　闵令超　蒋　术

编著者　（按姓氏笔划排序）

王　昱　朱占军　李朝霞　闵令超

张　宁　胡延康　胡祥科　俞　蕾

凌云飞　黄　为　黄福玉　龚建原

蒋　术　鲁　毅　燕　鹏

广东高等教育出版社

Guangdong Higher Education Press

·广州·

图书在版编目（CIP）数据

数据资产管理/张宁主编．—广州：广东高等教育出版社，2023.6
ISBN 978－7－5361－7407－8

Ⅰ．①数… Ⅱ．①张… Ⅲ．①企业管理－数据管理 Ⅳ．①F272.7

中国版本图书馆 CIP 数据核字（2022）第 238572 号

SHUJU ZICHAN GUANLI

出版发行	广东高等教育出版社 地址：广州市天河区林和西横路 邮编：510500　　营销电话：（020）87551597 http://www.gdgjs.com.cn
印　　刷	广东鹏腾宇文化创新有限公司
开　　本	787 毫米×1 092 毫米
印　　张	16
字　　数	300 千
版　　次	2023 年 6 月第 1 版
印　　次	2023 年 6 月第 1 次印刷
定　　价	49.00 元

与数据共存
（代序）

这个世界，本身就是一个数据的时空。

数据现象始终与我们共存。虽然早在公元前6世纪，古希腊的毕达哥拉斯学派就提出了“万物皆数”的观点，但人类对数据现象的认知却具有渐进的规律。

按照当今科学界普遍使用的世界观来看，宇宙似乎起源于138亿年前那个奇点的爆炸。在此之前，没有任何数据可以言表，唯一的属性被描述为“质量无限大，体积无限小”。随着一声巨响，时空毕现，万物俱成。

一直以来，人们观察和理解这个世界，依靠的是自身近百万年来不断形成的智能系统，而这个智能系统所运行和整顿的信息，却是依赖人类各种感官和神经系统所获取与传递的各种数据。伴随着智能系统的演进，我们甚至开始认识到，即使是在智人出现之前，自然界便已开始利用各类数据展开了极为复杂的化合与化分的构建，同者和其尘光，分者异其毫厘，形成了万类竞现、异彩纷呈的大千世界。因此可以断言，没有数据，便没有世界，也没有我们。

世界演化的过程，本质上就是一个不断分化的过程。基本粒子的分化，出现了质子与电子；物质世界的分化，出现了无机物分子与有机物分子；无机物形成了众多星系与各种宇宙物质，乃至在地球上形成了大气、海洋、山川、土地，有机物则形成了蛋白分子、细胞、万千生物，最终出现了人类；而人类又逐步分化出不同的人种、不同的生存模式、不同的文明形态和不同的社会构型。在这个亿万年的分化过程中，事物均以自身所具有的和展现出来的属性，求同存异，人类更是通过认知事物的特性，辨别彼此，定义概念，规范是非。事物的属性或特性，本质上就是数据。这些数据所形成的信息，可以在物与物之间、物与人之间、人与人之间，乃至文明与文明之间、社会与社会之间相互感应，相互作用，进而构成了当下这个极其复杂的多层级、多维度世界。

人类对数据现象的认知，是伴随着文明的递进而逐步泛化或整体化的。早期人类所关注的，是他们赖以生存的基本条件，比如时间和空间、自然与自我、造化与作用等，所谓“远取诸物，近取诸身”，是为“消息”或“信号”。随着人类数量的增长，人类与自然资源的关系紧张，社会构成日趋复杂化，矛盾冲突日益凸显，人类受消除纷争、化解矛盾目的之逼迫，必须获取更多的数据信息，用以运筹与预测未来，所谓“知彼知己”。与此同时，语言和文字符号的出现，可以帮助人类传递、记录和保存重要的数据信息，进而通过对数据信息的分析，总结经验和教训，归纳属性与规律，逐渐形成知识体系，从而促进了文明的快速发展。但是，在以往文明发展的大部分时期，由于人类记忆、语言、文字等数据处理方式受到诸多自身条件的局限，令人类对于数据现象的理解十分有限，甚至并没有将数据现象与世界演化之间的内在规律进行明确的和普遍的关联。与此近似的关联思考仅仅存在于极少数智者的“今世赖之以知古，后世赖之以知今”等江山社稷长治久安、资治通鉴的权力意识之中。

以计算机技术、通信技术、网络技术和大数据处理技术为代表的信息技术的出现，并以其令人炫目的迭代进化与日益普及，使得人类在短短的几十年内快速进入信息社会或信息文明之中，令人类自身有限的数据处理能力得到极大的拓展与提升，使得人类可以对以往的知识体系进行大规模和高效率的整顿与挖掘，进而引发了认知逻辑的变革。与此同时，工商文明更为全面而深刻地置换传统的农业文明，技术、资源、人才、财产、货币、金融、资本、市场等不断翻新的时代概念无孔不入，从经济层面、政治层面、社会关系层面、文化层面以及道德和法律层面，冲击着传统社会的价值体系。二者的合力作用，深刻地影响了人类的认知深度和广度。

数据资产管理，正是在这样的背景下形成的一种新理念，并受其指引，正在逐步形成一种新型的人类活动。

综上所述，人类对于数据现象的认知大致上具有以下四个基本特点：

第一，由单一属性向整体本质演进。早期人类对数据现象的认知，是围绕着数理逻辑展开的，即注意到数字（而非数据）内在的逻辑关系，形成了极为复杂的数论系统。这不仅表现在以八卦和《易经》为代表的华夏早期文明成果中，用于探寻天地之变奥，进而追寻天人合一的社会演进规律，建立与之相适应的思想体系，也更典型地体现在以毕达格拉斯学派数论体系和欧几里得几何学所总结归纳的公理、定理、概念、定义、问题、关系等数理逻辑系统之中，用以表达人类对于物质世界存在状态和运行规律的描述与解释。但这些发现或认知，大都是人类对自身感知经验的总结与抽象，进而成为数学或运筹学的基础和先声，主要表现为人类对于“数”的单一属性的发现与感受。由此为起点，人类开始逐步探寻“数”的单一属性向“数据”的整体本质属性的递进，构建出当今人类关于“数据即存在”的思想模型。这是“数据资产”概念形成的逻辑基础。

第二，极大地受控于人类认知能力。人类智慧的发生与发展，迄今已经经历了自然思维模式（前神学时期）、神创思维模式（神学时期）、理性认知模式（哲学时期）、大信息量整顿与实际验证模式（科学时期）等四大历程。仅就人类认知能力而言，哲学（爱智）所表达的理性认知模式，也经历了本体论（客观地观察世界）、认识论（反观人类智慧本身）和语义论（意识到语言逻辑对人类认知能力的影响）等三个阶段。这表明，人类认知能力的演进，呈现出不断表浅化的趋势，即由终极追问，逐步泛化到生活表层方式的分析。因此，人类对于数据现象的认知，也是沿着由数理逻辑属性的发现和抽象，逐步泛化到社会事务的方方面面，进而形成整体化数据观念的现实认知结果上来。这是“数据资产”概念形成的思想动因。

第三，局限于不同的生存结构或文明形式。与其他生命形式一样，人类在这个世界上存在的首要意义，就是繁衍生息。早期人类群体受所处地理位置和气候条件的影响，并结合生产力水平的限制，其生存结构本质上是一种自然逼迫。比如在早期文明发祥地，大都属于原始农耕文明的生存结构方式，而在环地中海沿岸，由于开放地貌和民族扰攘频仍，各民族之间交往充分，因而形成了早期工商文明的生存结构方式。原始文明发祥地区最早形成的文字符号系统基本都属于“图画乾坤”式的象形符号，而在环地中海地区，为适应使用不同语言和不同文字的各民族之间的交流需要，产生了抽象的拼音符号系统。以此为基础，各种文明形式对于人类认知能力的影响是极为明显的。这不仅表现在他们所组成的社会结构、道德尺度和法律体系各具特点，也表现在他们运用语言文字所形成的思维逻辑模式大相径庭。比如，在农业文明模式下，可以形成数据是历史记录，是道德信用表达方式，是权力合法性及其延续的“插入鞘中之剑”等认知结果。而在工商文明模式下，便会产生数据是资源，是资产，是维系私权利的公器，是法律证据等观念。在当今全球经济一体化和市场化的进程中，数据处置成为社会运行所不可或缺的资源生成方式、资源储备方式、资本运作方式、社会治理管控方式和权益分配方式等，均为当下信息文明生存结构的催生产物。这是“数据资产”形成并可以运作的现实条件。

第四，繁简交互效应。当今人类社会，科学思维模式是主流认知方式。而科学思维模式的展开，离不开对数据的占有与运算。按照科学方法的精密逻辑运算要求，研究愈深入，所需要的数据量就愈大，其反映的现实状态也愈复杂，而运算结果却又必须抽象和简化。数据现象的这种运行特点，本质上反映出人类认知能力的行为特点，同时也是信息处理技术发展和升级的基本趋势。纵观当今以IT技术、AI技术、大数据技术、网络技术、数据存储技术为核心的各类信息技术的迭代发展，无一不是以繁杂的运算理论、制造技术、程序编制语言与算法、网络布局建设、信号传输和终端设备配置、安全长效机制构建，以及成套化的各项标准配套等整体构建与运行管控为手段，同时又是以获取明确结果和便利操作体验为目标的。这种数据时代或“信息文明”的运作状态，使得人类对于数据现象处于“繁简交互效应”共同作用的“五味杂陈”般的切身体验之中，爱之愈深，恨之越切，却又舍之不能。这是对“数据资产”未来运行趋势的初步预判。

基于以上的观察与思考，我们组织汇集部分高校信息资源管理专业的学者、国家相关政府机构和中央企业信息业务管理者、国家重要信息技术及人工智能科研机构的专家，以及部分IT公司资深专业技术人员等，通力合作，广泛学习，深度研讨，结合各自的学术思考、技术实践和业务管理经验，编写了本部著作。

全书有3编共11章，分别从理论概述与讨论、管理原理介绍与阐述、应用案例展示与分析等视角，较为全面地针对数据资产现象及其管理工作展开了论述。相关资料搜集全面，并尽其所能体现出国内外最新业内发展动态；基础理论阐述清晰，并尽其所能简单明了；业务技术内容、关键性环节及主要流程设计明确，并尽其所能便于理解和操作；案例选取典型，并尽其所能展示目前我国数据资产管理实践的实际发展状态和水平；问题抽象与分析准确、深刻，并尽其所能反映数据资产管理的理论研究和实践活动所遇到的主要问题，提出作者的分析和思考。

应当指出，数据资产管理，是当今社会发展与演变催生出来的一个新兴命题，具有十分鲜明的时代特征，同时又承载了人类几千年文明进程中关于数据现象认知的经验和教训。本书的写作与出版，并非想为此命题的研究与实践画上句号。编写本书的目的，在于通过我们的努力，总结以往相关研究与实践所取得的成果，分析目前存在的教训与问题，集成并分享有关成功经验，力求将此命题的研究和探寻引入更为深刻与更为广泛的领域，促进其社会价值的实现，为我国社会数字化转型目标的达成提供一份思想方案和参考意见。

当人们开始将数据视为现代社会生存不可或缺和可以增值的一种资产之时，数据现象已经开始由原本隐藏在缤纷世界表象之下的抽象态，转化成为一种与世间万物紧密关联的具象态，数字化生存的理念，逐渐成为我们的一种信念。

中国人民大学　宫晓东
2021年8月
于北京北郊沙河之阳梦蝶堂南窗净几

目　　录

概述篇

管理篇

应用篇

概述篇

第1章　数据资产管理的背景与意义

1.1　数据资产管理的发展背景

随着大数据时代的来临，各行各业对数据的重视程度达到前所未有的高度，“数据即资产”的理念也已被逐渐理解和接受。任何事物的发展都离不开其所处环境的支撑，数据资产管理也不例外，其发展更是依赖于政府政策、技术进步、市场需求等诸多因素的助力。本小节将主要从政策、技术、市场等三个角度阐述数据资产管理的发展背景。

1.1.1　政策背景

在大数据时代，数据是资源的认知早已普及，而随着支撑数据交换共享和数据服务应用技术的发展进步，数据能更大程度地发挥其自身的价值，“数据即资产”的认知也得到了学界、业界的认可。国家层面对于数据资产的重视程度也在不断提升，主要体现在各国政府出台相关政策法规，营造良好环境，设立主管机构统筹部署等方面。

1.1.1.1　国外政策背景

相较于中国，国外很多国家和地区较早就建立了大数据交易平台，美国、欧盟、英国、韩国等也都积极部署了国家大数据发展战略。

2012年美国发布了《大数据研究和发展倡议》，其中指出要提升从海量复杂数据中获取知识、挖掘价值的能力，并及时调整政策框架与法律规章，积极应对大数据发展带来的隐私保护等问题。2014年又发布《大数据：抓住机遇、保存价值》白皮书，再次提出要警惕大数据应用所带来的隐私、公平等问题。2016年发布《联邦大数据研发战略计划》，形成了包括技术研发、数据开放共享、隐私安全伦理等7项战略。2019年6月，美国发布了《联邦数据战略第一年度行动计划》草案，这个草案包含了每个机构开展工作的具体可交付成果，以及由多个机构共同协作推动的政府行动。相较于《联邦大数据研发战略计划》，这一草案体现了美国对大数据的重视程度有所提升，关注焦点也从“技术”转到“资产”上[①]。

2015 年欧盟委员会发布《数字化单一市场战略》，其中提出要“构建数据经济”，而“分散实施的版权规则和不够清晰的数据使用权阻碍了跨境数据的使用和新技术的应用”，要“根据数据化革命和随之改变的消费者行为对版权规定进行与时俱进的更新”。

英国也非常重视大数据对经济增长的拉动作用，发布了《英国数字战略》《工业战略：建设适应未来的英国》等，其中提出要建立灵活的知识产权机制。韩国政府 2016 年发布《智能信息社会中长期综合对策》，提出要加速数据流通和使用，激活数据交易市场，推动公共和民间数据实现以价值为导向的交易。

1.1.1.2 我国政策背景

近年来，我国大数据产业蓬勃发展，这背后离不开国家层面的大力扶持。“数据资产”概念的讨论愈加深化，数据资产管理也被看作是推动大数据与实体经济深度融合、新旧动能转换、经济转向高质量发展阶段的重要工作内容，国家的相关政策法规也更多的是从“大数据”的角度进行制定。以下主要从政策环境、主管机构、法律法规等方面介绍我国各级政府及有关部门为数据资产管理的良好发展而做出的努力。

1. 政策环境

2014 年 3 月，“大数据”一词首次写入政府工作报告，这是中国政府为大数据发展营造良好的政策环境的第一步。该报告指出，要以创新支撑和引领经济结构优化升级，要把创新摆在国家发展全局的核心位置，促进科技与经济社会紧密结合，推动我国产业向全球价值链高端跃升。设立新兴产业创业创新平台，在新一代移动通信、集成电路、大数据、先进制造、新能源、新材料等方面赶超先进，引领未来产业发展。[②] 政府政策可以称得上是“风向标”，从这一年开始，“大数据”不再囿于学术研究，而是逐渐成为政府和社会各界关注的热门话题。

2015 年 8 月 31 日，国务院正式印发了《促进大数据发展行动纲要》，这是中国大数据发展的首部战略性指导文件，体现了国家层面对于大数据发展的顶层设计和统筹布局。《促进大数据发展行动纲要》将大数据上升为国家战略，对大数据的整体发展做

---

① 陈一. 我国大数据交易产权管理实践及政策进展研究［J］. 现代情报，2019，39（11）：159 – 167.

② 李克强. 2014 年政府工作报告［R/OL］.（2014 – 03 – 05）［2021 – 09 – 21］. https://www.gov.cn/guowuyuan/2014zfgzbg.htm.

出了战略部署，推动大数据在各行各业的应用发展，并制定了较为完善的政策机制来保障我国大数据的发展进步。

2016 年 1 月，国家发改委正式印发《关于组织实施促进大数据发展重大工程的通知》，其中提及将重点支持大数据示范应用、共享开放、基础设施统筹发展，以及数据要素流通，择优推荐项目进入国家重大建设项目库审核区，并根据资金总体情况予以支持①。

2016 年 3 月通过的《中华人民共和国国民经济和社会发展第十三个五年规划纲要》（以下简称《“十三五”规划纲要》）中提到要拓展网络经济空间，实施国家大数据战略。指出“把大数据作为基础性战略资源，全面实施促进大数据发展行动，加快推动数据资源共享开放和开发应用，助力产业转型升级和社会治理创新”②。《“十三五”规划纲要》不仅提出要促进大数据产业健康发展，同时指出了政府数据的重要性，要对政府数据进行有效整合、开放共享。

2016 年 12 月，为了贯彻落实《“十三五”规划纲要》和《促进大数据发展行动纲要》，工信部发布了《大数据产业发展规划（2016—2020 年）》，提出“到 2020 年，技术先进、应用繁荣、保障有力的大数据产业体系基本形成……加快建设数据强国，为实现制造强国和网络强国提供强大的产业支撑”③。并点明大数据产业发展的重点任务和重大工程。这为大数据产业指明了前进道路。

2017 年 10 月，党的十九大报告指出，要“加快建设制造强国，加快发展先进制造业，推动互联网、大数据、人工智能和实体经济深度融合，在中高端消费、创新引领、绿色低碳、共享经济、现代供应链、人力资本服务等领域培育新增长点、形成新动能”④。十九大报告进一步凸显了大数据作为国家基础性战略性资源的重要地位，掌握丰富的高价值数据资源日益成为抢占未来发展主动权的前提和保障。同年 12 月，中央政治局就实施国家大数据战略进行了集体学习。

---

① 国家发展改革委办公厅. 关于组织实施促进大数据发展重大工程的通知［EB/OL］.（2018-05-23）［2021-09-21］. https://cloud.tencent.com/developer/article/1134246.

② 中华人民共和国国民经济和社会发展第十三个五年（2016—2020 年）规划纲要［EB/OL］.（2016-03-17）［2021-09-21］. https://www.gov.cn/xinwen/2016-03/17/content_5054992.htm.

③ 工业和信息化部. 大数据产业发展规划（2016—2020 年）［EB/OL］.（2017-01-17）［2021-09-21］. https://www.miit.gov.cn/jgsj/xxjsfzs/rjcy/art/2020/art_268542a20cad4f0fa090af480599d019.html.

④ 习近平. 决胜全面建成小康社会 夺取新时代中国特色社会主义伟大胜利：在中国共产党第十九次全国代表大会上的报告［R/OL］.（2017-10-28）［2021-09-21］. http://jhsjk.people.cn/article/29613660.

自2015年《促进大数据发展行动纲要》对大数据发展进行了系统性部署以来，全国各地陆续出台促进大数据产业发展的规划、行动计划和指导意见等文件。截至目前，除港澳台以外的全国31个省级地区均已发布了推进大数据产业发展的相关文件，全国各地推进大数据产业发展的设计已经基本完成。其中，大部分省市的大数据产业政策集中发布于2016—2017年。而之后发布的政策更多地以新一代信息技术整体为考量，加入了人工智能、数字经济等方面的内容，扩展了大数据的外延。在这些已发布的大数据政策中，除了有对大数据产业发展的扶持外，各级政府也在关注行业数字化和政务服务等方面，这也体现了大数据与各行业应用结合及政府数据开放共享所取得的成果。

2019年10月，党的第十九届四中全会提出，“健全劳动、资本、土地、知识、技术、管理、数据等生产要素由市场评价贡献、按贡献决定报酬的机制。”① 这是将数据作为与资本、土地、知识、技术和管理并列的生产要素，体现出数据在国民经济运行中日益重要，数据对经济发挥发展、社会生活和国家治理正在起着根本性、全局性、革命性的影响。

2020年3月，政府工作报告第七次提到“大数据”，其中多项任务与大数据密切相关。

2021年《中华人民共和国国民经济和社会发展第十四个五年规划和2035年远景目标纲要》第五篇主题为“加快数字化发展 建设数字中国”，其中“数字经济重点产业”第02项“大数据”，提出：“推动大数据采集、清洗、存储、挖掘、分析、可视化算法等技术创新，培育数据采集、标注、存储、传输、管理、应用等全生命周期产业体系，完善大数据标准体系。”② 这表明，大数据及数据资产管理已经作为新型产业形式成为国家数字转型战略的重要组成部分。

2. **主管机构**

近年来，党和国家发布多个文件对大数据产业发展进行顶层设计与战略布局，各级政府和有关部门也在积极做好贯彻落实，推动国家大数据战略落地实施。

2018年3月，中共中央印发了《深化党和国家机构改革方案》，要求省级党政机构在2018年年底前机构调整基本到位。在31个省份机构改革方案中，大数据管理机构成为亮点。多个省份设置了大数据管理机构，整合相关部门数据资源管理、大数据应用和产业

① 中共中央关于坚持和完善中国特色社会主义制度 推进国家治理体系和治理能力现代化若干重大问题的决定［EB/OL］.（2019－11－05）［2021－09－21］. https://www.gov.cn/xinwen/2019－11/05/content_5449023.htm.

② 中华人民共和国国民经济和社会发展第十四个五年规划和2035年远景目标纲要［EB/OL］.（2021－03－13）［2021－09－21］https://www.gov.cn/xinwen/2021－03/13/content_5592681.htm.

发展、信息化等职责，对包括大数据产业在内的大数据发展进行统一的调度管理。

在这次机构改革之前，广东省在2014年就在经济和信息化委员会内部设立大数据管理局，但首个真正意义上省属大数据发展管理局是贵州省大数据发展管理局。截至2020年，共有18个省级地方成立专门的大数据主管机构，分别是广东、浙江、山东、贵州、福建、广西、吉林、河南、江西、内蒙古、重庆、上海、天津、海南、江苏、北京、安徽、四川。这些机构根据机构类型和规格可分为省政府直属机构、部门管理机构和挂牌机构三类。部分省级以下的地方政府也相应组建了专门的大数据管理相关机构。根据黄璜等人的统计，截至2018年10月已有79个副省级和地级城市组建了专门的大数据管理机构。①

设立数据治理机构是我国地方政府迎接数字时代的一项重要治理创新。政府数据治理是政府作为治理主体对数据产业、数据经济乃至整个社会数据化过程的治理。

3. **法律法规**

除了党和国家营造良好的政策环境以及各级政府成立专门的大数据管理机构外，我国对于数据安全的法律制度也在不断完善，各行各业的数据治理也将深入推进。数据的采集、使用、共享等环节的乱象得到遏制，数据的安全管理成为各行各业自觉遵守的底线，可持续的大数据发展环境逐步形成。

当前中国大数据方面的立法呈现出以个人信息保护为核心，包含基本法律、司法解释、部门规章、行政法规等综合框架。一些综合性法律中也涉及了个人信息保护条款。基本法律包括《中华人民共和国网络安全法》和《全国人民代表大会常务委员会关于加强网络信息保护的决定》等；司法解释主要有《最高人民法院关于审理利用信息网络侵害人身权益民事纠纷案件适用法律若干问题的规定》和《关于办理侵犯公民个人信息刑事案件适用法律若干问题的解释》；部门规章则主要包括《中国人民银行关于银行业金融机构做好个人金融信息保护工作的通知》《电信和互联网用户个人信息保护规定》等；行政法规有《征信业管理条例》等。综合法律如《中华人民共和国民法典》《中华人民共和国消费者权益保护法》中也有涉及个人信息保护的相关条款。

2019年以来，数据安全方面的立法进程明显加快。中央网信办针对四项关于数据安全的管理办法相继发布征求意见稿，《网络安全审查办法（征求意见稿）》《数据安全管理办法（征求意见稿）》《儿童个人信息网络保护规定（征求意见稿）》和《个人信息出境安全评估办法（征求意见稿）》。其中，《儿童个人信息网络保护规定》已正式公

① 黄璜，孙学智．中国地方政府数据治理机构的初步研究：现状与模式［J］．中国行政管理，2018（12）：31－36.

布，并于2019年10月1日开始施行，《网络安全审查办法》2020年6月1日开始施行。

不可否认的是，从法律法规体系方面来看，我国数据安全法律法规仍不够完善，呈现出缺乏综合性的统一法律、缺乏法律细节解释、保护与发展协调不够等问题。但一系列法律法规的颁布施行，也体现了我国在数据安全方面的重视，相信在未来这些不足之处会一一完善，我国会建立起一个完整的数据安全法律法规体系。

1.1.2 技术背景

数据资产管理能够得以持续发展并趋于成熟，其背后离不开相关技术进步的支撑与支持，尤其是大数据技术的发展。同时，相关标准的制定也是数据资产应用和发展的重要基础，在促进数据资产管理上发挥着不可替代的作用。

1.1.2.1 技术支撑

技术与管理之间的关系是相辅相成的，技术的进步促成了管理理论和方法的创新，管理理论和方法的创新促进技术的进一步提高。技术的应用与创新，如数据管理技术的不断进步、大数据技术趋于成熟等，会给数据资产管理这一全新管理领域带来新的变化。

1. 数据管理技术不断进步

数据管理技术主要经历三个阶段：人工管理、文件系统管理、数据库系统管理。20世纪50年代中期以前，是人工管理阶段，计算机主要用于科学计算，并且没有磁盘等存储设备，数据不能长期保存，也无法实现数据间的共享，数据没有相对独立性。20世纪50年代后期，计算机硬件和软件开发到了一个崭新的高度，计算机开始应用于数据管理方面，此时磁盘得到普及，数据能够长期保存，可以实现反复的修改和处理，并支持插入、修改、删除、查询等操作，但仍然存在独立性差、共享性差的缺点。20世纪60年代后期以来，计算机软件得到进一步发展，计算机管理的对象规模日益扩大，应用范围也日益广泛，同时社会对多种应用、多种语言互相覆盖地共享数据集合的要求越来越强烈，数据库技术便应运而生，从文件系统到数据库系统，数据管理技术实现了质的飞跃。

随着数据随机存储技术和数据库技术的使用，计算机系统可以对数据进行方便的存储和访问，“数据管理”这一概念也才真正出现。在数据资产化背景下，数据资产管理是在数据管理的基础上发展而来，数据管理技术的进步演变也为数据资产管理提供了基础的技术支撑。

2. 大数据技术趋于成熟

“大数据”这一词最早出现在《第三次浪潮》，这本书将其赞颂为“第三次浪潮的华彩乐章”。大数据的出现以及相关技术的迅速突破使得大数据在改变人类生产生活方式中逐渐承担重要角色，大数据时代的到来颠覆了业界、学界对传统数据的认知，同时也引起了数据的获取、存储、分析、挖掘及可视化等技术的变革。

大数据的发展有三个层次，自下而上依次为大数据处理能力、数据资产管理、业务价值实现。而在其中，数据资产管理所起到的作用就是需要把在各种大数据处理平台上获得的数据资产有效地管理起来，并且围绕它支持创造业务价值目标，更好的流动、加工、分析、应用，甚至是数据的开放、连接、整合、嫁接等一系列过程。

近年来，大数据底层技术发展呈现出逐步成熟的态势。在大数据发展的初期，技术方案主要聚焦于解决数据“大”的问题，Apache Hadoop 定义了最基础的分布式批处理架构，打破了传统数据库一体化的模式，将计算与存储分离，聚焦于解决海量数据的低成本存储与规模化处理。在解决了数据“大”的问题后，数据分析时效性的需求愈发突出，Apache Flink、Kafka Streams、Spark Structured Streaming 等近年来备受关注的产品为分布式流处理的基础框架打下了基础。在此基础上，大数据技术产品不断分层细化，在开源社区形成了丰富的技术栈，覆盖存储、计算、分析、集成、管理、运维等各个方面。据统计，目前大数据相关开源项目已达上百个。①

同时，大数据的出现颠覆了传统数据处理的一系列技术。大数据处理技术体系主要涉及大数据的采集技术、存储技术、分析及挖掘技术、可视化呈现技术 4 个部分。来自不同领域的大数据的特点、数据量及用户数不同，可分为结构化数据、半结构化数据和非结构化数据 3 种类型，而大数据采集面对的挑战主要是并发数高、流式数据速度快。随着互联网技术和云计算技术的发展，建立在分布式存储基础上的云存储已经成为大数据存储的主要趋势，大数据存储的主要挑战则是数据异构、结构多样、规模大。简单的统计分析以及分类汇总，其导入数据量大，查询请求多，而大数据挖掘涉及数据的分类、聚类，其算法复杂，计算量大。大数据呈现的挑战在于数据维度高、呈现需求多样化。总的来说，大数据处理环节中各技术功能的相互配合使用为大数据价值的有效实现提供了技术基础。②

1.1.2.2　标准规范

数据资产管理的标准化是数据资产应用和发展的重要基础，相关标准和规范发挥着不可替代的作用。

---

① 程学旗，靳小龙，杨婧，等. 大数据技术进展与发展趋势［J］. 科技导报，2016，34（14）：49－59.

② 彭宇，庞景月，刘大同，等. 大数据：内涵、技术体系与展望［J］. 电子测量与仪器学报，2015，29（4）：469－482.

1. 数据管理

数据资产管理在数据管理的基础上发展而来。数据管理的概念在20世纪80年代就已出现，以国际数据管理协会（Data Management Association International，DAMA）为代表的组织机构长期从事数据管理的研究工作。2009年，DAMA发布数据管理知识体系DMBOK 1.0，将数据管理定义为规划、控制和提供数据资产，发挥数据资产的价值，并将数据管理划分为10个领域，分别是数据治理、数据架构管理、数据开发、数据操作管理、数据安全管理、参考数据和主数据管理、数据仓库和商务智能管理、文档和内容管理、元数据管理和数据质量管理。2015年，DAMA在DMBOK 2.0知识领域将其扩展为11个管理职能，分别是数据架构、数据建模与设计、数据存储与操作、数据安全、数据集成与互操作、文件和内容管理、参考数据和主数据、数据仓库和商务智能（Business Intelligence，BI）、元数据、数据质量等。

由卡耐基梅隆大学CMU软件研究所SEI发布的数据能力成熟度模型DMM，由五大过程域和组织支撑流程构成，其中过程域包括数据管理战略、数据质量管理、数据操作、数据平台和机构、数据治理。国际数据治理研究所DGI制定了数据治理框架，以访问路径的形式，直观展示了10个基本组件之间的逻辑关系，形成了一个从方法论到实施的自成一体的完整系统。数据治理委员会IBM，提出数据治理要素模型，将数据治理要素划分为支持规程、核心规程、支持条件和成果4个层次，重点关注数据治理过程的可操作性，强调实现业务目标或成果，实现数据价值。企业数据管理协会EDM，发布了数据管理能力成熟度评价模型DCAM 2.0，DCAM首先定义了数据能力成熟度评估涉及的能力范围和评估的准则，然后从战略、组织、技术和操作的最佳实践等方面描述了如何成功地进行数据管理。最后，又结合数据的业务价值和数据操作的实际情况定义数据管理的原则。

我国针对数据管理的规范，主要是由国家相关部门制定施行。国家标准化管理委员会从2012年起，陆续发布了《关系数据管理系统技术要求》（GB/T 28821—2012）、《非结构化数据管理系统技术要求》（GB/T 32630—2016）和《非结构化数据管理系统参考模型》（GB/T 34950—2017）。2018年3月，国家标准化管理委员会迎合社会对数据管理需求的日益迫切发布《数据管理能力成熟度评估模型》（GB/T 36073—2018），这是我国数据管理领域首个国家标准。该标准将组织对象的数据管理划分为八大能力域，即数据战略、数据治理、数据架构、数据标准、数据质量、数据安全、数据应用、数据生存周期，并对每项能力域进行了二级能力项和成熟度等级的划分。2018年6月，发布《信息技术服务　治理》第5部分：数据治理规范（GB/T 34960.5—2018），该规范提出了数据治理的总则和框架，规定了数据治理的顶层设计、数据治理环境、数据治理域以及数据治理过程的要求。它为中国各行业、机构开展数据治理提供了可靠的依据，为提升社会数据管控与应用能力、发挥数据资产价值、促进行业创新发展提供了重要支持和保障。该规范于2019年1月1日施行。2020年，国家标准化委员会专门针对物联网数据管理的需要发布了《物联网 感知控制设备接入》第2部分：数据管理要求，该标准规定了物联网感知控制设备接入网关或平台时的数据采集、数据处理、数据交换和数据安全等数据管理要求。

除了上述两个标准外，部分行业标准也一并发布，比如2017年7月国家标准化管理委员会发布的《基于云计算的电子政务公共平台服务规范》第3部分：数据管理，2017年4月，工业和信息化部发布的《信息技术服务 外包》第4部分：非结构化数据管理于服务规范，2017年12月国家标准管理委员会发布的《产品生命周期数据管理规范》，以及2019年1月中国人民银行发布的《银行间市场基础数据元》。2020年国家药监局综合司公开征求《药品记录与数据管理规范（征求意见稿）》意见等。

2. **数据资产**

随着各类组织对数据资产的日益重视，数据资产标准的研制也成为国内外各标准化组织共同关注的热点。

国外相关科研机构和大型企业提出了具有代表性的研究成果。2009年，英国格拉斯大学提出了数据资产框架（Data Asset Framework，DAF），构建了一套通用的、系统的科研数据资产审计框架，提出了一种对数据资产现状进行审计的实用方法和程序。① 2015年，麻省理工学院信息系统研究中心（Center for Information Systems Research，CISR）研究提出数据价值评估能够帮助企业将数据当作一种战略资产进行观察和治理。②

当前，互联网、金融、电信等行业的数据资产管理实践经验丰富，对补充和完善数据管理的理论体系及推动数据资产管理的行业应用具有重要意义。2019年，中国资产评估协会制定了《资产评估专家指引第9号——数据资产评估》，从数据资产的基本情况、基本特征、价值影响因素和应用商业模式等方面对评估对象进行多维刻画，介绍了成本法、收益法和市场法三类评估方法。③ 2019年6月，国家市场监督管理总局、中国国家标准化管理委员会发布了《电子商务数据资产评价指标体系》，提出了由数据

---

① UNIVERSITY OF GLASGOW. Data asset framework implementation guide [EB/OL]. (2017-03-20) [2021-10-21]. https://www.docin.com/p-1872262311.html.

② MIT CISR. Data value assessment: recognizing data as an enterprise asset [EB/OL]. (2015-03-01) [2021-10-21]. https://cisr.mit.edu/publication/2015_0301_DataAsset_WixomMarkus.

③ 中国资产评估协会. 资产评估专家指引第9号：数据资产评估 [EB/OL]. (2020-01-09) [2021-10-21]. https://www.chinaacc.com/upload/resources/file/2020/01/09/351942.pdf.

资产成本价值和数据资产标的价值组成的评价指标体系，并给出了二级指标体系项及对应的三级指标项，为电子商务数据资产价值的量化计算评价估计提供了依据。① 同期，中国信通院发布了《数据资产管理实践白皮书4.0》，从数据资产管理的概念、数据价值以及数据知产管理的任务、工具和实施进行了全面系统的描述，为我国开展和实施数据资产管理提供了系统的理论框架。2021 年将启动5.0 版本的编写工作。

1.1.3 市场背景

信息技术与经济社会的交汇融合引发了数据规模的迅猛增长。对于市场而言，数据具有了独立的经济价值；对于国家治理来说，数据则已经成为国家基础性战略资源。② 2020 年4 月，我国将数据与土地、劳动力、资本、技术并列为五大生产要素，并提出要“加快培育数据要素市场，完善数据要素的市场化配置机制”。数据价值日益凸显，数据资产管理发展空间十分可观。

国际机构 Statista 在 2019 年 8 月发布的报告显示，到 2020 年，全球大数据市场的收入规模预计将达到 560 亿美元，较 2018 年的预期水平增长约 33.33%，较 2016 年的市场收入规模翻一倍。而随着市场整体的日渐成熟和新兴技术的不断融合发展，未来大数据市场将呈现稳步发展的态势，增势维持在 14% 左右。在 2018—2020 年的预测期内，大数据市场整体的收入规模将保持每年 70 亿美元的增长，复合年均增长率约为 15.33%。从细分市场来看，大数据的硬件、软件和服务的市场规模均保持稳定的增长。具体而言，2016—2017 年，软件市场规模增速达到 37.5%，在数值上超过了传统的硬件市场。随着机器学习、高级分析算法等技术的成熟与融合，更多的数据应用和场景正在落地，大数据软件市场将继续高速增长。③

我国数据资产管理市场发展的主要推动来自政府和大型互联网公司。在国家层面上，正在以政务信息和政府数据管理为切入点，由上至下地推动数据资产管理。而在“互联网 +”行动计划、《促进大数据发展行动纲要》、《中国制造 2025》等政策的推动下，中国企业纷纷开启数字化转型之路，由此打开企业数据资产管理的市场。

据艾瑞咨询发布的报告，自 2012 年以来，我国大数据软件和服务行业市场规模增长迅猛。2016 年，大数据软件市场规模 72.6 亿元，同比增长 47.7%；大数据服务市场规模 41.5 亿元，同比增长 51.1%。软件市场占比高于服务市场的原因是用户更习惯于

---

① 国家市场监督管理总局，中国国家标准化管理委员会．电子商务数据资产评价指标体系：GB/T 37550—2019 [S]．北京：中国标准出版社，2019.

② 国务院．关于印发促进大数据发展行动纲要的通知（国发〔2015〕50 号）[EB/OL]．(2015 - 09 - 05) [2021 - 10 - 21]．http://www.gov.cn/zhengce/content/2015 - 09/05/content_10137.htm.

③ 中国信息通信研究院．大数据：发展现状与未来趋势 [J]．中国经济报告，2020 (1)：38 - 52.

软件许可授权的付费模式。大数据产业的繁荣带动对数据资产管理需求的升级，传统的数据管理方式已经难以适应大数据时代的需要，数据资产管理通过集中整合企业内外部数据，建立标准化的数据管理体系，并面向业务运营提供数据服务能力作为支撑，既降低了企业数据使用的成本，又提高了以数据指导管理决策的效率。同时，数据资产管理的深化为整个大数据产业的良性发展奠定了基础。数据资产成为企业的核心战略资产，为数据交易市场提供了广阔的发展空间，高质量的数据又反过来促进大数据应用及后续商业价值的实现。

2021 年，海比研究院、中国软件网联合中国软件行业协会发布《2021 年中国数据资产化工具市场研究报告》，其中指出随着企业数字化水平的不断提高，企业数据要素资源的累积逐步增多，促使企业对这些海量数据要素进行整合与管理以发挥数据要素的价值，从而催生数据资产化过程的发生。根据报告，2020 年我国数据资产化市场规模为 280 亿元，未来 5 年复合增长率达 40.7%，预计 2021 年市场规模达到千亿规模。旺盛的需求来源于国家新基建等政策推动，以及企业应对市场竞争而进行的数字化转型，这都为数据资产化工具企业带来广阔的市场空间。依据海比研究院的数据，有需求的企业数量高达 156 万家，其中高需求的企业数量达 48 万家，但实际购买并形成数据资产管理的企业数量只有 1.4 万家，占比 2.9%。

以核心工具作为细分标准来看，数据应用类的需求占比最高，1.4 万家企业中占比达到 32%，其次是数据处理类，占比为 20%。从销售额来看，数据存储规模最大，达到 113 亿元，其次是数据应用类，其中可视化市场规模 24 亿元，交易变现 18 亿元，内部决策应用 54 亿元，再次是数据处理、数据采集和源数据领域。从行业角度看，互联网企业占比最高，达到 5 800 多家，远高于其他行业。互联网的行业特点决定了对数据工具的需求，但在数字化转型逐渐普及的今天，其他类型行业的需求也应获得数据资产工具企业的关注。从需求层面来看，大中型企业贡献的市场规模比例较高，尤其是政府、金融、医疗、制造和教育等行业的贡献较大。

当前，数据要素市场整体发展已进入变革期，未来数据资产化与管理变现将迎来发展机遇期。

1.2 数据资产管理的重要意义

数据作为越来越重要的生产要素，正在成为比土地、石油、煤矿等更为核心的生产资源。但如果数据资产处理不当，数据繁杂无序，那么这些数据将不再是资产，而是一无是处的垃圾，而随着系统的更新迭代，我们将会失去这部分资产。因此如何加工利用数据，充分有效释放数据价值，是政府和企业正在面临且努力攻克的重要课题。充分有效挖掘数据价值的过程中充满了重重阻碍，但数据资产管理正在逐步扫清这些障碍。

1.2.1 数据资产管理的必要性

当前，数据是资产的概念已经成为行业共识。然而现实中对数据资产的管理和应用往往还处于摸索阶段，数据资产管理面临诸多挑战。

1.2.1.1 数据资产管理阻碍重重

我国绝大部分政府和企业大数据应用处于初级阶段，造成这种现状归根到底是在于原有粗放式的信息化建设模式以及企业数据文化的缺乏，导致数据相关的管理体系、工具和制度等多方面都有不同程度的缺少，出现了很多数据资产管理的问题。

（1）数据黑盒化。大部分企业和政府部门缺乏数据文化和数据管理意识，在信息化过程中尚未形成有效的数据规划和相关的设计说明，业务人员会对数据出现无法理解的情况，从而形成各种各样的数据黑盒。

（2）数据标准不统一。很多企业和政府部门对大数据的应用有限，企业的业务部门或政府部门仍缺乏统一的数据规划、可信的数据来源和数据标准，站在各自的立场对数据进行生产、使用和管理，数据标准混乱，导致数据混乱冲突、一数多源、多样多类等问题。而统一标准是解决数据的关联能力，保障信息交互、数据流通、系统访问功能顺畅的必要前提。

（3）数据多头管理。由于信息系统的建设和管理职能分散在各个部门，数据的增删、修改、使用等权限混乱，难以建立全面、准确、完整地反映企业运营状况的单一数据视图。数据需求、数据质量、数据应用等问题的管理和解决分散在不同的业务和技术部门，没有一个清晰的协调机制和统一的数据管理渠道，不仅业务不能及时、按需获得数据支持，也使得数据资产管理的职责分散、权责模糊。

（4）数据缺乏有效治理。与数据有关的元数据、质量等数据治理的流程没有统一完备的流程管理，难以确保数据治理活动在整个企业或政府部门范围内保持高度一致，因此无法提供一个有效、完整且准确的高质量数据环境。

（5）数据生命周期运营不完整。数据的产生、使用、维护、备份到过时被销毁的数据生命周期管理规范和流程还不完善，数据安全的问题十分明显，生命周期运营不完整导致数据敏感、数据泄露的数据安全事件也多有发生。

（6）数据流通渠道不畅通。数据在不同的应用之间缺乏有效的平台或工具进行方便快速的数据交互，缺少渠道引入更多的数据以补全政府或企业数据的不足，数据形成事实孤岛。

(7) 数据垃圾亟须解决。大量的历史留存导致冷数据无法被有效识别及处理，形成数据“包袱”。这些数据垃圾很难被加以利用从而变成数据资产，又占用存储空间，浪费成本，造成大量损失。

(8) 数据质量参差不齐。数据冗余、数据缺值、数据冲突等数据质量问题不能被及时发现和有效解决，建立规范的数据治理流程和考核机制等途径迫在眉睫。

总的来说，我国大部分企业和政府部门的大数据应用基础比较薄弱，存在数据标准混乱、数据质量参差不齐、各条块之间数据孤岛化严重等现象，阻碍了数据的共享应用。并且受限于数据规模和数据源种类的丰富程度，多数企业的数据应用刚刚起步，主要集中在精准营销、舆情感知和风险控制等有限场景，应用深度不够，应用空间亟待拓展。

1.2.1.2 数据价值难以有效发挥的原因

显然，无论是政府还是企业，在数据资产管理过程中都面临诸多问题，这些问题阻碍了数据的互联互通和高效利用，成了数据价值难以有效释放的瓶颈。而影响数据价值难以有效发挥的原因，主要包括以下几点。

一是缺乏统一数据视图。企业和政府部门的数据资源通常散落在多个业务系统中，相关部门和业务人员无法及时感知到数据的分布与更新情况，无法快速找到符合自己需求的数据，也无法发现和识别有价值的数据并纳入数据资产。

二是大数据需求不清晰。很多企业业务部门和政府部门并不了解大数据，也不了解大数据的应用场景和价值，因此难以提出精准的大数据需求。由于业务部门需求不清晰，大数据部门又是非营利部门，决策层担心投入成本较多，导致了很多企业和政府部门在搭建大数据部门时犹豫不决，或者保持观望态度，这对企业和政府部门在大数据方向上的发展有着深刻影响，也阻碍了企业积累和挖掘自身的数据资产，甚至因为没有相关应用场景，删除了很多具有价值的历史数据，导致数据资产流失。

三是数据孤岛普遍存在。企业和政府部门启动大数据最重要的挑战是数据的碎片化。在很多企业尤其是大型企业，数据常常散落在不同的部门，而这些数据存在于不同的数据仓库中，企业的内部数据孤岛现象颇多。据统计，98%的企业都存在数据孤岛问题，而造成数据孤岛的原因既包括技术上的，也包括标准和管理制度上的，这阻碍了业务系统之间顺畅的数据共享，降低了资源利用率和数据可得性。

四是数据可用性低，质量低下。企业和政府部门每时每刻都在产生大量的数据，但大多都不重视大数据的预处理阶段，导致数据处理很不规范。大数据预处理阶段需要抽取数据将数据转化为方便处理的数据类型，对数据进行清晰和去噪，以提取有效的数据等操作。有些企业甚至在数据的上报方面就出现很多不规范情况。这诸多原因，也导致了数据的可用性差、质量低。糟糕的数据质量常常意味着糟糕的业务决策，将直接导致数据统计分析不准确、监管业务难、高层领导难以决策等问题。根据数据质量专家 Larry English 的统计，不良的数据质量使企业额外花费 15% ~25% 的成本。而数据能够被当作资产，并发挥越来越大的价值，其前提是数据质量的不断提升。

五是缺乏安全的数据环境。人们的生活越来越离不开网络，而这也使得犯罪分子更容易获得关于人的信息，也有了更多不易被追踪和防范的犯罪手段。如何保障企业和用户的信息安全是非常重要的课题。数据安全造成的风险主要包括数据泄露与数据滥用等。根据数据泄露水平指数（Breach Level Index，BLI）监测，自 2013 年以来全球数据泄露高达 130 亿条，其中很多都是由于管理制度不完善造成的。随着机构数据的快速累积，一旦发生数据安全事件，其对企业经营和用户利益的危害性将越来越大，极大地束缚数据价值的释放。

六是缺乏数据价值管理体系。大部分企业和政府部门还没有建立起一个有效管理和应用数据的模式，包括数据价值评估、数据成本管理等，对数据服务和数据应用也缺乏合规性的指导，没有找到一条释放数据价值的“最优路径”。

总的来看，数据之间难以互联互通，数据价值没有得到充分有效的利用，正因为如此，数据资产管理的必要性愈发凸显。

1.2.1.3 数据资产管理是充分发挥数据价值的重要路径

数据资产管理通过解决释放数据价值过程中面临的诸多问题，以体系化的方式实现数据的可得、可用、好用，用较小的数据成本获得较大的数据收益。笔者将从以下六个方面展开具体论述。

一是全面掌握数据资产现状。数据资产管理的切入点是对数据家当进行全面盘点，形成数据地图，为业务应用和数据获取夯实基础。从资产化管理和展示数据的角度出发，数据地图作为数据资产盘点的输出物之一，不承载具体数据内容，却可以帮助业务人员快速精确查找到他们想要的数据。另外，数据地图作为企业数据的全盘映射，可以帮助数据开发者和数据使用者了解数据，并成为对数据资产管理进行有效监控的手段。

二是提升数据质量。早在 1957 年，计算机刚刚发明的时候，大家就意识到数据对于计算机决策的影响，提出“Garbage In，Garbage Out”的警示。2001 年，美国公布《数据质量法案》（Data Quality Act），提出提升数据质量的指导意见。2018 年，中国银行保险监督管理委员会发布《银行业金融机构数据治理指引》，强调高质量的数据在发挥数据价值中的重要性。数据资产管理通过建立一套切实可行的数据质量监控体系，设计数据质量稽核规则，加强从数据源头控制数据质量，形成覆盖数据全生命周期的数据质量管理，实现数据向优质资产的转变。

三是实现数据互联互通。数据资产管理通过制定企业内部统一的数据标准，建立数据共享制度，完善数据登记、数据申请、数据审批、数据传输、数据使用等数据共享相关流程规范，打破数据孤岛，实现企业内数据高效共享。同时搭建数据流通开放平台，增强数据的可得性，促进数据的交换流通，提升数据的服务应用能力。

四是提高数据获取效率。Gartner 统计，数据分析人员或数据科学家需要花费 70% ~ 80% 的精力在数据准备上。数据资产管理通过搭建数据管理平台，采取机器学习等相关自动化技术，将大量前期的数据准备时间和交付项目的时间缩短，提升数据的获取和服务效率，让数据随时快速有效就绪，缩短数据分析人员和数据科学家的数据准备时间，加快数据价值的释放过程。

五是保障数据安全合规。保障数据安全是数据资产管理的底线，数据资产管理通过制定完善的数据安全策略、建立体系化的数据安全措施、执行数据安全审计，全方位进行安全管控，确保数据获取和使用合法合规，为数据价值的充分挖掘提供了安全可靠的环境。

六是数据价值持续释放。存储和管理数据的最终目的是实现数据的价值，数据资产管理将数据作为一项资产，并通过一个持续和动态的全生命周期管理过程，使数据资产能够为企业数字化转型提供源源不断的动力。从企业高管到业务人员及技术人员，全员都要以持续释放数据价值为理念来重视数据资源管理工作。管理方面，建立一套符合数据驱动的组织管理制度流程和价值评估体系。技术方面，建设现代化数据平台、引入智能化技术，确保数据资产管理系统平台持续、健康地为数据资产管理体系服务。①

1.2.2　数据资产管理的可行性

上一节对数据资产管理目前所遭遇的困境及其相关原因展开分析，论证了在当前大数据时代，政府抑或企业等机构进行数据资产管理的必要性。数据资产管理虽道阻且艰，但曙光已现，数据资产管理相关内容、技术手段已然成熟，本小节将分析数据资产管理的可行性，主要从以下几个方面展开具体论述。

---

① 中国信息通信研究院云计算与大数据研究所，CCSA TC601 大数据技术标准推进委员会. 数据资产管理实践白皮书（4.0 版）[EB/OL].（2019-06-04）[2021-10-21]. http://www.caict.ac.cn/kxyj/qwfb/bps/201906/t20190604_200629.htm.

1.2.2.1 数据资产管理的政策可行性

自2014年起，“大数据”连续7次被写入政府数据报告，这是我国政府为大数据发展营造的良好政策环境。自此，国务院、发改委、工信部等多个部门及各省级单位（除港澳台外）发布促进大数据产业发展的行动计划和指导意见等相关文件。2016年3月，《中华人民共和国国民经济和社会发展第十三个五年规划纲要》发布，提出实施国家大数据战略，推动数据资源的开放共享。2019年10月，第十九届四中全会又提出将数据作为可参与分配的生产要素，与资本、土地、知识、技术和管理并列，进一步凸显了数据在国民经济、社会生活等多方面的重要性。2021年《中华人民共和国国民经济和社会发展第十四个五年规划和2035年远景目标纲要》提出“加快数字化发展 建设数字中国”，推动数字经济重点产业的发展。为了推动相关政策文件的落实，促进数据管理的实践与应用，部分省级单位成立大数据管理机构。国家及地方政策的发布为数据资产管理的发展营造了积极良好的政策环境，相关治理机构的成立又为其发展保驾护航。

1.2.2.2 数据资产管理的技术可行性

首先，数据资产管理是从数据管理发展而来，数据管理技术也为数据资产管理的技术实现奠定了一定的基础。数据管理技术的发展分为三个阶段①，目前处于数据库系统阶段，能够方便快速地实现对数据的存储与访问，并实现数据的开放共享。其次，数据资产管理依托于大数据技术的发展。近年来，大数据底层技术逐渐成熟，并且大数据的出现颠覆了传统数据处理的一系列技术，为数据价值的有效实现提供了技术基础。最后，数据资产管理并不是孤立的、狭隘的，而是需要多方参与维护，除了大数据技术，其他如5G、人工智能、云计算、区块链、虚拟现实、物联网等新兴技术的快速发展，也对数据资产管理提供一定的技术支撑。简而言之，数据资产管理的相关技术已趋于成熟。

1.2.2.3 数据资产管理的学术可行性

首先，早在政府关注数据管理、数据价值之前，国内外的学术界早已对数据管理、数据资产、数据资产管理的理论框架、技术基础、应用方向进行了深刻而全面的研究与论述，学术研究的进展也为政策制定、技术发展、实践应用等方面提供了理论基础。同时，各行业领域亦开始对数据资产管理进行了“落地”研究。如：李玉杰（2016）提出可在省级电力企业中实施数据资产管理与数据化运营；王洋（2019）提出电信运

① 一般认为，数据管理技术的发展大致可以归纳为三个阶段：人工管理、文件系统和数据库系统。

营商可从数据生产能力提升的角度切入，创新运营模式，推动电信大数据在各领域应用推广，建立数据安全管控机制，推动数据资产化管理，等等。

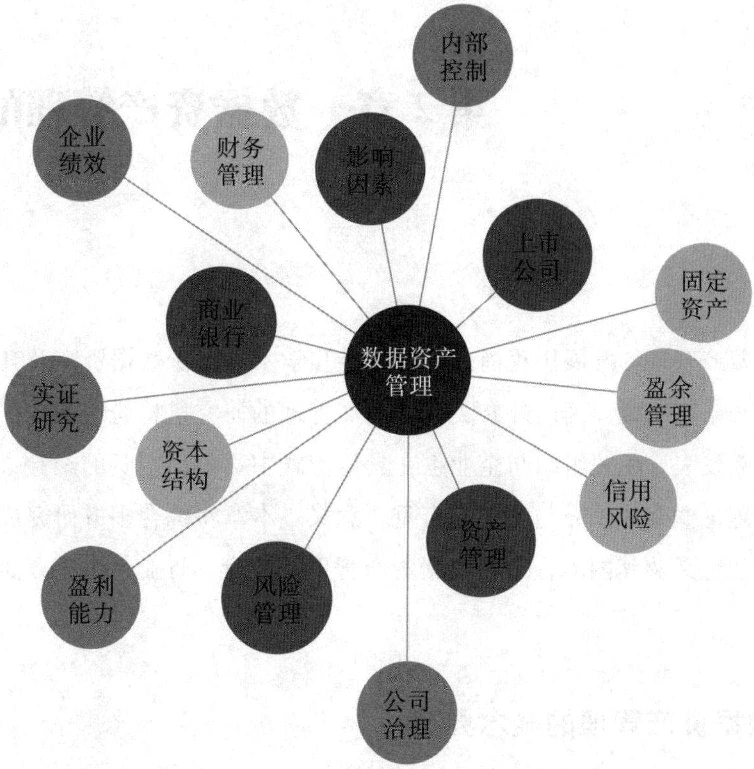

图 1－1 图书期刊“数据资产管理”相关知识点分布示意图（2004—2021 年）①

1.2.2.4 数据资产管理的市场可行性

“数据即资产”的认知被广泛认可，数据也已成为可参与分配的生产要素，是国家基础性战略资源。数据价值及重要性逐渐显现，数据资产管理市场可谓是前景广阔。据《2021 年中国数据资产化工具市场研究报告》，2020 年中国数据资产化市场规模为 280 亿元，未来 5 年复合增长率达 40.7%，预计 2021 年市场规模达到千亿规模。旺盛的市场需求主要来源于国家相关政策的推动，以及企业的数字化转型，而这其中，大中型企业的市场规模占比较高，尤其是政府、金融、医疗、制造和教育等行业对数据资产管理的需求较为旺盛。有需求才会有动力，旺盛的市场需求促进数据资产管理相关内容与技术等方面的快速发展。

---

① 来源：中国人民大学中文学术资源发现平台。

第 2 章　数据资产管理的概念

尽管数据资产管理的发展历程尚短，但业界和学术界对于数据资产及其管理的研究与实践热情却不容小觑，国内外有关数据资产管理的研究机构纷纷涌现，与之相关的研究文献不断发表，相关组织与企业也在具体实践中贡献出宝贵的经验，这些都对数据资产管理理论框架的扩充与完善具有重要意义。本章将综合多方研究成果，阐述数据资产管理的定义及其内涵，并对数据资产管理在政府、行业、企业方面的应用做出介绍。

2.1　数据资产管理的概念界定

从数据管理到数据治理再到数据资产管理，各种新概念不断被提出并被应用于实践。本节主要阐述数据资产管理的概念，明晰数据资产、数据管理、数据治理、数据资产管理等相关定义。

2.1.1　数据资产

在当前大数据背景下，数据作为基础性资源、生产资料已经得到世界范围内的广泛认同。数据作为重要的战略资源，它的价值被不断挖掘，数据已经成为一种新的资产，即数据资产。

2.1.1.1　数据资产的概念演化

1974 年，“数据资产”术语最早由理查德·彼得斯提出，他认为数据资产包括持有的政府债券、公司债券和事物债券等资产。经过 40 多年的发展，人们对于数据资产的认识在不断深入，数据资产的内涵与外延也在不断扩展。

1997 年，尤古尔·阿尔甘在《勘探开发数据银行分析：实用创建技术》中提到数据资产，认为“公司的市场价值和竞争定位直接关系到其数据资产的数量、质量、完整性以及由此产生的可利用性，并指出创建E&P数据库是利用好数据资产的第一步”。

2009年，托尼·费希尔在《数据资产》中指出数据是一种资产，企业应该把数据作为企业资产来对待。同年，国际数据管理协会（DAMA）在《DAMA数据管理知识体系指南》中指出在信息时代，数据被认为是一项重要的企业资产，每个企业都需要对其进行有效管理。

2011年，世界经济论坛发布的《个人数据：一种新资产类别的出现》报告中指出个人数据正成为一种新的经济“资产类别”。2013年，《美国陆军信息技术应用指南》中将数据资产定义为“任何由数据组成的实体以及由应用程序提供的读取数据的服务；数据资产可以是系统或应用程序输出的文件、数据库、文档或网页等，也可以是从数据库返回单个记录的服务和返回特定查询数据的网站；人、系统或应用程序可以创建数据资产”。

2015年7月，北京中关村成立国内首家开展数据资产登记确权赋值的服务机构——中关村数海数据资产评估中心，用于推动大数据作为资产的确权、赋值并促进交易等。2016年4月，在“全球首个数据资产评估模型发布暨中关村数据资产双创平台成立仪式”上，贵州东方世纪科技股份有限公司用数据资产进行“抵押”，拿到了贵州银行的第一笔“数据贷”放款，中关村数海数据资产评估中心与Gartner公司一起发布了全球首个数据资产评估模型。

2018年12月，中国信息通信研究院云计算与大数据研究所发布的《数据资产管理实践白皮书（3.0版）》中将数据资产定义为“由企业拥有或控制的，能够为企业带来未来经济利益的，以物理或电子的方式记录的数据资源，如文件资料、电子数据等”①。但在企业中，并非所有的数据都构成数据资产，数据资产是能够为企业产生价值的数据资源。

国内学者关于数据资产的学术研究也在不断深入。郑英豪介绍了数据资产的特征，分析了数据资产管理的必要性以及数据资产的获取渠道及盈利途径，指出要对数据资产的获取渠道进行资产化管理以提升企业绩效②。康旗等通过区分数据、数据资产和大数据，提出数据资产确认的条件，分析了数据资产的特征，并认为数据资产应按照无形资产进行核算③。刘琦等分析了数据资产的定义，并从数据来源、数据主体性质、产

---

① 中国信息通信研究院云计算与大数据研究所，CCSA TC601大数据技术标准推进委员会. 数据资产管理实践白皮书（3.0版）[EB/OL].（2018-12-14）[2021-11-21]. http://www.caict.ac.cn/kxyj/qwfb/bps/201812/t20181214_190696.htm.

② 郑英豪. 大数据资产管理体系初探 [J]. 新会计，2015（11）：34-37.

③ 康旗，韩勇，陈文静，等. 大数据资产化 [J]. 信息通信技术，2015，9（6）：29-35.

权归属等方面对数据进行了分类，提出了数据资产的特性以及影响数据资产价值的因素[①]。朱扬勇等综述了信息资产、数据资产、数字资产等概念的发展，提出了数据资产兼具有形资产和无形资产的特征，认为数据资产是拥有数据权属（勘探权、使用权、所有权）、有价值、可计量、可读取的网络空间中的数据集[②]。叶雅珍等综述了有关数据、经济、资源资本等多个衍生概念，并依据数据的属性，将相关概念统一为数据资源、数据资产、数据资本和数据经济[③]。

关于数据资产，国内外的机构、学者说法各异，目前尚未有统一确定的概念，但综合来看，笔者认为中国信息通信研究院云计算与大数据研究所给出的定义较为全面、准确，即数据资产是由企业拥有或控制的、能够为企业带来未来经济利益的数据资源。其中“拥有或控制”是指不一定是企业在内部信息系统中拥有的数据资源，也有可能是通过合作等方式从外部获取使用权的数据形式；“能够带来未来经济效益”是指直接或间接使资金或现金等价物流向企业的潜力，这种潜力是将数据作为一种经济资源纳入企业经济活动的能力；“数据资源”是指数据资产的具体形态，表现为以物理或电子文件存在的数据[④]。

2.1.1.2　数据资产的相关特性

2009 年，朱扬勇等提出数据具有物理属性、存在属性和信息属性[⑤]。数据的物理属性是数据的数字形态、物理形态，是有形的；数据的存在属性是数据的感知性，数据在存在属性上能够被人感知到；数据的信息属性是数据的价值体现，数据可以没有价值，但作为数据资产的数据必须有价值。数据资产对应着数据的存在属性。

另外，一部分学者对于数据资产的定义多类比“资产”的定义。资产是指由相关主体（政府、企事业单位等）过去的交易或者事项形成的，由企业拥有或控制的，预期会给企业带来经济利益的资源。资产按照流动性可以划分为流动资产、长期资产、固定资产、无形资产和其他资产。资产主要具有以下几个方面的特征：①资产预期会给相关主体带来经济利益或产生服务潜力；②由相关主体拥有或控制的资源；③由过去的交易或者事项形成。

---

① 刘琦，童洋，魏永长，等．市场法评估大数据资产的应用［J］．中国资产评估，2016（11）：33－37.

② 朱扬勇，叶雅珍．从数据的属性看数据资产［J］．大数据，2018，4（6）：65－76.

③ 叶雅珍，刘国华，朱扬勇．数据资产相关概念综述［J］．计算机科学，2019，46（11）：20－24.

④ 高伟．数据资产管理：盘活大数据时代的隐形财富［M］．北京：机械工业出版社，2016.

⑤ 朱扬勇，熊赟．数据学［M］．上海：复旦大学出版社，2009.

数据资产一方面具有数据的相关属性，与资产的特性相似，另一方面也存在自身独特的属性。综合来看，数据资产具有以下几点特性：①可读取性，即数据资产的存在属性，不可读取意味着资产的不可见，那么价值就无法实现；②无消耗性，数据资产的每次使用所需成本较低，不会因为使用频率的增加而磨损、消耗，与其他传统无形资产有相似性；③增值性，即企业通过稳定发展，促使数据资产在原有基础上，数据规模和数据维度的不断积累，整体价值进一步提升；④依附性，与其他无形资产类似，数据资产不能独立发挥作用，其发挥作用和效应往往依附于相应的软件、硬件；⑤价值易变性，数据资产时刻受到数据容量、数据时效程度、应用场景等因素的影响，与其他无形资产相比，其价值更易发生变化。

2.1.2　数据管理

数据管理（Data Management）的概念是伴随着20世纪80年代数据随机存储技术和数据库技术的使用，计算机系统中的数据可以方便地存储和访问而提出的。此后多年，数据管理的实践活动与学术研究骈兴错出。

2.1.2.1　数据管理概念演化

传统来说，数据管理是指利用计算机硬件和软件技术对数据进行有效的收集、存储、处理和应用的过程，其目的在于充分有效地发挥数据的作用。传统数据管理经历了人工管理、文件系统、数据库系统三个发展阶段。其中，数据库系统中所建立的数据结构，更充分地描述了数据间的内在联系，便于数据修改、更新与扩充，同时保证了数据的独立性、可靠、安全性与完整性，减少了数据冗余，提高了数据共享程度及数据管理效率。回顾这三个发展阶段，一方面反映了计算机技术的演进、存储、应用与管理数据的手段有了长足的进步；另一方面，也在数据共享、独立性、可靠、安全性与完整性等方面更为高效。

随着信息技术的进步，数据管理进入一个新的阶段，即面向数据应用的数据管理。传统的数据管理侧重的数据对象是流程、表单、数据项、算法等直接面向具体业务需求的数据；那么面向应用的数据管理所面对的数据对象，主要是那些描述构成应用系统构件属性的元数据，这些应用系统构件包括流程、文件、档案、数据元（项）、代码、算法（规则、脚本）、模型、指标、物理表、ETL过程、运行状态记录等。

国际数据管理协会（DAMA）是一个全球性数据管理和业务专业志愿人士组成的非营利协会。自1988年成立以来，始终致力于数据管理的研究、实践和相关知识体系的建设，在数据管理领域累积了极为深厚的知识积淀和丰富经验，先后制定出版《DAMA数据管理词典》和《DAMA数据管理知识体系指南》（DAMA-DMBOK 1.0或

DAMA-DMBOK 2.0)，集业界数百位专家的经验于一体。国际数据管理协会（DAMA）对于新阶段的数据管理的概念是这样描述的：数据管理（Data Management，DM）是交付、控制、保护并提升数据和信息资产的价值，在其整个生命周期中制订计划、制度、规程和实践活动，并执行和监督[①]。上述定义包含以下三层含义：①数据管理包含一系列业务职能，包括政策、计划、实践和项目的计划和执行；②数据管理包含一套严格的管理规范和过程，用于确保业务职能得到有效履行；③数据管理包含多个由业务领导和技术专家组成的管理团队，负责落实管理规范和过程。

2.1.2.2 数据管理知识框架

2015 年，国际数据管理协会在 DMBOK 2.0 知识领域将数据管理扩展为 11 个管理职能，分别是数据治理、数据架构、数据建模与设计、数据存储与操作、数据安全、数据集成与互操作、文件和内容管理、参考数据和主数据、数据仓库和商务智能、元数据、数据质量等，如图 2－1 所示。

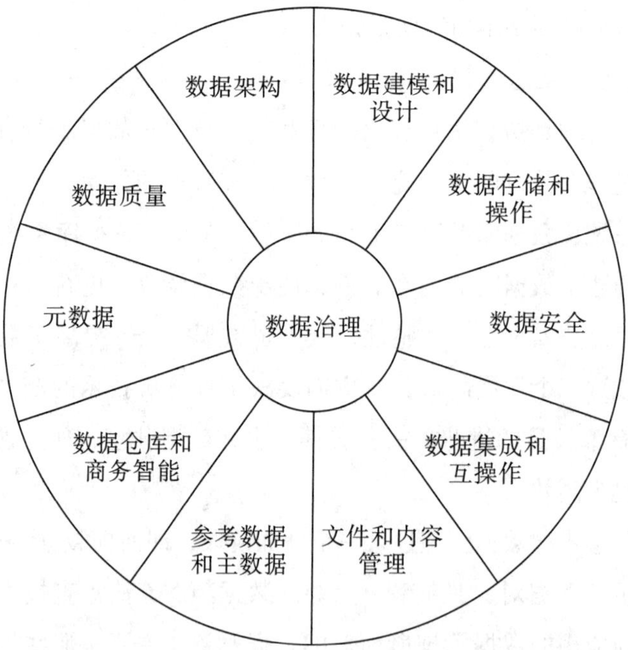

图 2－1 DAMA-DMBOK 2.0 数据管理框架[②]

①② DAMA 国际. DAMA 数据管理知识体系指南：原书第 2 版［M］. DAMA 中国分会翻译组，译. 北京：机械工业出版社，2020.

DAMA-DMBOK 2.0 数据管理框架（DAMA 车轮图）定义了数据管理知识领域，它将数据治理放在数据管理活动的中心，因为治理是实现功能内部一致性和功能之间平衡所必需的。其他知识领域围绕车轮平衡。它们都是成熟数据管理功能的必要组成部分，但根据不同组织的需求，它们可能在不同的时间实现[①]。

2.1.2.3　国内数据管理模型

数据管理能力成熟度评估模型（Data Management Capability Maturity Assessment Model，DCMM）是在工信部、国家标准化管理委员会的指导下，由全国信息技术标准化技术委员会大数据标准工作组组织编写的国家标准，是我国首个数据管理领域的国家标准。DCMM 借鉴了国内外数据管理的相关理论设想，并结合了当前我国大数据行业的发展趋势，创造性地提出了符合我国企业的数据管理框架。这个框架将组织数据管理能力划分为八个能力域：数据战略、数据治理、数据架构、数据标准、数据质量、数据安全、数据应用和数据生存周期。如图 2－2 所示。

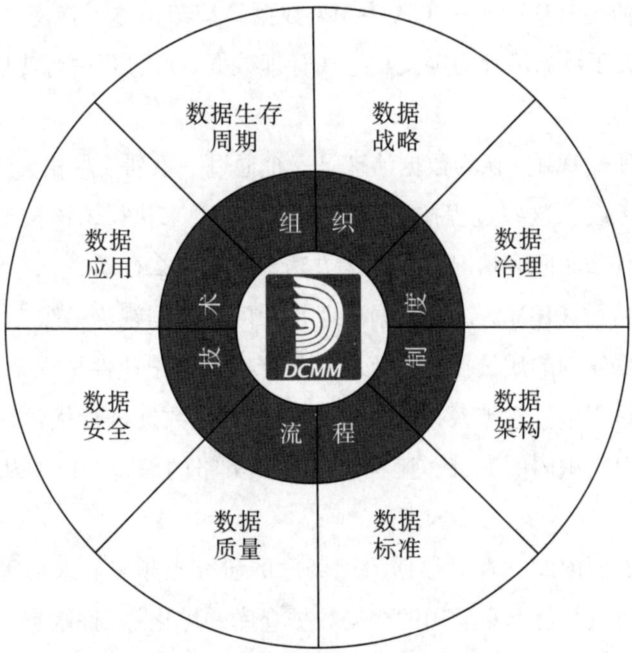

图 2－2　数据管理能力成熟度评估模型[②]

① DAMA 国际. DAMA 数据管理知识体系指南：原书第 2 版［M］. DAMA 中国分会翻译组，译. 北京：机械工业出版社，2020.

② 祝守宇，蔡春久. 数据治理：工业企业数字化转型之道［M］. 北京：电子工业出版社，2020.

DCMM的优点在于不只是理论和知识体系，而是可以直接应用的模型。为了进一步推进DCMM国家标准的落地实施，指导相关组织提升数据管理能力，全国信息技术标准化技术委员会大数据标准工作组在全国范围内组织开展了数据管理能力成熟度评估试点示范工作，涵盖金融、能源、互联网和工业等多个领域的30余家企事业单位。但其缺点也相当突出：通过数据管理能力成熟度评估只能了解组织数据管理现状，包括取得的成果和不足，但不提供能力提升的方法，还需要数据管理专家给出提升建议。

2.1.3 数据治理

数据治理是一个正在不断发展的新兴学科，数据治理及相关标准体系的研究是国内外研究的热点之一。

2.1.3.1 数据治理的概念

作为一个新兴学科，数据治理在不断地前进发展，与众多新兴学科一样，目前数据治理存在多种定义。以下是各大机构对于数据治理的相关定义。

国际数据管理协会（DAMA）在《DAMA数据管理知识体系指南（原书第2版）》（DMBOK 2.0）中关于数据治理的定义是指在管理数据资产过程中行使权力管控，包括计划、监控和实施①。

数据治理研究所（DGI）认为数据治理是一个通过一系列信息相关的过程来实现决策权和职责分工的系统，这些过程按照达成共识的模型来执行，该模型描述了谁，能根据什么信息，在什么时间和情况，用什么方法，采取什么行动。

国际商业机器公司（IBM）认为数据治理是一门将数据视为一项企业资产的学科。数据治理是针对数据管理的质量控制规范，它将严密性和纪律性植入企业的数据管理、利用、优化和保护过程中。它涉及以企业资产的形式对数据进行优化、保护和利用的决策权利。它涉及对组织内的人员、流程、技术和策略的编排，以便从企业数据获取最优的价值。

除了专业机构，国内的学者对数据治理概念的研究也颇多。朱琳等认为数据治理是数据从基础层到可被智慧洞察运用的全局数据仓库的进化②。许晓东等认为数据治理是对数据资产管理行使权力和控制的活动集合③。张宁等认为数据治理是围绕数据资产

① DAMA国际. DAMA数据管理知识体系指南：原书第2版［M］. DAMA中国分会翻译组，译. 北京：机械工业出版社，2020.

② 朱琳，赵涵菁，王永坤，等. 全局数据：大数据时代数据治理的新范式［J］. 电子政务，2016（1）：34－42.

③ 许晓东，王锦华，卞良，等. 高等教育的数据治理研究［J］. 高等工程教育研究，2015（5）：25－30.

展开的系列工作，以服务组织各层决策为目标，涉及有关数据管理的技术、过程、标准和政策的集合①。

但总的来说，各方概念的界定较为模糊混乱，相关学者还未就数据治理的定义达成共识，很多研究也没有触及数据治理的本质。伴随着数据治理的不断发展，有关数据治理定义的探讨还将持续很长一段时间。

2.1.3.2 数据治理的标准

1. 国际标准

2015 年，国际标准化组织 IT 服务管理和 IT 治理分技术委员会制定了 ISO/IEC 38500 系列标准，提出了 IT 治理的通用模型和方法论。在这一标准中，阐述了基于原则驱动的数据治理方法论，提出了通过评估现在和将来的数据利用情况，指导数据治理的准备及实施，并监督数据治理实施的符合性，等等。数据治理的框架模型如图 2－3 所示。

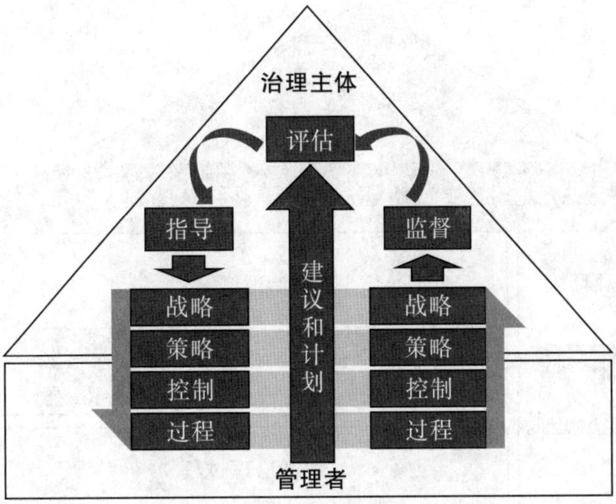

图 2－3 数据治理框架模型图②

2. 国内标准

GB/T 34960. 5—2018《信息技术服务 治理》第 5 部分：数据治理规范（以下简称《数据治理规范》）是我国信息技术服务标准（ITSS）体系中的服务管控领域标准，该标准根据 GB/T 34960. 1—2018《信息技术服务 治理》第 1 部分：通用要求中的治理

① 张宁，袁勤俭. 数据治理研究述评［J］. 情报杂志，2017，36（5）：129－134，163.

② 祝守宇，蔡春久. 数据治理：工业企业数字化转型之道［M］. 北京：电子工业出版社，2020.

理念，在数据治理领域进行了细化，提出了数据治理的总则、框架，规定了数据治理的顶层设计、数据治理环境、数据治理域及数据治理过程的要求。该标准适用于数据治理现状的自我评估，数据治理体系的建立；数据治理域和过程的明确；数据治理实施落地的指导；数据治理相关的软件或解决方案的研发、选择和评价；数据治理能力和绩效的内部、外部和第三方评价。

《数据治理规范》将数据治理划分为顶层设计、数据治理环境、数据治理域和数据治理过程4大部分，如图2-4所示。顶层设计包括制定数据战略规划、建立组织和机制、建立数据架构等，是数据治理实施的基础；数据治理环境包括分析业务、市场和利益相关方的需求，适应内外部环境变化，营造企业内部数据治理文化，评估自身数据治理能力及驱动因素等，是数据治理实施的保障。数据治理域则是数据管理体系和数据价值体系，是数据治理实施的对象；数据治理过程包括统筹和规划、构建和运行、监控和评价、改进和优化，是数据治理实施的方法。

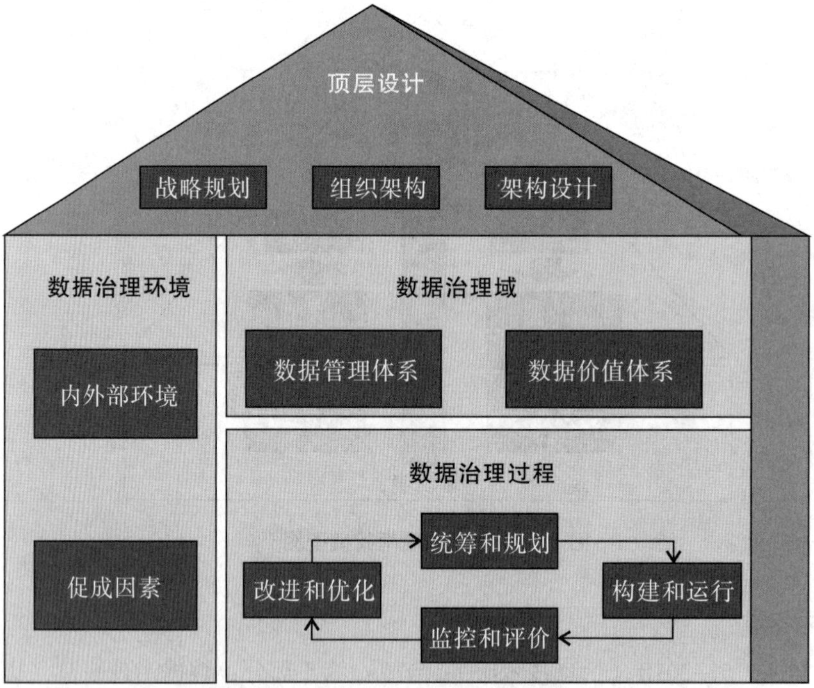

图2-4 数据治理框架①

《数据治理规范》开创性地把数据价值实现作为数据治理的核心目标，并通过数据

① 祝守宇，蔡春久. 数据治理：工业企业数字化转型之道［M］. 北京：电子工业出版社，2020.

价值体系明确了数据价值实现的方式，帮助企业实现数据驱动业务的战略转型。

2.1.3.3 数据治理的发展

1. 国外数据治理的发展

自“数据治理”这一概念被首度提出以来，数据治理已在政府、企业、非营利性机构等中得到广泛的关注、研究与实践。数据作为企业宝贵的资产之一的认知已得到业界广泛认同。然而，目前企业的数据状态与数据管理水平并不匹配，普遍存在“重创造轻管理、重数量轻质量、重利用轻增值利用”的现象，在数据质量、服务创新、开放共享、安全合规、隐私保护以及伦理道德规范等方面面临着日益严峻的挑战。数据管理出现诸多问题，根本原因是在更深层面，即数据治理中出现混乱或缺失。

自2012年起，以欧洲、北美洲、日本和澳大利亚等为代表的地区和国家，高度重视数据治理工作，出台了多项政策予以支持与指导。综合各国的举措，政策发力点主要在于3个方面：一是开放数据，给予业界高质量的数据资源；二是在前沿及共性基础技术上增加研发投入；三是积极推动大数据的共享与应用。

2. 国内数据治理的发展

在中国，“大数据”早已上升到国家战略层面，大数据技术和应用对政府数字化治理和企业的智能化升级，都有着深刻的影响。近年来数据治理在国内的发展更偏向于实践应用，聚焦于数据治理工程项目的落地实施和技术工具的设计开发。在互联网、电信、能源等信息化较为成熟的行业中，早已在多年的实践中积累了丰富的数据治理经验。这些经验对于补充完善数据治理的理论体系、推进数据资产管理在各个行业的普及有着重要的指导意义。

中国信息通信研究院、中国通信标准化协会大数据技术标准推荐委员会及诸多技术研究机构，通过白皮书、技术论坛和研讨会的形式，就数据治理相关的内容和目标、实施步骤、实践模式、技术工具及需要注意的要素等问题进行研讨，为政府和企业开展数据治理工作提供参考，为相关服务商和工具产品开发提供理论指导。

2.1.4 数据资产管理

“数据管理”的概念从20世纪80年代提出，距今已有40多年，“数据治理”的提法也有20年，而“数据资产管理”一词，在国内首次由中国数据资产管理峰会（DAMS）组委会正式提出，是近几年的新事物、新名词，但它却又是在数据管理、数据治理和数据资产化的基础上发展而来。

2.1.4.1 数据资产管理概念

《数据资产管理实践白皮书（3.0版）》中对于数据资产管理（Data Asset

Management，DAM）的定义是：规划、控制和提供数据及信息资产的一组业务职能，包括开发、执行和监督有关数据的计划、政策、方案、项目、流程、方法和程序，从而控制、保护、交付和提高数据资产的价值①。数据资产管理需要充分融合业务、技术和管理，以确保数据资产保值增值。数据资产管理需要充分融合业务、技术和管理，以确保数据资产保值增值。

数据资产管理概念由数据管理的概念演变而来，并从理论体系、管理视角、管理职能和组织体系等方面发展了数据管理概念②。目前，数据管理形成了以国际数据管理协会（DAMA）、国际商业机器公司（IBM）和数据治理协会（DGI）这三个流派为代表的理论体系，但数据管理理论体系作为数据时代之前的产物，其视角仍是将数据作为信息管理，并未关注数据资产管理和数据价值释放，更多地是为了满足监管要求和企业考核。在数据资产化的大背景下，数据资产管理是在数据管理基础上的进一步发展，可以视作数据管理的升级版，主要区别在以下三个方面：一是数据管理的视角不同，数据资产管理强调数据是一种资产，基于数据资产的价值、成本、收益开展全生命周期的管理。二是管理职能有所不同，数据资产管理包含数据模型、元数据、数据质量、参考数据和主数据、数据安全等传统数据管理职能，同时整合数据架构、数据存储与操作等内容，将数据标准管理纳入管理职能，并针对当下应用场景、平台建设情况，增加了数据价值管理职能。三是管理要求有所升级，在“数据管理转向数据资产管理”的理念影响下，相应的组织架构和管理制度也有所变化，需要有更专业的管理队伍和更细致的管理制度来确保数据资产管理的流程性、安全性和有效性。

2.1.4.2 数据资产管理的新要求

数据资产管理上是对数据管理的扩充与提升，数据资产管理的核心是把数据对象作为一种全新的资产形态，并且以资产管理的标准和要求来加强相关体制和手段。数据资产管理将从以下几个方面提出新的管理要求。

（1）对数据资产管理职能部门的管理。主要是从组织架构、职能设置、规章制度、管理活动等方面进行设计规划，并落实管理动作，例如，审批流程的设置、决策过程的支持等。

---

① 中国信息通信研究院云计算与大数据研究所，CCSA TC601 大数据技术标准推进委员会. 数据资产管理实践白皮书（3.0 版）[EB/OL].（2018-12-14）[2021-11-21]. http://www.caict.ac.cn/kxyj/qwfb/bps/201812/t20181214_190696.htm.

② 李雨霏，刘海燕，闫树. 面向价值实现的数据资产管理体系构建 [J]. 大数据，2020，6(3)：45-56.

（2）对数据资产信息及报告的管理。了解当前数据资产状态，在资产生命周期内规划采购活动、更新、更换和其他变更，同时做好相关预算活动，并为此建立资产档案，形成资产统计报告，做到真实、准确、及时、完整，有助于实行高效的动态管理。

（3）对数据资产形成及占用的管理。数据资产的形成主要来自 IT 活动的积累，随着数据开放和交易形式逐渐被社会接受，交易内容和规模也在不断丰富扩大，数据资产的形成方式也更加多元化。同时，随着数据资产越来越受重视，如何妥善保护数据资产在转移过程中的信息安全技术得到解决，资产划拨、调配以及合作转移等各种流通形式也会越来越丰富，围绕此过程的管理手段也会逐渐完善齐备。

（4）对数据资产保值增值的管理。要对数据资产进行最大化地创造未来经济利益，就要对数据资产进行保值增值。为此，要从运营角度控制数据资产，并将其与组织和财务信息结合，以进行战略性规划。

（5）对数据资产配置使用的管理。企业或组织拥有 PB 级别的数据规模，积累了十余年的业务数据，但仍从外部获取信息，使得内部业务分析师无法获取有效数据，不能利用数据进行数据挖掘分析进而优化业务流程、创新产品设计。这种类似长期闲置、低效运转和超标准配置资产，需要进行针对性的调剂工作。

（6）对数据资产处置的管理。主要是指对数据资产使用权和拥有权的转移及核销，具体包括转让、出售、整合、共享、公用、归档、清除等内容。此外，数据资产处置管理，需要在监督执行程序、规范处理过程、强化结果管理、降低综合成本的基础上，予以有效落实。

（7）对数据资产评估与清查的管理。通常包括安全性、完整性和使用有效性的评价方法、评价标准和评价机制的建立。

2.2　数据资产管理的内涵

大数据体系定义为三层：大数据平台、数据资产管理、数据应用。其中大数据平台是大数据处理能力的体现，它不仅包括目前技术领域所关注的海量数据采集、存储、分布式计算、实时事件应对等，还要具备对各种格式类型的数据进行加工、处理、识别、解析等能力。数据应用则是业务价值实现层面。数据资产管理在大数据体系中的定位如图 2－5 所示，它位于应用和底层平台中间，处于承上启下的重要地位。对上，支持以价值创造为导向的数据应用开发；对下，依托大数据平台实现数据全生命周期的管理。数据资产管理把数据资产在大数据处理的平台上进行有效管理，并且支持它围绕上层目标，更好地流动、分析和应用，甚至是数据间的开放互联等一系列过程。

数据资产管理主要包括两个重要方面，一是数据资产管理的核心管理职能，二是确保这些管理职能落地实施的保障措施，包括战略规划、组织架构、制度体系等。

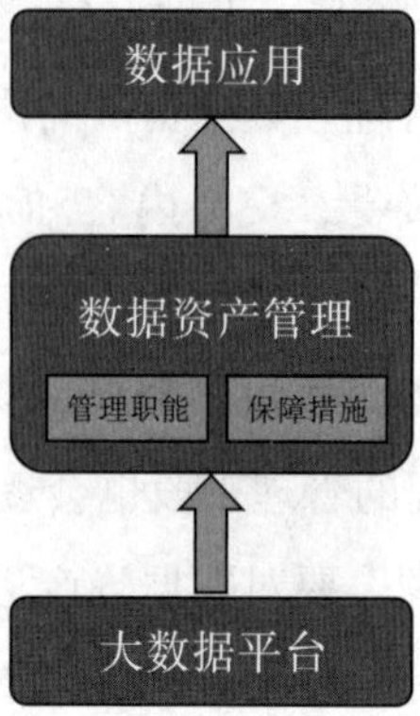

图 2－5　数据资产管理在大数据体系中的定位

2.2.1　数据资产管理的核心管理职能

数据管理职能是数据资产管理体系的主体，通过各个职能相互配合，有助于对数据进行标准化和规范化管理，提升数据质量，完善数据体系，记录追溯数据，打破数据孤岛，建立安全数据环境。数据管理职能包括数据标准管理、数据质量管理、元数据管理、主数据管理、数据模型管理、数据服务管理、数据安全管理和数据价值管理等 8 项管理职能。接下来，将对这 8 项管理职能展开详细介绍。

2.2.1.1　数据标准管理

数据标准管理是指数据标准的制定和实施的一系列活动。企业或相关组织在开展数据标准管理工作时，首先需要对数据标准进行分类，并规定各数据标准类别下的基本单元及其属性。同时，应制定数据标准管理方法或相应的实施流程要求，开展评估数据标准管理效果等工作。

2.2.1.2　数据模型管理

数据模型是对数据特征的抽象。数据模型管理是指通过在信息系统中用数据模型表示业务规则和逻辑的过程。企业或组织开展数据模型管理时，应明确业务体系和数据组织结构，通常业务体系由概念模型和逻辑模型表示，数据组织结构由物理模型表示。同时企业或组织应制定数据模型管理方法和实施流程要求，统一管控企业数据模型，确保数据模型的落地。

2.2.1.3　元数据管理

元数据管理是指通过对描述数据的数据进行管理，以实现对数据全生命周期管控的过程。企业在开展元数据管理时，应对元数据进行分类，通常分为技术元数据、业务元数据以及管理元数据，分别对应数据涉及的技术领域、业务领域以及管理领域，确保元数据覆盖的全面性。同时，企业应开发和维护元数据标准，进而对元数据进行分析。

2.2.1.4　主数据管理

主数据是指描述企业核心业务实体的数据，用以协调和管理与企业的核心业务实体相关的系统记录数据。企业在开展主数据管理时，应筛选具有核心业务属性的数据作为主数据，明确多业务系统公用数据的唯一可靠来源，并充分利用数据标准、数据质量规则、数据模型等已有的数据资产管理成果。同时，企业应实施主数据解决方案，监控主数据变化。

2.2.1.5　数据质量管理

数据质量管理是指运用各种技术衡量、提高和确保企业数据质量的规划、实施与控制等一系列活动。企业在开展数据质量管理时，应明确数据质量评价指标，通常包括完整性、一致性、唯一性、规范性、时效性等，在不同的应用场景下，数据质量评价指标有所扩展。同时，企业应持续测量和监控数据质量，分析数据质量问题的原因，制定数据质量改善方案。

2.2.1.6　数据安全管理

数据安全管理贯穿数据采集、传输、存储、处理、交换、销毁的数据生命全周期的各个阶段。数据安全管理是指对数据进行安全分级分类等操作，确保数据全生命周期管理和数据共享使用的安全合规性。从数据安全管理的全局考虑，企业或相关组织需要引入数据安全风险评估方法论和技术措施，制定数据应急保障流程和方法，以便在发生数据安全事件时可以进行风险控制。

构建数据安全体系框架，就是在符合政策法规及标准规范的同时，还需要在技术上实现对数据的实时监管，并配备经过规范培训的安全组织与人员。

2.2.1.7　数据价值管理

数据价值管理是指为了提升数据价值，通过数据应用价值和数据管理成本量化和优化数据价值的过程。企业在开展数据价值管理时，应确定数据存储、计算和运维的成本预算，明确数据成本和收益的具体计量指标，制定降低数据成本和提升数据价值的策略，持续评估数据价值，并改进评估方案。

2.2.1.8　数据共享管理

数据共享管理主要是指开展数据共享和交换，实现数据内外部价值的一系列活动。数据共享管理包括数据内部共享（企业内部跨组织、部门的数据交换）、外部流通（企业之间的数据交换)、对外开放。数据内部共享的关键步骤是打通企业内部各部门间的数据共享瓶颈，建立统一规范的数据标准与数据共享制度，数据外部流通和对外开放可以通过数据直接交易与提供数据分析信息的两种方式实现，将数据中符合共享开放层级的信息作为应用商品，以合规安全的形式完成共享交换或开放发布。目前来看，拥有海量数据是企业开展数据资产运营的前提条件，在数据流通环境下，数据资产运营流通职能的服务对象包括了数据提供者、数据消费者、数据服务者和数据运营者四类角色。

数据共享管理的关键活动包括：定义数据资产内部共享和运营流通监控指标；设计数据资产内部共享和运营流通管理方案；制定数据资产内部共享和运营流通管理办法和实施流程要求；监控数据资产内部共享和运营实施；监督落实数据内部共享与外部流通等合规性管理要求；分析内部共享与运营流通指标，评价运营效果并改进。

2.2.2 核心职能落地实施的保障措施

数据资产管理的保障措施可以从战略规划、组织架构、制度体系、审计方式和培训宣贯五方面进行展开。

2.2.2.1 制定战略规划

从管理层、领导层出发，从顶向下全局部署数据资产管理规范从而形成全面的标准规则体系和执行调度流程。战略规划是数据资产管理成为企业战略核心任务应用的重要部分，是数据资产得到一定程度内外部应用的指导蓝图。值得一提的是，越来越多的企业单位在战略规划阶段决议成立专门的数据管理部门，以连通 IT 部门和业务部门。

2.2.2.2 完善组织架构

典型的组织架构主要由数据资产管理委员会、数据资产管理中心和各业务部门构成。组织架构划分和角色设定如下图 2－6 所示。

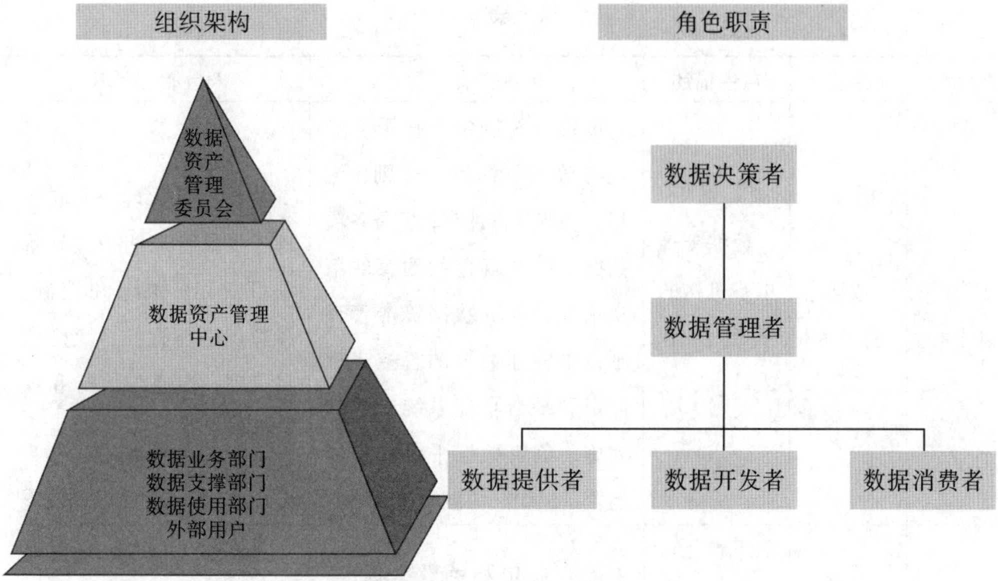

图 2－6　数据资产管理保障措施组织架构①

还需明确组织架构中各角色的相应职责，让工作职责融入日常的数据资产管理和使用工作中。与上述典型的数据资产管理架构相适应的角色职责如表 2－1 所示。

表 2－1　数据资产管理组织架构角色职责②

组织结构	角色	角色描述	角色主要职责	人员能力要求
数据资产管理委员会	数据决策者	由公司主管领导和各业务部门领导组成	负责领导数据资产管理工作；决策数据资产管理重大工作内容和方向。在数据角色方出现问题时负责仲裁	熟悉组织行为学、产品、财务知识，具备团队管理、商业分析与判断、数据和战略规划能力

①② 中国信息通信研究院云计算与大数据研究所，CCSA TC601 大数据技术标准推进委员会. 数据资产管理实践白皮书（3.0 版）[EB/OL].（2018－12－14）[2021－12－21]. http://www.caict.ac.cn/kxyj/qwfb/bps/201812/t20181214_190696.htm.

续上表

组织结构	角色	角色描述	角色主要职责	人员能力要求
数据资产管理中心	数据管理者	数据管理中心机构的平台运营人员	负责牵头制定数据资产管理的政策、标准、规则、流程，协调认责冲突；监督各项数据规则和规范的约束的落实情况；负责数据资产管理平台中整体数据的管控流程制定和平台功能系统支撑的实施；负责数据平台的整体运营、组织、协调	熟悉项目管理、关联管理、质量管理能力，具备项目规划、跟踪和控制、风险识别与管控、敏捷项目管理、沟通与执行和产品规划能力
各业务/技术部门	数据提供者	相关数据所有人和权限管理人员	配合制定相关数据标准、数据制度和规则；遵守和执行数据标准管控相关的流程，根据数据标准要求提供相关数据规范。作为数据出现质量问题时的主要责任者	熟悉ITIL理论、业务能力、操作系统技术、网络、应用架构，具备资源规划和成本控制、质量管理、数据库和过程/规范设计能力，同时具备一定的大数据平台运营能力
	数据开发者	数据开发人员	负责数据开发，有责任执行数据标准和数据质量内容，负责从技术角度解决数据质量问题。作为数据出现质量问题时的次要责任者	熟悉行业系统和工具、组件，数据传输、存储、计算和分析，运营支持系统，与运维效率和监控的相关知识；具备系统规划和设计、技术开发、数据分析和建模、测试设计能力，具备一定的DevOps与大数据平台开发能力

2.2.2.3　制定制度体系

为了保障活动实施和组织架构正常运转，需要建立一套覆盖数据引入、使用、开放等整个生产运营过程的数据管理规范，从制度上保障数据资产管理工作有据、可行、可控。

数据资产管理规范包括元数据管理规范、生命周期管理规范、数据质量管理规范以及数据安全管理规范等对应管理职能的具体规范。在此基础上，规范需细化至接口设计、接口开发、模型设计、模型开发、数据开放以及服务封装等内容。规范的标准一般包括基础分类标准、命名规范要求、数据架构划分、存储与数据权限规则、元数据信息完整性要求等。规范和标准在执行的过程中执行监控规定，要求事中检查和事后监控。事中检查指的是在开发和上线时进行控制，包括命名规范、信息完整性、合理性等；事后监控指的是对存储周期、数据安全敏感信息和加密信息、权限赋权常态化检查。

2.2.2.4 设置审计机制

为进一步保障、评估数据资产管理的规范、规划、组织机构、制度体系的执行状况，保障、评估数据资产的安全性、准确性、完整性、规范性、一致性、唯一性和时效性，需有完整的贯穿数据资产管理整个流程的审计机制。审计方式从审计体系规范建设入手，信息技术审计方法和专职人员审计方法并行。审计对象包括数据权限使用制度及其审批流程、日志留存管理办法、数据备份恢复管理机制、监控审计体系规范以及安全操作方案等体系制度规范以及敏感、重要数据。数据资产管理在实施过程中需要保障集中审计的可行性。

2.2.2.5 开展培训宣贯

培训宣贯是企业实施数据资产管理进程中的重要组成部分，是数据资产管理理论落地实践、流程执行运作的基础，是数据资产管理牵头部门在技术部门和业务部门之间顺利开展工作的重要保障。企业需利用现有资源，合理安排员工参与数据资产管理培训、课程。促进员工有效培训和自我提高，提升人员的职业化水平，强化工作的标准化、规范化。

企业开展数据资产管理的培训教育周期、培训内容和参与方式包括行业现有数据资产管理体系课程培训，行业内、外部单位优秀经验沟通与交流，主要参与培训人员部门内二次培训，企业优秀部门、员工经验、案例分享，常规员工培训中添加数据资产管理培训的课程，等等。

各企业单位需将数据资产管理纳入现有晋升、薪酬、职位资格等体系范畴，建立员工职业发展通道。根据现实工作环境中完成任务的能力，设立数据资产管理相关奖项，对优秀个人、团队进行奖励，树立行业、员工优秀模范，引导员工不断学习，激发员工不断改进工作，提高工作质量和工作效率。

2.3 数据资产管理的外延

数据资产管理不仅仅是某一机构的研究课题，有关数据合规性与数据跨境流动方面已经成为各国关注的重点。2017 年 6 月正式生效的《中华人民共和国网络安全法》中第三十七条规定："关键信息基础设施的运营者在中华人民共和国境内运营中收集和产生的个人信息和重要数据应当在境内存储。因业务需要，确需向境外提供的，应当按照国家网信部门会同国务院有关部门制定的办法进行安全评估"。2018 年，《通用数据保护条例》（General Data Protection Regulation，GDPR）正式在欧盟实施。各国对于数据跨境流动的关注包含了诸多内容，如数据主权、隐私保护、法律适用及国际贸易规则等。数据资产管理不仅得到了国家层面的关注与支持，行业层面、企业层面也越来越重视。

本小节主要是描述数据资产管理的外延，即数据资产管理在政府、行业及企业三个层面上的应用，但侧重于从整体上描述，具体详情及案例将在本书的应用篇展开。

2.3.1 政府数据资产管理与运用

近年来，我国政府越来越重视数据资源的管理，并由此开展了很多工作。2016 年，李克强总理在贵阳数博会期间就曾说过，"目前信息资源 80% 掌握在政府部门手中。"政府数据作为政府所拥有的宝贵资产，具有重要价值，如何促进政府数据的应用以及价值的实现已成为政府亟待解决的现实问题之一。

2.3.1.1 我国政府数据资产管理发展历程

我国的政府信息化工作始于 20 世纪 80 年代，沿着机关内部办公自动化—管理部门的电子化工程——"全面的政府上网工程"这一脉络开展。

20 世纪 80 年代初至 90 年代初，中央和地方党政机关开展办公自动化工程，建立各种纵向和横向的内部信息办公网络。

20 世纪 90 年代初至 90 年代末，我国的政府信息化建设得以蓬勃发展。1993 年，朱镕基副总理主持会议，部署建设国家公用经济信息通信网（即金桥工程）。同年，国务院批准成立国家经济信息化联席会议。1993 年底，为了适应全球建设信息高速公路的潮流，中国正式启动国民经济信息化的起步工程——"三金工程"，即金桥、金关、金卡工程。"三金工程"是我国中央政府主导的以政府信息化为特征的系统工程，是我国政府信息化的雏形。"联席会议"的成立和"金字工程"的陆续启动，标志着我国政府信息化进程进入一个新的时期。1996 年，联席会议改组为国务院信息化领导小组，统一领导和组织协调全国的信息化工作，有力地推动了政府信息化建设。

1999 年 1 月，40 多个部委的信息主管部门倡议发起“政府上网工程”。“政府上网工程”及相关的一系列工程的启动，使政府站点与政府的办公自动化连通、与政府各部门的职能紧密结合，政府站点演变为便民服务的窗口，实现人们足不出户完成与政府部门的办事程序。

国家不断培育政府信息化发展的宏观环境。2001 年 12 月 26 日，国家政府信息化领导小组第一次会议做出了“中国建设信息化要政府先行”的重要决策。

2002 年则是政府信息化逐渐“由概念变成现实，由争论转入实施，由含混转为清晰”的一年。2002 年 7 月 3 日，在国家信息化领导小组第二次会议上，国务院组织了上百位专家对国家电子政务进行研究，在所发布的十七号文件中，明确了“十五”期间中国电子政务的目标以及发展战略框架，将政府信息化建设纳入一个全新的整体规划、整体发展阶段。

近年来，在政府信息化的背景下，我国相继出台了一系列推动政府数据开放的政策措施。2014 年“大数据”首次被写入《政府工作报告》，依靠大数据提升政府治理能力开始受到各级政府的关注。2015 年国务院印发的《促进大数据发展行动纲要》将大数据上升到国家战略，并指出政府数据的重要地位，要对政府数据资源进行整合与开放。2018 年，我国开始第八次机构改革，《深化党和国家机构改革方案》对政府职责体系构建进行了原则性设计。在大数据的时代背景下，此次机构改革中的亮点之一是地方政府纷纷设立专门的大数据管理机构。这一次的机构改革对中国政府数据治理至关重要，有助于完善政府数据治理体系。《2019 中国大数据产业发展白皮书》中明确指出，政府数据资产管理与应用将成为关注热点，激活政府数据资源，促使政府数据由资源转向资产，构架数据价值生态将给政府带来很大的社会经济价值。

2.3.1.2　我国政府数据资产管理相关概念

据中国信通院发布的《数据资产管理实践白皮书（3.0 版）》，数据资产是企业和组织通过对数据资源进行管理，对数据资产进行合理配置，保障数据资产的安全性，进而实现对数据资产的有效利用①。基于数据资产和政府的特性，我们认为政府数据资产指政府部门拥有数据的总和，包括其采集的各种公共数据、企业数据、市民数据以

① 中国信息通信研究院云计算与大数据研究所，CCSA TC601 大数据技术标准推进委员会. 数据资产管理实践白皮书（3.0 版）[EB/OL].（2018-12-14）[2021-11-21]. http://www.caict.ac.cn/kxyj/qwfb/bps/201812/t20181214_190696.htm.

及其自有的业务数据等。国家享有政府数据资产所有权，政府拥有数据资产管理权①。政府数据资产来源于主体和客体两个部分，主体包括政府、用户等，客体包括数据管理平台、管理和服务技术等。政府数据资产是在获取、存储、共享、开放和利用的过程中实现保值增值的。

上文提及，数据资产管理是指对规划、控制和提供数据及信息资产进行管理，从而提升数据资产的价值。政府数据资产在政府大数据中处于承上启下的位置，处于政府数据平台和政府数据应用之间，即对下承载政府数据平台，对上承接以价值为目标的数据应用。政府数据资产管理要求对政府数据进行全生命周期的资产化管理，因此，我们将政府数据资产管理定义为："政府部门综合运用数据管理的方式，对政府数据进行管理，提升政府数据资产的价值。②"

2.3.1.3 政府数据资产管理现状

近年来，我们各级政府在数据资产管理方面既取得了一定的成绩，但也由于发展时间尚短，仍存在一些不足之处。

首先，是我国各级政府在数据资产管理方面所进行的一些举措。

一是设立大数据管理机构。政府大数据管理机构是数据治理体制的核心部门，对国家数据治理体系的有效运行起到了至关重要的作用。2018 年第八次机构改革，《深化党和国家机构改革方案》对政府职责体系构建进行了原则性设计，在大数据发展背景下应运而生的是一批地方大数据管理机构的设置。截至 2019 年 6 月，全国 31 个省级行政区，共有 18 个省（直辖市、自治区）设有省级大数据管理机构。全国 333 个地级行政单位中有 208 个地区设立大数据管理机构。中国的 22 个省会城市、4 个自治区首府（除拉萨外）以及 5 个非省会副省级城市，共计 31 个行政单位设立了大数据管理机构③。

二是建设政府数据中心。开放政府数据是近年来开放政府与信息技术结合的新举措，国家通过建立数据开放门户网站将各级政府数据进行整合、归集并提供开放利用，确保数据的可用性和便捷性。目前，国内已建成多个政府数据开放中心，如北京市政务数据资源网、上海市政府数据服务网、贵阳市政府数据开放平台等。

其次，是我国政府在进行数据资产管理时仍有需要改进完善之处。

---

① 范佳佳. 政府数据资产可持续运营评估理论模型研究［J］. 上海商学院学报，2018，19（3）：21－27.

② 宋晶晶. 政府治理视域下的政府数据资产管理体系及实施路径［J］. 图书馆，2020（9）：8－13.

③ 孟庆国，林彤，乔元波，等. 中国地方政府大数据管理机构建设与演变：基于第八次机构改革的对比分析［J］. 电子政务，2020（10）：29－38.

一是缺乏国家层面的政府数据中心。各个省区之间的政府数据彼此孤立，只有共建共享政府数据才能更好地实现政府数据的价值。建设国家层面的政府数据中心需要跨部门、跨地域、多主体相互协作，注重统筹规划。同时，政府还要明确平台管理归属，提升政府利用数据资产的能力，政府数据中心平台可以通过对所拥有的数据资源进行整合，盘活数据资产，提升政府的公共服务能力。

二是政府数据资产管理标准不一。目前，各地政府纷纷设立大数据管理机构中心，出台数据资产管理登记办法等，但是各地政府有着各自的标准，目前没有统一完善的政府数据资产管理标准和规范。政府数据标准不一会对数据资产管理带来很大的困扰，因此要结合国际标准和行业标准，对政府数据资产进行全生命周期管理，给予政府数据资产管理制度保障，使其有据可循。

三是政府数据资产管理人才缺乏。政府数据资产建设需要专业的人才队伍建设，提升政府治理和决策的能力，这对工作人员的整体素养和工作能力有着极高的要求，工作人员要具备保密意识和专业的法律素养，具备专业知识和素养，并具有公共服务的能力。政府要重视数据资产管理的人才队伍建设，为政府数据资产建设提供人才支持。

数据是资产的概念已经达成共识，各国政府也纷纷将政府数据开放上升为国家战略，如何将政府数据资源转化为政府数据资产，从而发挥出政府数据资产的价值显得愈发重要。目前，我国政府数据资产管理和时间仍处于探索中，还需要在工作中及时总结经验，推进相关实践工作，以促进政府数据价值的实现。

2.3.2　行业数据资产管理与应用

行业层面，各行各业也都给予了高度的重视，而不同的行业，在数据资产管理的具体实践上也会所有差异。目前我国金融行业、医疗行业等在数据资产管理具体实践方面取得了不错成绩。

2.3.2.1　金融行业数据资产管理

随着大数据技术、人工智能、区块链、云服务等技术的快速发展与广泛普及，金融大数据平台建设与应用成为金融行业的热点和难点。麦肯锡研究报告显示，无论是应用潜力还是投资规模，金融行业都是大数据能力输出与应用的重点行业。

近年来，我国银行、证券、基金、保险和类金融行业数据迅速膨胀并呈现几何级数增长，大量数据沉淀作为金融企业的无形资产已经成为行业共识，但只有可控制、可量化、可共享、可变现的数据才能成为金融企业的资产。金融数据如何发挥着真正的价值、价值如何体现成为金融行业所面临的问题。

2016 年 12 月 30 日，中国证券业协会发布《证券公司全面风险管理规范》，明确指出证券公司应当建立健全数据治理和质量控制机制。2018 年 5 月，银保监会（原银监会）发布《银行业金融机构数据治理指引》，要求银行业应该将数据治理纳入公司治理范畴。2018 年，中国支付清算协会针对非银行支付机构数据资产管理状况开展了调研。相关规范的出台也代表了未来的发展趋势，成熟的数据资产管理将会成为金融企业的核心竞争力。

目前，证券、基金、银行等金融行业现状是：数据架构失控、数据标准缺失、数据质量参差、数据安全堪忧、数据边界不清、元数据管理混乱、数据量巨大且复杂等。如何树立并识别数据资产、利用现有数据资产为业务创造价值，需要金融机构构建数据治理体系、完善数据架构、拓展大数据业务应用场景、创新数据分析手段，从而实现数据资产价值。

基于数据资产分类进行数据资产管理设计三大关键要素，即专业的企业级数据资产管理团队组织、数据资产管理制度流程、数据资产管理平台工具。金融行业一般成立公司级数据资产委员会—数据资产工作领导小组—管理执行小组三层架构，落实企业数据资产管理工作。现阶段我国部分龙头金融企业效仿国外顶级投行，从战略规划阶段决议成立专业的数据管理部门，打通 IT 部门和业务部门，更好地进行数据资产管理；同时自上而下全局部署数据资产管理规范，从而形成全面的标准规则体系和执行调度流程；最后依托自研或引进与金融企业管理制度流程相匹配的数据资产管理平台，梳理、展示公司数据资产并对外提供服务①。

2.3.2.2　医疗行业数据资产管理

随着信息技术与医疗产业的融合式发展，医疗数据无处不在，如何对持续增长的医疗数据进行挖掘并加以利用成为至关重要的命题。医疗数据资产管理是近些年来国家主管部门、医疗机构、医药企业、第三方平台等一直探索开展的新领域。医疗大数据即医疗过程中产生的海量数据，医疗数据资产是指可以为政府、医疗机构、企业、个人带来预期经济收益的医疗数据资源。我国医疗数据资产管理起步晚、发展历程短，但政府出台多项政策推动医疗服务机构的信息化建设，为医疗大数据的应用提供了深厚的基础。

2011 年，卫生部办公厅印发《电子病历系统功能应用水平分级评价方法及标准》，

---

①　张洁彬，方伟. 后大数据时代的金融行业数据管理模式探讨：从数据需求到数据资产与数据价值的演化［C］//中国证券业协会. 创新与发展：中国证券业 2019 年论文集. 北京：中国财政经济出版社，2020：776－784.

提出将电子病历系统应用水平划分为8个等级，并明确各级标准。2012年，国务院发布《卫生事业发展“十二五”规划》，提出推进医药卫生信息化建设，加快健康产业发展。2013年，中央委员会下发《中共中央关于全面深化改革若干重大问题的决定》，强调要充分利用信息化手段，促进优质医疗资源纵向流动，加强区域公共卫生服务资源整合。2015年，国务院发布《关于城市公立医院综合改革试点的指导意见》，提出加强区域医疗卫生信息平台建设，推进医疗信息系统建设与应用。2018年，国家卫生健康委员会印发《国家健康医疗大数据标准、安全和服务管理办法（试行）的通知》，2019年，国家卫生健康委办公厅印发《全国医院数据上报管理方案（试行）》及《全国医院上报数据统计分析指标集（试行）》，充分发挥健康医疗大数据作为国家重要基础性战略资源的作用。

医疗数据资产管理的发展已经形成了自身的管理体制，医疗数据资产管理体制规划面临一定的机遇和挑战。发展机遇包括：宏观政策医疗信息化进一步优化，为医疗经济持续健康发展提供了新的机遇；医疗数据资产管理资源得到有效开发，为发展现代医疗数据资产管理体制提供了新的机遇。严峻挑战是因为我国处于经济转型期，医疗数据资产管理体制仍具有弱质性、传统性的特征，长期存在的一些体制性、素质性矛盾更为集中凸显，如医疗基础设施薄弱、医疗数据资产管理体制结构调整难度凸显等。

尽管我国近年来医疗数据资产管理有了长足的进步，但相较于国外发展还有很大的差距，存在很多问题，如：互联网医疗行为数据化程度不足，数据价值没有得到充分利用；缺乏技术、资源等，中小平台对于医疗数据利用能力普遍不高；医疗数据资产使用过程中的隐私安全问题；医疗数据资产商业化的政策保障和法规支持的缺失；等等。

2.3.3　企业数据资产管理与运用

数据资产管理是企业采取的各种管理活动，用以保证数据资产的安全完整，合理配置和有效利用，从而提高数据资产带来的经济效益，保障和促进各项事业发展。

2.3.3.1　企业数据资产管理的主要内容

对于企业来说，数据资产管理的主要内容可以提炼为三个关键词，分别是：治理、应用和运营。

一是数据资产治理。数据资产治理是企业如何管理数据资产的一套完整的机制，包括指导企业数据资产管理的政策、规章制度、流程、组织、角色和责任，数据资产治理体系的建立将为企业数据资产的准确性、一致性、完整性、实时性和安全性等提供管理机制上的保证。数据资产治理的核心是在企业的大环境内建立人、数据、IT系统之间的和谐关系，实现企业业务及管理人员在正确的时间、正确的环境得到正确的数据支持服务的目标。

二是数据资产应用。数据资产应用是指企业如何将数据资产适当加工，为企业的管理控制和科学决策提供合理依据，从而支持企业经营活动开展，创造经济利益的过程。其中，常见的数据资产应用就是报表开发、临时取数，以及数据挖掘分析、数据产品定制开发等。

对于数据资产应用，早已应用在具体的实践层面，对于生产过程，还有着各种专业化的方式或工具支持，比如可视化工具、数据开发工具、分析挖掘工具以及专业性能提升工具等。而应用形式也有所革新，报表等传统方式虽然并不会消失，但也逐渐被体验良好的数据产品所替代，协助业务运营或管理人员更快分析决策，是这一领域的主要价值诉求。

但数据资产应用也面临着两个重大挑战：一是如何在满足更加复杂多变、体验至上的业务需求的同时，加快实现速度，降低实施成本。

二是如何将更多的应用提供者（包括潜在提供者）与应用需求者进行对接，从而加强应用和形式创新。

三是数据资产运营。数据资产运营是指企业对数据资产的所有权、使用权和收益权等收益及相关活动进行管理的过程，包括产权登记、产权界定、资产购置、资产处置等，以及配套的评估、分析、统计、清查、监督等活动。

相对于数据资产治理和数据资产应用，数据资产运营是一个比较新的领域，但也是具有发展潜力的一个部分，目前热门的如数据开放、数据交易、数据合作等方向都属于这个领域。此外，数据资产的评估、规划、审计等也将带来咨询或服务市场的新商机。

2.3.3.2 工业企业数据资产管理现状

目前，国内企业关于数据资产管理的理论和实践还处于初级阶段，有关数据资产管理的实力及能力更是参差不齐。本小节将以工业企业为代表，分析我国工业企业数据资产管理现状，以此探究我国企业关于数据资产管理实践的现状。

2018 年，在工业和信息化部信息化与软件服务业司指导下，工业互联网产业联盟（AII）联合中国信息通信研究院发布了《2018 工业企业数据资产管理现状调查报告》，从三个方面对工业企业数据资产管理现状进行阐述，即企业数据资产管理的组织制度、信息化能力和数据监管情况①。

① 工业互联网联盟，中国信息通信研究院. 2018 工业企业数据资产管理现状调查报告［EB/OL］.（2018－12－14）［2021－11－21］. http://www.caict.ac.cn/kxyj/qwfb/ztbg/201812/P020181214617055723116.pdf.

一是组织制度层面，着眼于管理意识、工作规划、管理现状和制度规范四个方面。根据报告数据，工业企业对于数据资产管理的重要性已经形成了一定的认识，98.6%的工业企业认为数据管理工作值得投入，87.8%的企业已经开始投入或正在规划数据管理相关工作，其中55.4%的企业为数据管理工作设置了专职机构，但尚未投入大量人力在数据管理的相关工作上。有33.8%的企业没有形成针对企业数据的管理模式，仅有25.7%的企业会定期更新相关的管理办法或企业标准。

二是信息化能力层面，主要考察数据情况、建设驱动力、工作难点、技术工具、建设模式和业务需求等。工业企业已收集和管理的数据总量较小，绝大部分的企业数据总量都在20 TB以下；工业企业开展数据资产管理工作，60.7%的驱动力均来源于内部的业务需求；工业企业认为工作难点集中在数据难统筹、缺乏方法论和短期内看不到成果三方面；约40%的工业企业仍在使用原始的文档记录方式进行数据的管理，现阶段需求最大的技术工具集中于大数据处理、数据管理和报表分析；工业企业对于数据应用的需求主要集中在监控生产运营情况和提升资源使用效率层面。

三是数据监管情况层面，以数据上云、数据流通和安全机制为切入点。工业企业对于数据上云的态度差别较大，仍有一半的企业对数据上云保持谨慎，或处于观望态度；工业企业对于数据流通的需求尚有很大空间，仅有2.7%的企业表示不会涉及数据流通；安全管理机制方面，工业企业采取的多为传统的物理隔离、网络隔离方式。

第3章　数据资产管理的发展历程

理查德·彼得斯于1974年首次提出“数据资产”，“数据管理”这一名词则出现在20世纪80年代，而“数据资产管理”一词在国内首次由DAMS组委会正式提出，是近几年的新事物、新名词，但同时它也是在数据管理和数据资产化的基础上发展而来。本章主要阐述数据资产管理发展的三个阶段，即数据管理阶段、数据资产阶段以及数据资产管理阶段，全方位展现数据资产管理从萌芽到成长壮大的过程。

3.1　种子期：数据管理阶段

数据管理是数据资产管理的发展基础，数据管理的成长成熟为数据资产管理的诞生提供了肥沃的土壤，使得这一新生事物有着坚实的发展基础。随着计算机和互联网技术的不断发展与进步，数据管理技术也在不断地更新换代，到目前为止，数据管理技术主要经历了以下阶段：人工数据管理、文件系统管理、数据库系统管理及数据资源管理。

3.1.1　人工数据管理

20世纪50年代中期，计算机开始被应用于科学计算。由于当时没有直接存取的设备（如磁盘），只有纸带、卡片、磁带等外存，也没有操作系统和管理数据的专门软件，所以早期的数据处理都是由手工完成的。这一阶段管理的数据不能长期保存，因为计算机主要用于科学计算；由应用程序管理数据，没有相应的软件系统负责数据的管理工作，数据独立性差，数据此时完全依赖于应用程序，数据不能共享，应用程序与数据是一一对应的关系，如图3-1所示。此时数据纯粹面向应用，服务于应用[①]。

① 马凯航，高永明，吴止锾，等. 大数据时代数据管理技术研究综述［J］. 软件，2015，36（10）：46-49，56.

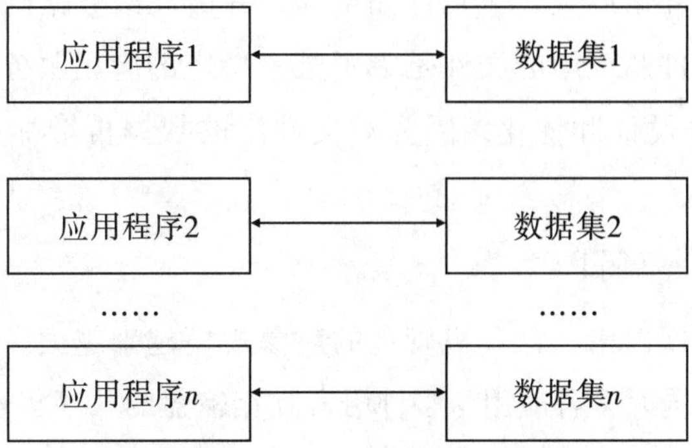

图3-1　程序与数据的关系

3.1.2　文件系统管理

20世纪50年代后期到60年代中期，计算机硬件有了进一步发展，出现了磁盘、磁鼓等能直接存取的存储设备。而计算机软件方面，操作系统中开始有了专门的数据管理软件，一般称之为文件系统，不仅能批处理，还能联机实时处理。如图3-2所示。

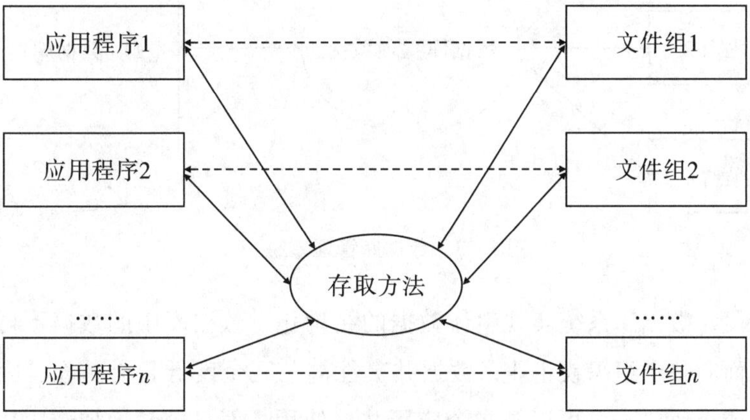

图3-2　文件管理系统

在这一阶段，计算机大量用于数据处理，管理的数据可以长期保存，并进行查询、修改、插入等操作。由文件系统管理数据，文件系统将数据组织成相互独立的数据文件，利用“按文件名访问，按记录进行存取”的管理技术，提供了对文件进行打开与关闭，对记录读取和写入等存取方式。

尽管这一时期相较于以往有了长足进步，但仍存在一些显著的缺点。数据的共享性差，冗余度大，因为在文件系统中，一个文件基本对应一个应用程序，即文件仍然是面向应用的。当不同的应用程序具有部分相同的数据时，也必须建立各自的文件，而不能共享，因此数据冗余度大，浪费存储空间，并由此给数据的修改和维护带来困难；数据独立性差，文件系统中的文件是为了某一特定的应用服务的，文件的逻辑结构是针对具体的应用来设计和优化，因为对文件中的数据再增加一些新的应用较为困难。

3.1.3 数据库系统管理

20 世纪 60 年代后期以来，计算机管理的对象规模越来越大，应用范围越来越广泛，数据量急剧增加，同时多种应用，多种语言互相覆盖的共享集合的要求愈发强烈，以文件系统作为数据管理手段已经不能满足应用的需求。同时，随着磁盘技术不断进步，低成本、高速的硬盘占领了市场，计算机的软件也有了一定的发展，为新的数据管理技术产生提供了必要条件。在外部压力与内部变革的双重促进下，数据库系统管理方式应运而生。数据库系统是由计算机的软硬件共同组成，实现了数据的动态、有规则、独立存储①。如图 3－3 所示。

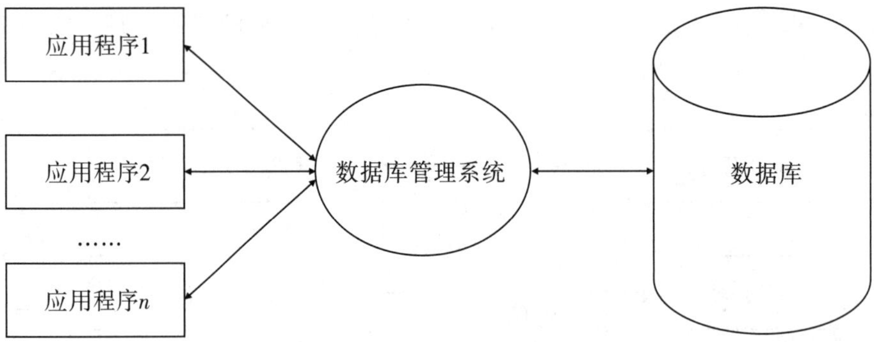

图 3－3 数据库管理系统

在这一阶段，数据库系统实现整体数据的结构化，数据库中的数据不再针对某一个应用，而是面向整个组织或企业；数据共享性高，冗余度低且易扩充，因为数据是面向整个组织或企业，不仅可以被多个应用共享使用，而且容易增加新应用，使得数据库系统弹性大，易于扩充；数据独立性高，是指数据的物理独立性和逻辑独立性，前者是指用户的应用程序与数据库中数据的物理存储是相互独立的，后者则是指用户的应用程序与数据库的逻辑结构是相互独立的；数据由数据库管理系统统一管理和控制。

3.1.4 数据资源管理

随着大数据时代的到来，数据管理技术发展日新月异，数据管理效率和数据独立

① 王振东．强化计算机数据库管理技术的有益分析［J］．软件，2014，35（1）：84－85.

性、共享性、可靠性都得到了发展，数据管理将进入新一阶段，即面向数据应用的数据管理，又称数据资源管理。

DAMA 将数据资源管理定义为“致力于发展处理企业数据生命周期的适当的建构、策略、实践和程序”。这是一个高层而包含广泛的定义，而并不一定直接涉及数据管理的具体操作。它针对的是企业数据全生命周期所涉及应用过程数据的管理，即对数据变化的管理，或者说是针对描述数据的数据（元数据）的管理，因此称之为面向应用的数据管理。数据资源管理所涉及的数据对象，主要是那些描述构成应用系统构件属性的元数据，这些应用系统构件包括流程、文件、档案、数据元（项）、代码、算法（规则、脚本）、模型、指标、物理表、ETL 过程、运行状态记录等。

数据资产管理由数据管理演变而来，并从理论体系、管理视角、管理职能和组织体系等方面对数据管理进行了完善与发展。目前，数据管理形成了以国际数据管理协会（DAMA）、国际商业机器公司（IBM）和数据治理协会（DGI）这 3 个流派为代表的理论体系，数据管理理论体系的视角仍是将数据作为信息进行管理，并未关注数据资产管理和数据价值释放，更多地是为了满足监管要求和企业考核。因此，在这一阶段，数据资产管理更像是一粒“种子”，深埋于数据管理这一肥沃土地，不断地吸取养分，等待破土新生的那一刻。

3.2　萌芽期：数据资产阶段

1974 年，“数据资产”这一说法首次出现，经过多年的发展，数据即资产的认知已经被社会广泛接受。数据资产化的出现，表明数据管理发生了重要转变，不再是将数据当作信息管理，而是将数据当作组织所属的资产进行管理。在这一阶段，数据资产理论体系与实践应用从新生到成熟，为数据资产管理的成长提供了充足条件。

3.2.1　数据资产的提出

2004 年，一名牺牲的美军士兵的父亲请求雅虎公司告知其儿子在雅虎的账号和密码，以获取其在雅虎账号中留下的文字、照片、E-mail 等数据，以此寄托对儿子的思念。然而，雅虎公司以隐私协议为由拒绝了该请求，无奈之下，这名父亲将雅虎公司告上法庭。这个事件引起了公众对个人数据财产、数据遗产的高度关注。

而在此之前，“数据资产”这一名词早已于 1974 年由理查德·彼得斯提出，他指出数据资产包括持有的政府债券、公司债券和事物债券等资产。2009 年，托尼·费希尔在《数据资产》中也提到数据是一种资产，企业应该把数据作为企业资产来对待。

国际数据管理协会（DAMA）也曾指出在信息时代，数据被认为是一项重要的企业资产。经过40多年的发展，人们对于数据资产的认识在不断深入，数据资产的内涵与范围也在不断扩展。

“数据资产”这一概念是由信息资源和数据资源的概念逐渐演变而来的[①]。信息资源是在20世纪70年代计算机科学快速发展的背景下产生的，信息被视为与人力资源、物质资源、财务资源和自然资源同等重要的资源，高效、经济地管理组织中的信息资源是非常必要的；数据资源的概念是在20世纪90年代伴随着政府和企业的数字化转型而产生的，数据资源是有含义的数据集结到一定规模后形成的资源。

数据资产的名词在20世纪70年代初现，但直到21世纪初大数据技术逐渐兴起，数据资产概念才产生，并随着数据管理、数据应用和数字经济的发展而普及。在当前大数据背景下，数据是数字经济的关键要素，其作为基础性资源、生产资料已经得到广泛认同，世界主要国家已经在实施大数据战略。

3.2.2 数据资产认知多元

随着数据在社会经济以及企业经营决策中发挥的作用越来越重要，数据资产的概念逐渐被接受，但是相关的理论研究和具体实践还处于萌芽阶段。目前，有关数据资产的研究主要是将数据资产看作无形资产，沿用无形资产研究成果。尽管现有文献普遍认为数据资产属于无形资产的一种，但与传统的无形资产又有所差异，不同之处在于有以下两个方面。

一是传统无形资产受到法律法规的保护，例如商标权等，当商标权受到恶意侵犯时，拥有商标权的主体能够有效辨识这一侵权行为并维护自身权益；而数据资产由于缺乏相关法律保护，又具有易复制性，更容易受到恶意侵害，为此权利主体需要为控制数据资产付出更多的成本。

二是传统无形资产在不同组织架构中也能实现自身价值。而对于数据资产来说，数据收集的标准不同，存储介质和格式不同，导致数据资产对于不同主体的价值创造功能存在差异。例如，某些数据是企业在生产经营活动中自建的，与该企业生产经营活动相适应，不具备移植性[②]。

---

① 中国信息通信研究院. 大数据白皮书（2020年）[EB/OL].（2020-12-18）[2021-11-21]. http://www.caict.ac.cn/kxyj/qwfb/bps/202012/P020210208530851510348.pdf.

② 张治侨，谭畅. 数据资产的价值构成与估值局限性研究[J]. 商业经济，2021（6）：81-82.

除却将数据资产看作无形资产的情况外，还存在诸多概念混杂难辨的困境。

经济社会历史发展环境的不同和对“信息、数字、数据”概念认识的不同，形成了不同的名词术语，如“信息资产”“数字资产”“数据资产”等，在具体使用时也会出现混乱和相互替代的情形。更为严重的是，资产和资源、资本、经济等术语紧密关联，于是就有了信息资产、信息资源、信息资本、信息经济、数据资产、数据资源、数据资本、数据经济、数字资产、数字资源、数字资本和数字经济 12 个概念，见表 3－1。

表 3－1 术语最早出现的时间①

术语	资产	资源	资本	经济
信息	1997 年	1970 年	1962 年	1959 年
数据	1974 年	1968 年	1967 年	2011 年
数字	1996 年	1981 年	2000 年	1995 年

根据叶雅珍、刘国华、朱扬勇②等人的总结，“信息资产”是指已经或应该被记录的具有价值或潜在价值的数据；“信息资源”作为生产要素、无形资产和社会财富，与能源、材料资源同等重要；“信息资本”是指新经济下创造价值的原材料，包括系统、数据库、图书资源和网络，并为组织提供信息和知识；“信息经济”是指以信息和知识的数字化编码为基础，数字化资源为核心生产要素，以互联网为主要载体，通过信息技术与其他领域紧密融合，形成的以信息产业以及信息通信技术对传统产业提升为主要内容的新型经济形态。

“数据资源”是指有含义的数据集结到一定规模后形成的资源；“数据资本”是生产商品和服务所必需的记录信息，拥有长期的价值，但有特有属性，如非竞争性、不可替代性、体验性；“数据经济”是指使用复杂的软件和其他工具，通过快速存储、检索和分析大量非常详细的业务和组织数据所创造的金融和经济价值。

“数字资产”则是拥有二进制形式的数据所有权，产生并存储在计算机、智能手机、数字媒体或云端等设备中；“数据资源”是指使用富媒体和跨文本、图像、声音、地图、视频和许多其他格式的对象；“数字资本”是指由新的合作关系“商业网络（bwebs）”创造的财富；“数字经济”是指以使用数字化的知识和信息作为关键生产要素、以现代信息网络作为重要载体、以信息通信技术的有效使用作为效率提升和经济

①② 叶雅珍，刘国华，朱扬勇．数据资产相关概念综述［J］．计算机科学，2019，46（11）：20－24.

结构优化的重要推动力的一系列经济活动。

这 12 个名词尽管提法不一，但大都内涵相近。诸多雷同的概念并不利于事情的健康发展，概念并存、含义相近的状态不仅给公众认知带来不便，也不利于科学研究和产业推进。

目前，有关数据资产的概念尚未发展出一个统一的、被广泛认可的概念。学界和业界对于数据资产的认知也有着多元理解，并与其他名词混合使用，这主要是因为数据资产作为一个新兴事物，还处于成长变化的状态，难以定义。

3.2.3 数据价值实现难以解决

目前对于数据资产尚未有统一的定义，因此数据资产价值也没有准确定义，基本概念的不统一导致人们对于数据资产价值的理解出现多样化，因为难以提出有效的数据价值实现的解决方法。接下来，在了解数据资产价值的基础上，本书将会进一步探讨数据资产价值的影响因素，分析数据资产价值难以实现的原因。

3.2.3.1 数据资产价值

数据资产价值的含义在于用一种标准化的数据语言解决当下存在的一些信息不对称的问题，旨在为没有途径观察或获取信息的人提供可靠有效的途径，降低决策成本①。这主要具体体现在以下三方面。

1. 形成组织通用的语言

组织内部的各个部门由于承担不同的职责，其产生的数据及其对数据的表达方式也五花八门，从而对管理层高效地利用这些数据构成了阻碍。如果数据进行资产化，就代表数据在企业内部作为一种通用的语言在流通，必将给企业乃至外部的数据使用者带来更大的价值。

2. 形成组织的战略资源

在大数据的时代背景下，衡量一个企业的价值将会颠覆传统的衡量标准，一家拥有价值可观的数据资产的企业，它的市场估值和竞争力都会遥遥领先，因此数据资产化有助于形成企业的战略资产。

3. 明确数据资产权属问题

伴随着数据资产化进程，当下对数据权属划分不清的问题也必将加速解决，相关法律法规制度也会随着这一进程而逐渐完善。

---

① 刘俊. 浅谈数据资产价值及其实现途径［J］. 山西财政税务专科学校学报，2020，22（1）：38－40.

3.2.3.2 数据资产价值的影响因素

影响数据资产价值的因素有很多，以下是按照质量维度和风险维度对影响因素进行分类。

1. 质量维度

（1）真实性。数据的真实与否决定了数据是否有价值。虚假的数据不仅会导致使用者无法做出正确的判断，甚至会由于错误的判断而造成无法估计的损失。

（2）完整性。单一数据无法带来巨大的价值，只有体量庞大的数据经过挖掘分析后才能反映出有价值的指标。也就是说，数据的采集范围越大，种类越多，时间线越连续，其所构成的数据资产越有价值。

（3）准确性。在实际的数据获取工作中，常常需要专职的“数据清理工程师”来对庞大且价值密度低的数据进行清洗，将那些无效的、异常的数据排除掉，以确保数据的准确程度。

（4）成本效益。数据资产的取得以及整合分析成本在很大程度上决定了使用者是否愿意为此付出代价，根据成本效益的原则，数据获得成本越低，其所带来的经济价值就越大。对于数据资产而言，如果是自身日常生产经营所积攒的数据，其成本主要在数据清洗以及加工上，如果从外部取得，还包括购置成本。

（5）安全性。衡量数据资产是否安全，一方面是数据拥有者的维护及防御水平，另一方面在于数据自身是否容易泄露或者受到黑客的攻击。倘若数据本身的加密程度及破解难度足够高，其他人不容易获取，那么数据持有者所付出的保护代价也越低，相应的数据资产就具有较高的价值，可以持续地为企业带来经济利益。

2. 风险维度

（1）法律限制。目前我国的法律对于哪些数据可以交易、哪些不能交易尚没有明确的规定，其中一个原因是很多数据的取得存在权属不明的情况，这是一个亟待解决的难题。如何既能合法合规地使用这些数据又不至于侵犯用户隐私，现阶段需要平衡好两者之间的关系。

（2）道德约束。数据使用者往往采取不正当手段获取数据信息，不尊重用户隐私，滥用个人信息，如常见的一些银行或者平台企业非法出售个人信息。这些行为将会对公司造成严重的舆论压力，甚至影响其品牌形象，降低消费者的信任度，无论是对数据资产的价值还是公司的价值都会造成负面影响。

3.2.4 数据资产管理的新特征

在数据资产化逐渐成熟的背景下，数据资产管理如雨后春笋般迅速成长，在传统的数据管理基础上有了进一步发展，主要表现在以下三个方面。

一是管理视角。数据管理主要关注的是如何解决问题数据带来的损失，并没有将数据当作资产对待，从未考虑数据所带来的收益；数据资产管理是基于数据资产的成本、收益开展数据价值管理。

二是管理职能。数据资产管理针对不同的应用场景和大数据平台建设情况，相较于传统的数据管理职能（包括元数据管理、主数据管理、数据标准管理、数据模型管理等），增加了数据价值管理和数据共享管理等职能。

三是组织体系。数据资产管理相对数据管理来说，对组织体系和管理制度进行了一定程度的调整，主要从建立更专业的管理队伍和更完善的管理制度层面保障数据资产管理的实施。

在这一阶段，数据资产管理破土而生并借助大数据和数据资产化的发展开始成长壮大。

3.3 成长期：数据资产管理阶段

众所周知，数据是资源，伴随着大数据时代支撑数据交换共享和数据服务应用的技术发展，不断积淀的数据开始逐渐发挥它的价值。因此，数据作为一项资产，“盘活”数据可以充分释放其附加价值。但是事实上，如果缺乏恰当有效的管理手段，数据也可能会成为一项负债。同时，相较于实物资产，数据资产的管理目前还处于初级阶段，数据质量、数据安全、资产评估、资产交换交易等精细管理、价值挖掘和持续运营也较为薄弱。

3.3.1 数据资产管理4个阶段

随着数据资产管理政策环境和理论、技术的阶段性发展，数据资产管理通常经历数据报表阶段、数据管理阶段、数据运营阶段和数据资产评估阶4个阶段①。

在数据报表阶段，企业开展数据资产管理的主要目的是提高经营分析的准确性，并通过建立数据仓库来实现。

在数据管理阶段，随着数据来源和数据总量的增加，数据资产管理的目标转变为数据治理，管理对象由分析域延伸到生产域，并通过在数据库中开展数据标准管理和数据质量管理实现。

---

① 李雨霏，刘海燕，闫树．面向价值实现的数据资产管理体系构建［J］．大数据，2020，6（3）：45－56.

在数据运营阶段，随着大数据技术的发展，企业数据逐步被汇总到大数据平台，形成了数据采集、计算、加工、分析等配套工具，并开展了以数据为核心生产要素的创新应用，不仅推动了企业内部业务的发展，也逐渐成为服务企业外部的数据产品。

在数据资产评估阶段，随着数据资产管理能力的进步，企业积极开展数据资产管理能力评估，不断提升管理和运营能力。

各行业积极实践数据资产管理，信息化基础较好的企业已开展至数据资产管理的第3阶段或第4阶段，处于数据资产管理第1阶段或第2阶段的企业也在快速发展。数据管理起步较早的金融、电信等行业，普遍在2000—2010年就开始了数据仓库的建设，建立了比较完善的数据治理体系，并于2010年后通过引入大数据平台，实现了企业数据的汇聚和数据应用的丰富，逐渐探索数据对外运营和服务。以四大国有银行为例，均单独成立了主管数据的一级部门，负责数据资产管理与应用、监管数据报送和外部数据的合作等工作。2018年中国银行保险监督管理委员会发布的《银行业金融机构数据治理指引》强化了银行业数据资产管理的工作力度。三大电信运营商也在各自的信息化部门下成立了数据中心部门，统一开展数据能力的建设。近年来，三大电信运营商除了满足内部的数据应用外，还积极向外拓展，以中国电信集团有限公司和中国联合网络通信集团有限公司为例，均成立了专业的数据对外服务的公司，利用开放平台和数据产品服务外部客户。数据管理起步较晚的能源、工业等行业也在积极探索数据资产管理路径。以国家电网有限公司为例，建立了大数据团队，内部自主研发大数据产品，建设统一的数据应用中心，研发了大量的电力大数据应用，于2019年5月成立了专业的大数据中心，围绕泛在电力物联网，建设总部和省级两级联动的数据中台能力，目前也在构建较为完善的数据资产管理体系。

3.3.2　数据资产管理趋于成熟

数据资产管理是现阶段推动大数据与实体经济深度融合、新旧动能转换、经济转向高质量发展阶段的重要工作内容，受到了社会各界广泛关注。并且，经历过多年的发展，相关理论体系、技术平台以及实践经验都较为完备。

3.3.2.1　理论体系

随着数据管理行业的成熟和发展，数据资产管理作为一门专业管理领域被人们广泛研究和总结，一些数据资产领域的专家和学者成立了数据资产管理专业论坛和组织，并面向不同的应用场景提出了多种数据资产的管理体系。

国际数据管理协会于2009年发布了数据管理的知识体系（DMBOK 1.0），将数据管理体系划分为10个领域，分别是数据治理、数据操作管理、数据体系管理、数据开发、数据安全管理、参考数据和主数据管理、数据仓库和商务智能管理、文档和内容管理、元数据管理以及数据质量管理，并以此体系为理论基础，推出数据管理专业人士认证（CDMP）。2017 年 DMBOK 2.0 发布，针对 2009 年第 1 版出版以来数据管理领域出现的新变化，该版本重新制定了 DAMA 数据管理框架（DAMA 车轮图），并对原书中的部分内容进行了调整、更新、补充和完善，尤其是提出了一套新制定的数据管理原则，以支持组织有效管理数据并从数据资产中获取价值。

卡内基梅隆大学旗下机构于 2014 年以软件能力成熟度集成模型（CMMI）为参考，发布了数据能力成熟度（DMM）模型，包含六大职能域：数据管理战略、数据操作、数据质量管理、数据治理、数据平台和体系、支撑流程，在中国、美国等多个国家培训了一批评估师，并在微软等公司进行了模型验证，使该模型具有较强的实践指导能力和可推广性。

全国信息安全标准化技术委员会在借鉴国外相关数据资产管理体系的基础上，于 2018 年提出了数据管理能力成熟度模型（DCMM），定义了数据管理能力成熟度评价的八大能力域：数据战略、数据治理、数据体系、数据标准、数据质量、数据安全、数据应用、数据生命周期管理。

3.3.2.2 技术平台

技术平台主要包括数据采集、数据存储、数据处理和数据分析。

数据采集是指从数据生产端提取数据的过程。数据采集技术根据生产端的不同而有所不同，具体包括系统日志采集、网络数据采集和数据库采集 3 种方式。系统日志采集常用的开源技术包括 Apache Flume 和 Facebook Scribe。Apache Flume 采用分布式架构处理流式数据，保证了日志数据采集的可靠性和实时性；Facebook Scribe 的特征是分布式共享队列，提供了一定的容错性能。网络数据采集多采用合法合规的网络爬虫或网站公共 API 的方式（常用的网络爬虫系统包括 Apache Nutch 和 Scrapy 等框架），快速提取非结构化和半结构化数据。数据库采集是指通过将数据库采集系统与企业业务后台服务器相连，保证企业实时产生的业务数据可以写入数据库中，如传统的关系型数据库、NoSQL 数据库以及大数据采集技术。

数据存储是指选择适当的方式组织和存放数据。文件系统是最早使用的存储技术，将数据组织成相互独立的数据文件进行管理。数据库在文件系统的基础上发展而来，不再以文件为单位存储数据，而是以记录和字段为单位对数据进行管理，实现了数据整体的结构化。目前数据存储的方式和种类越来越丰富。

数据处理是指数据由存储端到数据汇聚端的清洗过程，通常是指由数据库到数据仓库的抽取（Extract）、转化（Transform）和加载（Load）的过程（简称 ETL）。目前，已有较为成熟的工具，以任务流的方式定时批量完成 ETL，部分工具以可视化任务流而非代码的方式配置任务，部分工具融合了数据准备和数据清洗的功能，如根据统计结果完成数据剖析。

数据分析是指通过相关技术实现对数据的深度分析和利用的过程。数据分析技术主要包括数据可视化、自动化数据建模和情景感知处理分析。数据可视化包括以 SPSS、SAS、R 为代表的基于数据分析的可视化工具，以 Google Chart API、Tableau 为代表的动态渲染可视化工具和以 Modest Maps 为代表的地图可视化工具。自动化数据建模包括谷歌公司的 Cloud AutoML、微软公司的 Custom Vision AI 等技术平台，实现以计算机自动化的方式完成传统的人工智能（Artificial Intelligence，AI）模型训练过程。情景感知处理分析的核心技术包括情景信息采集技术、情景信息建模技术、情景信息处理技术。

3.3.2.3　具体实践

数据资产管理不仅仅是科学研究关注的话题。近年来，国家、政府、行业等都越来越重视数据资产管理，并开展了诸多实践工作。

国家层面，世界上很多国家都制定实施大数据战略，并出台相关政策文件，完善相关法律法规。2018 年 5 月 25 日，《通用数据保护条例》（GDPR）正式在欧盟实施。数据合规性与数据跨境流动成为各国关注重点，各国关注重点包含了数据主权、隐私保护、法律适用与管辖乃至国际贸易规则等内容。

政府层面，在政府数据开放的背景下，政府部门愈发重视对政府所拥有的数据的应用及其价值的实现。政府数据资产管理的具体实践主要体现在：地方政府纷纷设立数据资产管理机构；出台相关办法文件用以指导工作的开展；设立数据中心；等等。

行业层面，部分行业早已开展数据资产管理的实践应用，诸如金融行业、三大移动运营商以及互联网行业等，这些行业多年发展积累了海量的高质量资源，有了技术进步和理论体系的加持，在开展数据资产管理方面进展可观。

3.3.3　数据资产管理的新特征

随着管理数据对象越发复杂，数据处理技术越发成熟，数据应用范围越发广泛，数据资产管理在数据处理架构、组织职能、管理手段等方面逐渐呈现了一些新的特点和发展趋势。

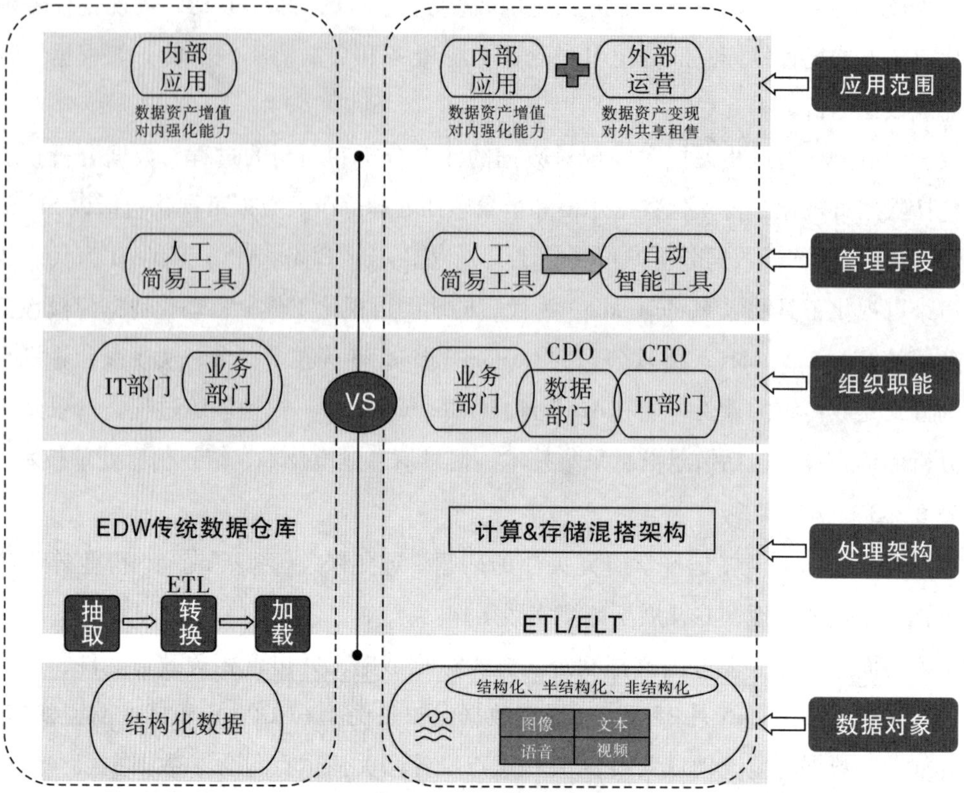

图 3－4　大数据背景下的数据资产管理特点特征

3.3.3.1　数据管理对象变化

数据作为数据资产管理的对象，在近些年体现出规模海量、来源多样、格式繁杂、采集实时等特征。在数据量方面，单一机构的数据规模由以前的 GB 级上升到 TB 级，甚至 PB 级、EB 级，数据增速快。在数据格式种类方面，除传统的结构化数据之外，文本数据、图像数据、语音数据、视频数据等半结构化数据或非结构化数据占比越来越大，种类日益丰富。在数据来源方面，数据既包括内部数据，也包括来自第三方的外部数据，既包括传统业务处理采集的业务数据，也包括手机终端、传感器、机器设备、网站网络、日志等技术产生的数据。同时，由于秒级或者毫秒级的响应将帮助企业更快地洞察与分析数据，实时数据正在成为企业数据重要的管理对象。目前实时数据采集和处理已广泛应用于互联网、零售、电力、交通等多个行业，利用物联网、实时数据库等技术实现交易实时处理、生产实时监控、交通实时调控等。

3.3.3.2　处理架构更新换代

处理架构的更新换代体现在以下几个方面。一是数据处理的底层架构向云平台和分布式系统迁移。Gartner 在 2018 年针对数据和分析方式的调查结果表明，63% 企业目前使用最普遍的信息基础架构基技术为“基于云平台的数据存储”。同时以 Hadoop、Spark 等分布式技术和组件为核心的“计算 & 存储混搭”的数据处理架构，能够支持批量和实时的数据加载以及灵活的业务需求。二是数据的预处理流程正在从传统的 ETL 结构向 ELT 转变。传统的数据集成处理架构是 ETL 结构，是构建数据仓库的重要一环，即用户从数据源抽取出所需的数据，经过数据清洗，将数据加载到数据仓库中去。而大数据背景下的架构体系是 ELT 结构，其根据上层的应用需求，随时从数据湖中抽取想要的原始数据进行建模分析。

3.3.3.3 组织职能升级变迁

传统的管理制度体系中，数据管理职能主要由 IT 部门来负责，是 IT 部门的一项工作，业务部门配合 IT 部门执行数据管理，提出需求。随着数据分析与业务融合越来越深入，业务部门逐步成为大数据应用的主角，因而数据资产管理在企业中扮演越来越重要的角色。出现了越来越多的企业设置专门的“数据管理”职能部门或首席数据官（Chief Data Officer，CDO）岗位。在这种变迁背景下，数据管理的组织架构也面临革新的需求。

3.3.3.4 管理手段自动智能

依靠“手工人力”的电子表格数据治理模式即将被“自动智能”的“专业工具”取代，越来越多的数据管理员、业务分析师和数据领导者采用“平台工具”增强企业的数据管理能力，包括梳理元数据、管理主数据，优化数据集成、提升数据质量等。具体来说，机器学习和人工智能通过自动提取元数据，将不同的数据进行关联并分析；通过配置和优化主数据，使主数据的管理更加便捷和准确；通过语义分析实现相同数据源的连接，简化数据集成流程；通过增强数据的分析、清理和识别，提升数据质量。同时，随着智能优化技术不断引入到数据管理活动中，数据间的多维关系将被自动化识别和可视化展现，帮助用户高效探索数据和分析数据，降低数据使用门槛，有助于非专业人士成为数据科学家，扩大数据的使用对象和应用范围。

3.3.3.5 应用范围不断扩大

数据资产管理的使用不仅仅局限于拥有海量数据或强大数据处理能力的机构，任何一个机构都可以成为数据资产化管理的实践者。选择一个小型且效果明显的项目实施数据资产管理，也可以成为逐步构建完整数据资产管理体系的良好开端。此外，数据资产的应用范围已经从传统的企业内部应用为主发展为支撑内部和服务外部并重，数据资产应用和服务范围的扩大成为企业战略发展的一部分，实现数据资产保值到增值的跨越。

扩展阅读：数据资产管理面临的三大挑战

2019 年 6 月中国信息通信研究院云计算与大数据研究所发布的《数据资产管理实践白皮书 4.0》前言中对数据资产管理面临的挑战进行了简要的归纳。该书认为："数据是资产的概念已经成为行业共识。然而现实中，对数据资产的管理和应用往往还处于摸索阶段，数据资产管理面临诸多挑战。首先，大部分企业和政府部门的数据基础还很薄弱，存在数据标准混乱、数据质量参差不齐、各条块之间数据孤岛化严重等现象，阻碍了数据的共享应用。其次，受限于数据规模和数据源种类的丰富程度，多数企业的数据应用刚刚起步，主要集中在精准营销、舆情感知和风险控制等有限场景，应用深度不够，应用空间亟待开拓。再次，由于数据的价值很难评估，企业难以对数据的成本以及其对业务的贡献进行评估，从而难以像运营有形资产一样管理数据资产。"

管理篇

第4章　数据资产治理

4.1　数据治理的模型与体系

数据资产是企业数据中经过筛选和标准化加工，被赋予了一定经济属性的部分。数据治理是企业数据资产形成的必经之路，为企业数据资产治理提供基本保障。反之，企业数据资产治理是企业数据治理中最能凸显数据经济价值的部分。

4.1.1　经典企业数据治理模型述评

自20世纪90年代以来，数据治理领域虽然已经形成了若干经典模型与框架，但仍存在着诸多不确定和模糊之处，有待不同行业、规模和经营风格的企业的经验予以验证、完善和补充。从实践的角度，加强数据治理已经刻不容缓而许多企业管理者对此仍比较陌生，缺少专业训练和经验。从零摸索和搭建数据治理体系并不经济，更好的解决办法是结合企业实际情况和数据管理需求，构建数据治理体系。本节在梳理经典企业数据治理模型的基础上，从企业数据治理的环境驱动、利益相关者、目标与功能、工作内容、原则与规范等维度探讨企业数据治理体系的基本构架和运行逻辑，以期为企业管理者提供全景式参考。

4.1.1.1　DAMA 模型

作为一个专注于数据管理和数字化转型的非营利组织，国际数据管理协会（DAMA）长期致力于探讨数据管理领域的最前沿问题，同时聚焦数据管理在各行业中的最新进展和应用。如图4－1中所示，DAMA 提出的模型将企业数据治理活动视为一个在数据治理目标指导下，运用一定数据治理工具运转起来的中介系统。左侧箭头象征着对这一系统的“输入”，主要包括战略需求与规范的信息以及人力的投入；另一端是该系统的“产出”。

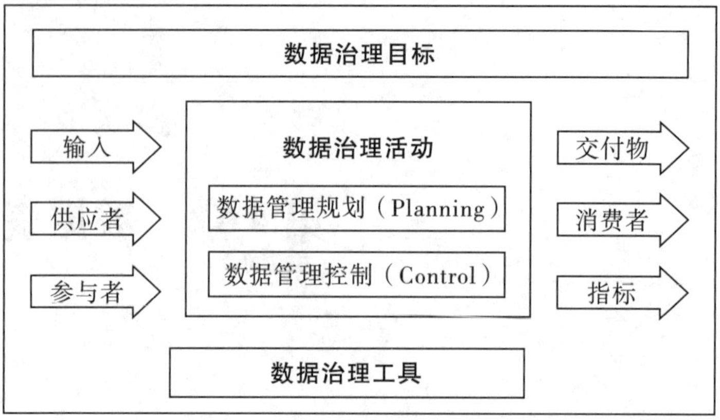

图 4－1　DAMA 数据治理模型

• 数据治理目标。明确数据治理工作的用力方向，主要包括定义、批准并传达数据策略、政策、标准、架构、程序和指标；追踪和执行监管合规性以及数据政策、标准、架构和程序的合规性；资助、跟踪和监管数据管理项目和服务的交付；管理和解决数据相关问题；理解并促进数据资产的价值。

• 数据治理"输入"。数据治理活动需要兼顾企业业务、信息化建设和数据需求。企业数据治理执行者从业务部门、IT 部门和数据相关部门在充分了解其战略目标和需求的情况下，联合业务主管、IT 主管、数据管理员和监管实体等数据治理"供应者"（Suppliers）共同进行数据治理活动。

• 数据治理"输出"。企业数据治理的成果主要包括：a. 主要交付物：数据政策、数据标准、问题解决、数据管理项目和服务、高质量数据和信息、受认可的数据价值等主要交付物；b. 数据管理评价体系，包括数据价值、数据管理成本、目标实现情况、管理员代表/覆盖范围、数据专业人员、数据管理成熟度等；c. 为不同"消费者"提供的数据治理服务。

• 数据治理利益相关者。输入涉及对企业数据治理工作负主要责任的"参与者"，如执行/协调/业务数据管理员、数据专家、数据管理执行者和首席信息官等，以及为之提供支持与协助的"供应者"，如业务主管、IT 主管、数据管理员和监管实体等。"消费者"即数据治理产出成果的获益者，如知识工作者、经理与行政人员、数据专家和企业客户等。

• 数据治理活动。数据管理规划活动包括：理解战略性企业数据需求，发展和维护数据战略，确定数据专业人员的作用与组织，确定和任命数据管理人员，建立数据治理和管理组织，制定和批准数据政策、标准和程序，审查和批准数据架构，规划和资助数据管理项目和服务，评估数据资产价值和相关成本。数据管理控制活动包括：

监管数据专业组织和工作人员，协调数据治理活动，管理和解决数据相关事务，监督和确保遵守法规，监控和执行数据政策、标准和架构的一致性，监督数据管理项目和服务，沟通和宣传数据资产的价值。

• 数据治理工具。主要包括企业内网，电子邮件、元数据工具、元数据仓储、事务管理工具、数据治理 KPI 和面板等。

4.1.1.2 DGI 模型①

国际数据治理研究所（DGI）是与 DAMA 齐名的机构。如图 4－2 所示，DGI 将企业数据治理视为数据管理实务之上的叠加层，与业务和 IT 流程存在一定的互动。DGI 认为一个成熟的企业数据治理项目需要考虑以下三个方面的问题：

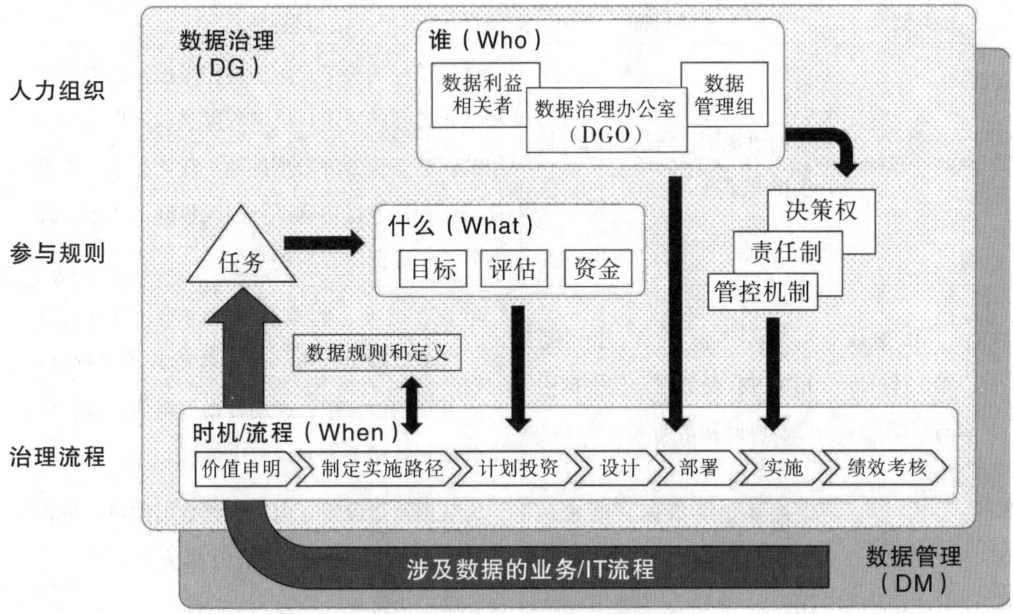

图 4－2 DGI 数据治理模型

• 数据治理的人力与组织。关于由谁来主持和参与企业数据治理活动，DGI 认为要同时吸纳企业数据管理人员和其他数据利益相关者，可以组建专门的数据治理办公室（Data Governance Office）负责主持和协调。

• 数据治理的流程与机制。流程指数据治理活动的时间与顺序安排，包括价值申明、确定路径、计划与资金筹备、项目设计、项目部署、项目实施和绩效考核 7 个步骤。这些流程的执行离不开行之有效的协同工作机制，主要包括决策、责任和管控机制。

① DGI. The DGI Data Governance Framework. [EB/OL]. (2018－06－15) [2021－11－21]. https://www.datasqlvisionary.com/wp－content/uploads/2018/06/dgi_framework.pdf.

• 数据治理的目标与内容。DGI 认为，常规的数据治理目标包括：实现更好的决策制定，满足各利益相关者的需求，创建标准化、可重复的治理流程，通过协同工作减少治理成本，确保数据治理过程的公开透明化等。在此基础上，还可以沿着数据政策、标准和战略制定，数据质量提升，数据安全与合规，数据架构与集成，数据仓储和商业智能，数据管理支持这 6 个侧重领域进一步对治理目标进行细分（见表 4－1）。在明确了数据治理目标体系之后，管理者应进一步思考如何为治理项目筹措资金，争取其他部门的支持，以及如何评判治理目标的完成情况，着手建立企业数据治理的评价指标体系。

表 4－1　DGI 数据治理目标体系与工作内容范畴

<table>
<tr><th colspan="2">目标类型</th><th>总体目标</th><th>目标体系</th></tr>
<tr><td colspan="2">常规/共性目标</td><td>创建规则、解决矛盾、提供持续服务</td><td>促进更好的决策；减少运作摩擦；保护数据利益相关者的需求；培训管理层和工作人员采用共同的方法处理数据问题；建立标准、可重复的流程；通过协调可行的流程降低成本，提高效益；确保流程的透明度</td></tr>
<tr><td rowspan="3">不同侧重点的目标体系</td><td>数据政策、标准与战略</td><td>推动跨部门合作，使利益相关方接受数据架构师的引导、协调和帮助</td><td>审查、批准、监控政策；收集、选择、审查、批准、检测标准；统一各类政策和标准；为业务规则做贡献；推动数据战略的实现；确定数据利益相关方并确定决策权</td></tr>
<tr><td>数据质量</td><td>提升企业数据（通常从主数据开始）完整性和可用性</td><td>为数据质量设定方向；检测数据质量；报告质量举措的状况；确定利益相关方，厘清责任，确定决策权</td></tr>
<tr><td>数据隐私、安全与合规</td><td>管理数据访问权限，保护数据隐私与信息安全控制，增强企业数据活动合规性</td><td>通过支持访问管理和安全要求帮助企业保护敏感数据；统一数据活动框架和举措；协助评估数据风险并确定风险管理与控制措施；协助执行数据监管、数据合同和数据架构合规要求；确定利益相关方，厘清责任，确定决策权</td></tr>
</table>

续上表

目标类型		总体目标	目标体系
不同侧重点的目标体系	数据架构与集成	协助企业实现面向服务的数据架构；协助企业完成重大的系统采购和开发工作	确保数据定义的一致性；支持数据架构政策和标准；支持企业元数据计划、面向服务的架构、主数据管理和企业数据管理；增强跨职能部门对数据一体化的关注；确定利益相关方，厘清责任，确定决策权
	数据仓库与商业智能	满足企业对数据仓库、数据集市和商业智能工具的需求	制定数据使用和数据定义规则；确定数据项目的 SDLC 嵌入式治理步骤和环形管理步骤；澄清数据资产和数据相关项目的价值；确定利益相关方，厘清责任，确定决策权
	企业管理支持	为行政与业务部门提供决策支持，协助其召集利益相关方商议对策	衡量数据和数据相关工作的价值；调整管理框架和举措；检测和报告与数据有关的项目；宣传和数据有关的信息与立场；确定利益相关方，厘清责任，确定决策权

4.1.1.3　ISACA 模型

国际信息系统审计和控制协会（Information Systems Audit and Control Association，ISACA）是一个致力于为使用信息系统的企业提供指导、基准和治理工具的非营利性协会，目前在全球 180 多个国家拥有超过 11 万名工作于信息技术专业岗位的会员。它制定的 COBIT 框架是业内公认最佳的开放性 IT 治理框架。尽管如此，ISACA 的数据治理模型却并不仅仅关注数据对于 IT 治理的作用，而是将其视为一种由企业内部人员进行处理的资产。如图 4－3 中所示，除了 DAMA 模型和 DGI 模型中已有的人事安排、治理流程、治理技术、之外，ISACA 还考虑了企业文化、培训与数据治理意识、企业管理指标、行政资助等外围的环境驱动因素。

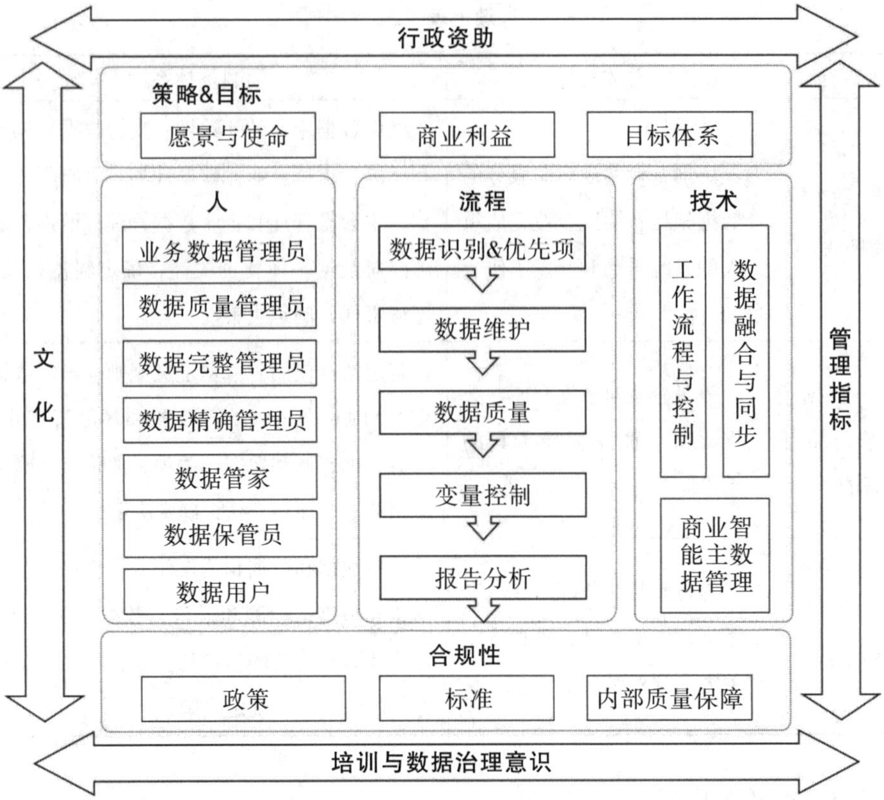

图 4－3　ISACA 数据治理模型

纵观上述数据治理模型，大体包含“务虚”和“务实”两个方面：“务虚”指企业内部通过会议商讨并就数据治理的目标、原则、方式、规范等问题达成理论上的一致。“务实”是企业管理者根据既定理论方向，通过实施一系列政策与流程实现企业数据相关事务与活动的管控，二者缺一不可且相互关联和促进。此外，如若将企业数据治理看作一个企业功能子系统，它势必会受到企业内外部因素的驱动和影响，并与其他功能子系统，如财务、法务、IT 等部门产生互动。这种互动不总是有利于企业发展的，因此需要管理者站在企业经营全景的角度，充分考虑企业内外的主客观因素，使企业数据治理活动与其他治理活动形成良好的接洽与互惠，以便为企业积累更多优质数据资产并充分挖掘其价值。

4.1.2　企业数据治理体系的基本构件与运行逻辑

作为一种更高层次的数据管理，企业数据治理本质上遵循的是一种“元管理”——关于管理的管理——的思想。出色的数据治理水平能够为企业数据实务的顺利进行提供管理保障。细究之下，除了对企业数据实务进行管控，企业数据治理还应包括对数据治理主体和活动的自我管理和完善。这是企业数据治理体系的第一重划分维度。在明确了治理对象之后，我们便可以开始对企业数据治理体系进行建构。

从理论的角度，我们可以将企业数据治理抽象成规则域、决策域、执行域三个部分。规则域即对企业数据活动的顶层设计，是一系列规章制度、标准化工作流程和机制的集合。它的作用在于为企业数据管理提供战略性、原则性和纲要性的指导，明确了企业数据活动的框架和行为准则，包含对具体数据行为的激励、惩罚和预防方法。决策域包括对企业数据管理决策权的动态分配情况。它居处规则域和执行域之间，发挥着中央调控的作用。在这里，数据治理主体通过一系列的决策和调控指令，使企业数据管理和其他数据事物与企业战略目标和数据治理规则保持一致。执行域即数据治理活动的集合，它比决策域更加接近数据管理的前线，也是数据治理的终点——数据治理只有落实于具体行动和举措才能真正实现对企业数据事务的管控。

从实务的角度，一套完整的企业数据治理体系通常包括以下6个版块。

（1）背景与情境（Environment & Context）。企业数据治理扎根于一定的现实条件和情境之中，具有特定的社会与企业文化背景。该部分解决的问题是：企业数据治理项目将受到哪些环境因素的驱动、赋能和制约？在数据治理项目的任何环节，项目团队都需要时刻关注项目所处环境的状态与动态，以便协调数据治理项目（部门）与其他部门的互动关系，可沿着两个方向进行：一是特定数据文化氛围下，数据治理项目与企业其他部门的互动。一方面，数据治理的顺利开展需要其他部门的支持与配合，如：征询公司法务、各部门负责人和管理层的意见以确保数据治理活动的合规性，在技术与工具上向IT部门寻求支援，请求人力资源部门为之招揽和选拔数据专业人才，向财务部门争取更多资金支持，等等。另一方面，数据治理项目有义务引领企业数据团队为其他部门提供数据服务与决策支持，故而需要充分了解其他业务与行政部门的数据需求，评估现有服务水平与理想状态的差距，为数据治理目标与工作内容的制定寻求依据。二是数据治理项目与企业外部环境的互动。数据治理项目除了对内提供服务之外，也可能直接从企业外部寻求支持与发展机会，这有赖于项目团队对数据市场行情与氛围的感知与情报分析，比如国际与国内的数据法规政策动态、数据市场与企业所在处置市场的发展现状与趋势等，据此可在更大范围内找准企业数据治理项目的定位和参考标杆，为长远发展制定规划和行动框架。

（2）目标与功能（Goals & Functions）。该部分具体解决的问题包括：企业数据治理项目应该朝怎样的方向进行，预期或期望其为企业成功做出何种贡献？应当为企业数据管理活动制定怎样的目标体系？数据治理作为企业的一个功能子系统，其发展目标势必要与企业的战略目标保持一致。数据治理工作既要围绕企业发展进行“公转”，接受企业高层的领导与协调，尽其所能地为业务开展提供动力，同时也要进行一定程度的“自转”，为数据管理争取充分的自主权和自由活动的空间。在协调好这一重关系的基础上，数据治理团队可以根据企业数据管理的现状、能力和需求进行目标体系的制定。

（3）组织与培训（Organization & Training）。企业数据治理活动应具备明确的主体，它可以是一个长期存在的独立部门，也可能是临时组建的项目组。数据治理组织在为企业数据管理制订人力资源计划的同时，也要不断进行自我调整和提升。该部分需要解决的问题包括：企业数据治理项目涉及哪些利益相关者？由谁和以何种方式组成企业数据治理的主体？如何分配数据管理相关的角色、职责和权利，建立科学合理的人事管理和激励制度？如何优化企业数据管理团队的结构，提升其业务水平？企业员工需要具备哪些与何种水平的数据技能和素养？企业可以为其提供怎样的数据培训和成长路径？

（4）流程与机制（Procedures & Mechanism）。在既定数据治理目标与原则下，数据治理组织需要对治理活动做出安排，通过反复试验和理论沉淀，形成一套相对稳定的标准化流程和工作机制，实现对企业数据活动的管控和协调，减少数据管理活动之间的摩擦和内耗，将其整合进一个科学合理的行动框架之中。该部分需要解决的问题包括：如何对数据治理活动进行时序和空间上的安排和协调？企业数据管理活动应遵循哪些标准和规范？如何确保数据治理活动的合规性？

（5）绩效与评估（Efficiency & Assessment）。数据治理项目启动之后，必然会涉及运行效率和成果评估的问题，对企业数据资产和管理活动进行检测和评估也是数据治理的工作内容。因此，本部分需要解决的问题包括：数据治理组织是否以及如何发挥了预期的作用？如何测量和评估企业数据管理体系的成熟度？企业数据资产的审计与价值评估有哪些指标？如何避免评估工作受到不良因素的干扰？

（6）技术与工具（Technique & Tools）。前面谈到，数字化与信息化是数据治理的必然趋势。数据治理组织需要评估信息技术的应用给企业数据管理活动带来的效益和风险，和企业 IT 部门一起进行合理的技术架构。该部分需要解决的问题包括：企业数据管理活动有哪些技术与工具需求？如何检测和评估企业数据管理技术和工具的使用情况？如何为企业数据管理提供更好的技术与工具？

综上，我们可以得到一个企业数据治理三维模型，如图 4－4 所示。

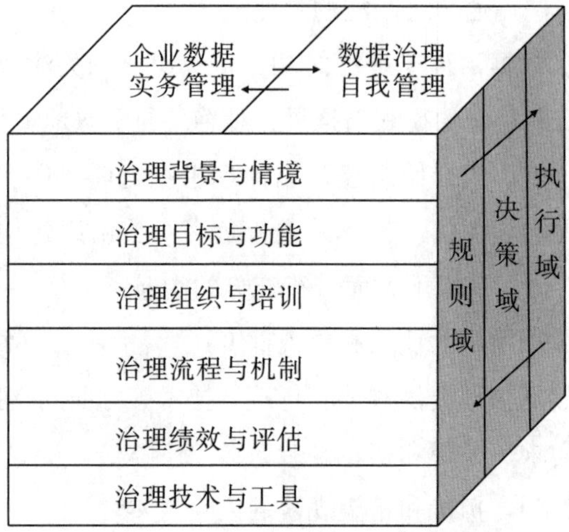

图4-4 企业数据治理三维模型

4.2 数据资产治理的组织建构

作为一项典型的跨部门协作，企业数据治理需要建立一个集中的数据治理实体负责规划、执行和协调相关工作。这个实体可能被称作数据治理办公室（Data Governance Office）或者数据治理委员会（Data Governance Committee），数据治理主管头衔可能是首席数据官（Chief Data Officer，CDO）、数据治理办公室主任等。

4.2.1 组织建构的原则与前提条件

数据资产治理的组织建构都需要遵循以下原则。

（1）企业利益至上。企业数据治理的最终目标是帮助企业为客户创造价值，实现利益最大化；企业数据治理组织的核心任务是提升企业数据管理水平，优化企业数据资产结构，促进企业数据资产增值，为企业部门及客户输送优质的数据服务。

（2）各方通力合作。作为企业数据资产的代理人和数据业务的协调者，企业数据治理组织理应明确和熟悉企业利益相关方的数据需求与能力，尊重和保障其数据权益，尽可能减少各方在数据问题上的摩擦与冲突。同时，企业数据治理组织应负责鼓励和支持各方参与企业数据治理，及时和竭力为各方开展数据相关业务提供领导和技术、资金、政策等方面的支持。

（3）分工科学合理。企业数据治理组织应在综合考量数据治理目标、数据业务现状、数据管理能力等因素的基础上划分工作职能，为之设置数量合理、职责与能力要求清晰的岗位，与人力资源部门合作建立数据治理和实务人才的招聘、选拔、培养机制和标准，确保为每个岗位输送与之匹配的专业人才。

（4）长期持续发展。数据治理非一日之功，企业应时刻关注数据治理领域的最新进展与发展趋势，坚持长期稳定的投入与推进，杜绝一时脑热地追赶潮流。

基于上述原则，企业在正式开始组建数据治理组织之前，还需要对组织建构的现实条件和具体要求展开调研和评估。具体来说，负责牵头组织建构的管理者需要和企业高层、企业部门主管与员工就以下方面进行充分的沟通：

（1）对数据治理和数据质量的认知和重视程度；

（2）愿意和能够为数据治理提供资金、行政、技术等方面的支持；

（3）对数据治理的需求、期望和初步设想；

（4）对数据治理的疑问、担忧和希望规避的风险。

4.2.2　数据资产治理的组织模式

一个企业的数据资产治理组织可以是简单或复杂的、集中或分散的、垂直或扁平的。企业采取的数据治理组织模式通常是综合考虑企业规模、地理分布、产品与业务结构、企业治理架构和管理风格等主客观因素的结果。一般而言，规模越小，地域分布越集中，产品与业务结构越简单的企业适合选择集中性强的扁平化模式。反之则可能更适合有多层垂直结构和分支的联合治理模式。在这里，我们尝试给出几种基本组织模式以供参考。

（1）单一集中模式。这一模式的特点是分工很粗，极少或基本没有技术专家结构，管理层次也非常少。在这种模式下，数据治理的决策权掌握在极个别主管或小范围的治理团体手中。它们倾向于对数据治理活动进行直接领导、监督和控制，底下的分工可能是按照数据管理职能，也可能是按照数据治理项目。该模式的优点是简单灵活、沟通便捷、治理成本低；缺点是数据治理权力过于集中，过于依赖主管的治理才能和判断。

（2）垂直行政模式。如图4－5中所示，该模式的特点是数据治理的专业化程度高，有较强的技术专家结构，决策权力较为集中。其主要优点是标准化程度和工作效率都很高；缺点可能是在缺少专职协调人员的情况下，智能部门之间的沟通与联系较少，容易缺乏全局观念。

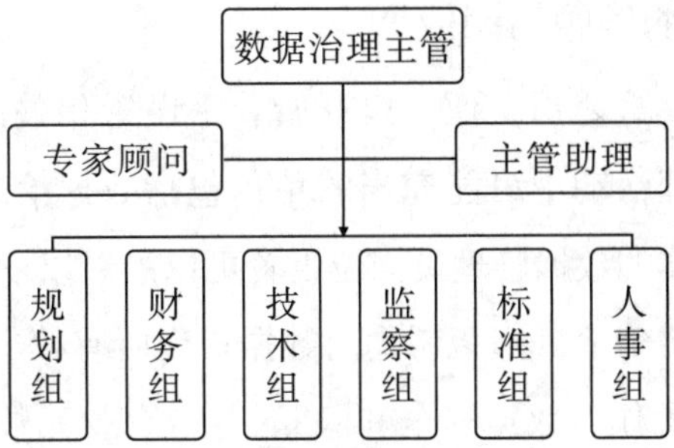

图4-5　垂直行政模式

（3）分布式项目模式。一些企业可能更适应长期以项目制的形式，通过纵向分权和成果标准化协调开展具有较强针对性的专项数据治理行动，那么便可以采取图4-6中的分布式项目模式。在这种模式下，各个数据治理项目相互独立，其内部会根据治理目标和实际工作需要从企业的财务、人力、法务、技术和后勤等职能部门中抽调员工，形成内部的行政机构。企业数据治理主管会赋予每个项目一定的自主权，更多地发挥监管、参谋、协调和支持作用。该模式的优点是有利于培养数据治理专项人才，减轻高级治理人员的负担，使其将更多注意力集中在数据治理的重大战略决策上；缺点是各个数据治理项目小组可能会过于看重和维护自身利益，缺乏对全局数据治理目标和利益的考量，项目之间容易产生冲突和摩擦，徒增内耗，并且可能造成数据治理组织过于臃肿庞大，以及影响企业常规职能部门的工作。

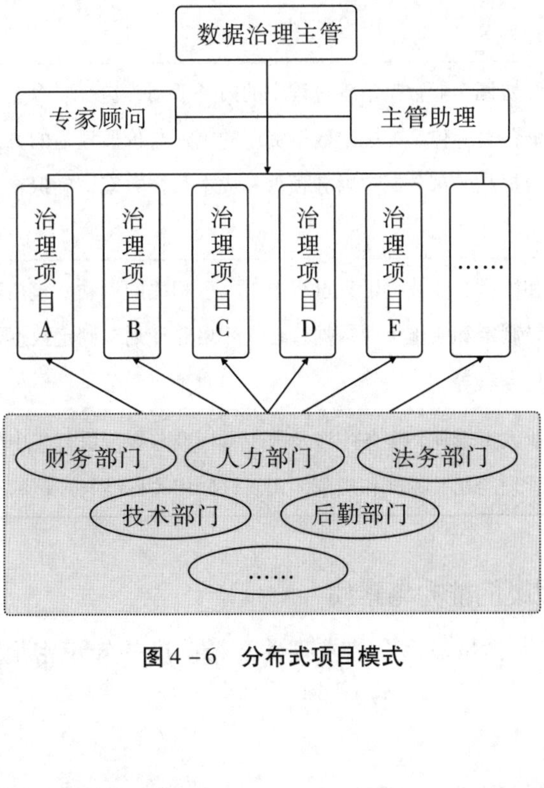

图4-6　分布式项目模式

4.2.3 数据管理员的角色与岗位

在确定采用何种组织模式之后，便可以开始着手设置相关岗位。根据前文所述理论，数据管理员在数据治理活动中可能充当的角色包括数据治理的规则制定者、决策者、执行者和协调者。具体的数据管理员岗位设置可以沿着以下两个思路进行。

（1）根据企业数据实务，企业可以考虑对数据资产所有权、数据架构、数据建模、数据集成、数据库管理和操作、数据安全和隐私、主数据/元数据/参考数据管理、数据质量管理、数据仓库与操作等数据事务的专职数据管理员。

（2）根据企业数据治理职能，在数据治理主管之下，企业可以考虑设置负责技术、财务、标准、人事等从事数据治理细分工作的专员岗位，其职责和工作内容可参照表4－2。

表4－2 企业数据治理岗位的职责与工作内容

岗位	职责与工作内容
数据治理主管	负责领导企业数据治理工作，包括决定企业数据治理工作计划与目标体系，确保其与企业战略目标和业务需求保持一致，决定企业数据活动需要依循的规范与标准，监督和协调企业数据治理工作等
数据治理技术专员	负责领导和协调企业数据治理过程中的技术活动，包括规划、协调、监督和评估信息技术在企业数据管理和实务中的应用，确保其发挥预期效用与合规性；联合企业技术部门为企业数据管理和实务提供更好的IT技术与工具，制定和落实企业数据技术研发与采购计划等
数据治理财务专员	负责领导和协调企业数据治理过程中的财务活动，包括联合企业财务部门制定企业数据管理的财务目标体系，确定数据资产的审计与价值评估的方式与指标，为企业经营活动中与数据相关部分制定财务预算和成本管控方案，确保企业数据活动的财务合规性等
数据治理人事专员	负责领导和协调企业数据治理过程中与人事相关的活动，包括联合企业人力资源部门和项目主管制定和实施企业数据管理人才培养计划，制定数据管理人员的绩效考核方案以及执行方法等
数据治理标准专员	负责对企业数据管理和实务中涉及的所有标准与规范进行集中管理，包括研发和制定企业数据管理的相关标准和规范，调研数据相关标准与规范的适用性和实施情况等

4.2.4 数据管理员的能力与素质

数据管理是一项技术含量较高、追求理性和精确度的知识密集型工作。相比于普通的IT员工，对企业数据管理员的能力要求更加全面——需要兼顾IT技术、财务与管理和数据科学领域的知识与技能。即便是同一个数据管理员岗位，不同企业也可能会提出不同的能力与素质要求。从经济性的角度，我们不建议从零开始构建企业数据管理员的胜任力体系。胜任力研究领域已经有三个现成的，经过大量经验验证过的经典模型——胜任力冰山模型、胜任力洋葱模型和胜任力辞典模型——能够提供一些基本方向。企业管理者可以任选其中一种或数种作为初始模型，也可以参照现成的胜任力框架，比如美国劳工部职业信息网络（Occupation Information Network，O*NET）临床数据管理员（Clinical Data Manager，CDM）胜任力框架（见表4－3）。在借助这些外部参考的情况下，我们回归到自身现实中，企业管理者一般需要根据工作分配的情况决定需要哪些数据管理员具备哪些能力和素质，大体方向可参考图4－7模型.

表4－3 O*NET临床数据管理员①

要素	主要内容
技术	分析科学软件、数据库报告软件、数据库用户界面和查询软件、医疗软件、展示软件、企业应用集成软件、企业办公软件、项目管理软件的操作
知识	计算机和电子、客户和个人服务、数学、医学知识
技能	批判性思维、积极倾听、阅读理解、演讲、写作、积极学习、复杂问题的解决、协调、时间管理、评估和决策、系统评估等
能力	演绎推理、信息组织、口头理解和表达、文件与信息记录、人际沟通

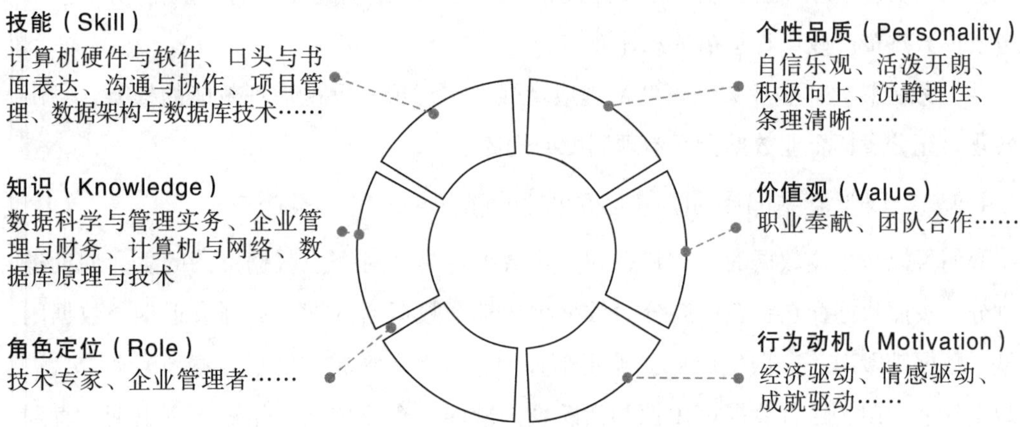

图4－7 数据管理员胜任力模型

① 参见网址：https://www.onetonline.org/link/summary/15－2051.02#menu

4.3 数据资产治理的流程制度

4.3.1 数据资产全周期治理

全周期管理指企业对生产要素和产品的生命周期，以及生产、销售、服务、管理等经营活动与过程划分为萌芽、成长、成熟、衰退等若干阶段，对每个阶段实施跟踪与介入，全过程保证对企业生产要素和经营活动的监管和调控。它注重从系统要素、结构功能、运行机制、过程结果等层面对企业经营活动进行全周期的统筹和全过程整合，进而推进企业经营从前期预判、中期执行到后期复盘总结，每个治理环节都能协同有序地进行高效运行。

鉴于企业数据资产治理是一个动态的复杂系统，我们有必要引入全周期管理的理念与方法，以确保企业数据资产治理的完整性与连续性，其精髓体现于下述 4 个方面。

（1）事前防范。企业数据资产治理需要做到源头治理和早期控制，以赢得工作上的主动，帮助企业预防和规避数据资产违规行为和与之相关的矛盾与风险。

（2）精准管控。企业数据资产治理应时刻关注和主动适应企业数据活动与情势的变化，及时调整治理策略和实施办法，以提升企业数据资产及相关活动管控的精确性与准确性。

（3）系统反思。企业数据资产治理积极开展全方位的经验总结、反思和提升，持续加强数据资产治理体制创新和制度建设，推进数据资产治理流程的科学化与规范化，充分发挥数据资产政策与举措的总体效应。

（4）效能转化。企业数据资产治理应增强产出意识，重视治理效能的提升、输出与转化，充分发挥企业数据资产治理制度的优势。

4.3.2 以数据生命周期为主线的治理流程

我们可以从企业数据的存在状态和企业数据行为来对企业数据资产的生命周期进行划分。按照数据存在状态可以分为数据生成期、数据活跃期、数据衰退期、数据闲置期、数据销毁期。数据生成后会被用于查询、重组、集成、复制等各种活动，会进入数据的活跃期。随着数据可用性和活跃度的减弱，企业数据开始进入衰退期，直到被闲置一旁和最终销毁。企业数据行为的变化往往会引发数据状态的改变，是进行数据治理的最佳着力点，一般包括数据采集、数据加工、数据组织、数据存储、数据检索、数据开发、数据传输与交换、数据销毁等环节。这种思路能够有效帮助企业从宏观层面制定常态化的数据资产治理流程，明确数据资产治理的范畴和各板块的衔接与配合逻辑。类似地，如图4－8中所示，依据企业资产行为，可对企业数据资产购建、审计、迁移、保管、调用、维护、销毁等环节制定业务流程规范。以数据资产采购为例，数据治理组织首先要负责制定数据产品与服务采购程序规范，数据产品与服务及其供货商评价和合作标准。具体需要其负责的流程包括：审理和批准数据产品与服务预算和采购方案，主持数据产品与服务采购的验收会，向上级通报采购情况，等等。

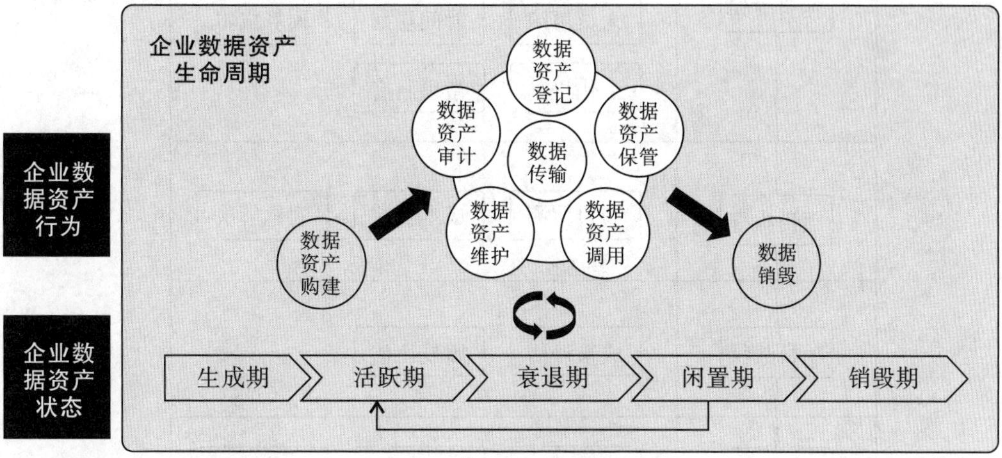

图4－8　企业数据生命周期

4.3.3　以项目周期为主线的治理流程

一个完整的企业数据资产治理项目包括启动、规划、执行、验收和复盘5个环节。如图4－9中所示，在启动环节，需要组建一个临时的治理项目小组在相关部门间展开数据治理现状进行调研，辨识当前企业数据业务与活动存在的问题和需求，据此向上级治理部门进行项目申报。项目审批后开始进行治理规划，具体包括治理目标、内容和预期效果、治理人员组织、时间规划、工作机制、激励制度和预算成本等方面。在项目执行的过程中，不仅要深入到企业数据相关群体、业务与活动中，致力于为其解决数据资产方面的问题，还要对项目的运行进行实时监测和成本管控。在项目验收环节，治理小组应主动邀请企业内部相关人员和其他重要利益相关者，甚至于学界和业内的数据治理专家对项目进行评估与验收。结项后，治理小组还应对项目过程进行复盘，进一步总结经验，探讨改进措施，争取更多成果汇报的机会，以扩大数据治理的影响力。

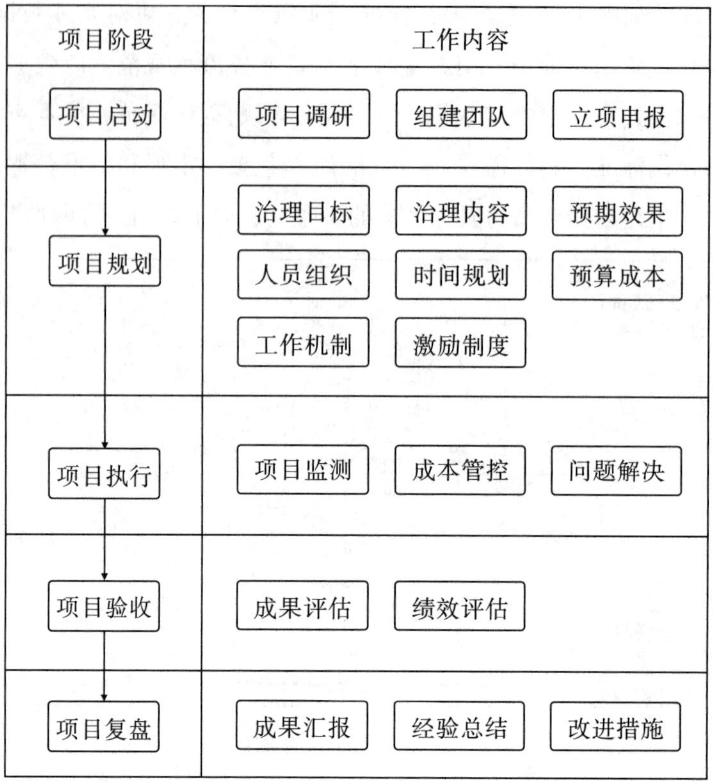

图4－9　企业数据资产治理项目流程与工作内容

4.4　数据资产治理的绩效管理

4.4.1　数据资产治理的绩效评估

鉴于企业数据资产治理的目标是通过提升企业数据管理水平以实现企业数据资产的增值，我们可以通过比较治理前后的数据管理水平（包括数据战略、数据架构、数据应用、数据安全、数据质量、数据标准等方面）和数据资产估值的变化来评判企业数据资产治理的效益，前提是确定这种提升确实是由既有的数据治理活动直接或间接引起的。此外，数据资产治理体系成熟度也是数据资产治理的重要指标。根据我国首个数据管理领域的国家标准 DCMM，主要涉及以下三个方面（详情见表4－4）①：

（1）数据治理组织。企业从多大程度上建立和完善了数据资产治理组织架构和对

① 中华人民共和国国家质量监督检验检疫总局，中国国家标准化管理委员会. 数据管理能力成熟度评估模型：GB / T 36073－2018［S/OL］.（2020－08－16）［2021－12－21］. http://www. dcmm. org. cn/u/cms/www/202008/181344008dhz. pdf.

应的工作流程机制，数据管理的归口是否明确，是否为之设置了足够的岗位，以及面向数据管理和应用战略的绩效考核体系的健全程度，等等。

（2）数据治理制度。企业从多大程度上建立和完善了数据制度框架，合理制定了数据管理和应用领域、各数据职能领域内的行动目标、原则、任务、方式和可采取的一般步骤和具体措施；是否及时进行了数据制度的发布、宣传、培训和实施工作以确保制度的运行；等等。

（3）数据治理沟通，企业从多大程度上保证所有利益相关者能够及时了解相关政策、标准、流程、角色、职责、计划的最新情况，通过培训使其具备相关的数据知识和技能，从多大程度促成了所有利益相关者数据资产意识的提升和良性数据文化的构建。

如表4－4所示，DCMM模型将数据治理用初始级、受管理级、稳健级、量化级管理和优化级五个等级对上述三项数据治理能力发展水平进行了划分和描述，可供企业参考。

表4－4 DCMM企业数据治理成熟度框架

	数据治理组织	数据治理制度	数据治理沟通
初始级	建立完善的组织架构及对应的工作流程机制；依靠个人能力解决数据问题，未建立专业组织	各个项目分别建立数据相关规范或细则；数据管理制度的落实和执行由各项目人员自行决定	在项目内沟通活动的实施和管理；存在部分数据管理和数据应用的沟通计划，但未统一
受管理级	制定了数据相关的培训计划，但没有制度化；在单个数据职能域或业务部门，设置数据治理兼职或专职岗位，岗位职责明确；数据治理工作的重要性得到管理层的认可；明确数据治理岗位在新建项目中的管理职责	在部分数据职能框架领域建立跨部门的制度管理办法和细则；识别了数据制度相关的利益相关者，了解了相关诉求；明确了数据制度的相关管理角色，推动数据制度的实施；跟踪制度实施情况，定期修订管理办法，维护版本更新；初步建立了防范法律和规章风险的相关制度	在单个数据职能域，定义跨部门的数据管理相关的沟通计划，并在利益相关者间达成一致，按计划推动活动开展；数据管理的相关政策、标准纳入沟通范围，并根据反馈进行更新；根据需要在组织内部开展了相关培训；根据需要整理数据工作综合报告，汇总组织内部阶段发展情况

续上表

	数据治理组织	数据治理制度	数据治理沟通
稳健级	管理层负责数据治理工作相关的决策，参与数据管理相关工作；在组织范围内明确统一的数据治理归口部门，负责组织协调各项数据职能工作；数据治理人员的岗位职责明确，可体现在岗位描述中；建立了数据管理工作的评价标准，建立了对相关人员的奖惩制度；在组织范围内建立、健全数据责任体系，覆盖管理、业务和技术等方面的人员，明确各方在数据管理过程中的职责；在组织范围内推动数据归口管理，确保各类数据都有明确的管理者；定期进行培训和经验分享，不断提高员工能力	在组织范围内建立制度框架，并制定数据政策；建立全面的数据管理和数据应用制度，覆盖各数据职能域的管理办法和细则，并以文件形式发布，以保证数据职能工作的规范性和严肃性；建立有效的数据制度管理机制，统一管理流程，用以指导数据制度的修订；能根据实施情况持续修订数据制度，保障数据制度的有效性；定期开展与数据制度相关的培训和宣贯；业务人员积极参与数据制度的制定，并有效推动业务工作的开展；数据制度的制定参考了外部合规、监管方面的要求	建立组织级的沟通机制，明确不同数据管理活动的沟通路径，满足沟通升级或变更管理要求，在组织范围内发布并监督执行；识别了数据工作的利益相关者，明确了各自诉求，制定并审批了相关沟通计划和培训计划；明确了组织内部沟通宣贯方式，定期发布组织内外部的发展情况；定期开展数据相关的培训工作，提升人员的能力；数据管理的相关政策、方法、规范在组织范围内进行沟通，覆盖大多数数据管理和数据应用相关部门，并根据反馈更新；明确数据工作综合报告的内容组成，定期发布组织的数据工作综合报告
量化级管理	建立数据人员的职业晋升路线图，可帮助数据团队人员明确发展目标；建立复合型的数据团队，能覆盖管理、技术和运营等；建立适用于数据工作相关岗位人员的量化绩效评估指标，并发布考核结果，评估相关人员的岗位绩效；业务人员能落实、执行各自相关的数据管理职责	数据制度的制定参考了行业最佳实践，体现了业务发展的需要，推动了数据战略的实施；量化评估数据制度的执行情况，优化数据制度管理过程	建立与外部组织的沟通机制，扩大沟通范围；收集并整理了行业内外部数据管理相关案例，包括最佳实践、经验总结，并定期发布；组织人员了解数据管理与应用的业务价值，全员认同数据是组织的重要资产

续上表

	数据治理组织	数据治理制度	数据治理沟通
优化级	在业界分享最佳实践，成为行业标杆		通过数据治理沟通，建立了良好的企业数据文化，促进了数据在内外部的应用；在业界分享最佳实践，成为行业标杆

从企业数据治理经济性的角度来讲，我们还应对企业数据治理的成本进行核算和评估，即企业达到一定数据治理水平而付出的时间、人力、物力等成本及其管控情况。只有明确每一分投入所产生的价值大小和维度，才能更好地对数据治理活动进行成本管控。这一点DCMM模型中未曾强调，却是企业不得不面临的问题——企业是否有能力负担当前数据资产治理体系的建设与运维成本？是否对相关预算进行了合理的分配？在未来如何可以在无损于治理效果的情况下精简相应的预算，裁去不必要的开支？企业需要向利益相关者汇报资金使用情况，以说明在数据治理上的投资是明智且不可或缺的。

关于实施评估的方法，最直接的是引入一套已然成熟的评价指标，由专门的绩效管理部门经由特定的流程和方法负责实施评估。有条件的企业可以利用信息化技术进行“埋点”以形成面板数据，作为绩效考评的参考。这种硬指标通常脱胎于企业管理的数据治理观念和对其成功的定义，能够反映企业数据治理体系的整体运转情况，供身于其中的企业组织、员工或其他利益相关者了解数据治理的全貌。除了这种相对客观的方式，数据治理组织还可通过问卷调查、访谈交流等方式了解数据治理体系其他利益相关者与行动者基于自身对数据治理成功的理解与期望而对数据治理工作产生的评价，如：数据治理组织是否能够有效地领导和协调企业数据管理工作，所施行的数据治理措施与政策是否能够发挥预期效用，对数据治理组织所提供的数据管理服务是否满意，等等，调查结果可通过内部书面报告的形式予以呈现。

4.4.2 数据资产治理绩效的提升策略

通常来说，企业数据资产治理绩效主要受三方面因素的影响：其一，数据治理文化氛围，指企业高层管理者、企业数据管理员等利益相关者对治理的认知、理解和重视程度；其二，数据治理结构，指有关数据治理的组织单元、角色、职责的设置和具体管理制度的安排；其三，数据治理沟通效率，数据治理实施过程中针对未解决关键问题的沟通、协调渠道、平台和相关管理制度。一个企业的数据治理文化愈成熟与健康，治理结构愈科学，沟通效率愈高，数据资产治理成功的概率便越大。数据资产治理绩效的提升可由此着手。

4.5 数据资产治理的信息化技术架构

数据治理的最终目标是帮助企业更快、更准确地传递和实现业务价值。一个能够适应技术环境变化的强大技术平台有助于促进数据治理协作、提高数据生产力、构建行之有效的数据治理流程，对于企业数据管理和业务至关重要。数据资产治理需要为企业数据管理和应用制定技术解决方案，平衡信息技术在企业数据管理和业务活动中的应用效益和风险，在保障合规性、安全性、可用性的前提下满足利益相关者对数据技术工具的需求。按照数据功能需求，企业数据治理涉及以下四类基本技术。

（1）数据质量管理技术。为企业 IT 治理和业务提供发现、理解和根据业务定义的指标管理数据质量的工具；

（2）业务定义清单技术。使用户能够从数据相关业务名称、定义、所有者、相关文档和政策的关系链接中理解数据的业务背景；

（3）主数据和参考数据管理技术。一个好的主数据管理系统有助于发现、管理和共享有关实体和业务的核心数据，如客户、零件编号、合作伙伴等，这些数据在企业的各个应用程序中都是通用的。对这些重要数据的集中管理可以确保使用这些数据的所有者都能及时且一致地使用这些数据；

（4）数据流的可视化和变更管理。企业需要掌握对数据在各系统间的流动情况——数据从哪里来，如何流动，如何转换以及最终在哪里消费。从 IT 治理的角度来看，这些数据流可以帮助企业管理者对数据操作和使用的合规性展开监管。

基于此，在确定了数据治理需求之后，便开始选择合适的工具构成技术平台，主要包括两个方面：一是面向用户的数据技术工具。需同时考虑技术型用户和非技术型用户的需求；二是 IT 技术平台和企业业务的企业协作工具。数据治理究其本质是围绕数据展开的 IT 技术治理与企业业务之间的协同合作，因此需要提供项目与任务管理、消息传递等与企业内部协作机制有关的技术工具。为了确保技术工具的正常使用，企业管理者需要制定和实施硬件与网络部署方案，为数据治理提供充足的计算、存储、网络资源，确保其安全性。

第 5 章　数据资产处理

5.1　数据资产分析

数据分析指在企业生产与经营活动中运用数学与统计学原理及方法对系统或人工收集而来的数据进行分析，对数据进行筛选、清洗、整合、加工，以便从中提取有用信息，形成知识和结论的过程。在对企业数据资产进行分析时，企业管理者和相关业务人员主要需关注三方面的问题：其一，实施严格的数据质量管理，从源头上确保数据资产分析的真实性和有效性；其二，明确数据资产分析的目的和主要内容，做到让数据资产分析能够服务于企业管理和业务经营需求；其三，选择适宜的数据分析方法，积极拥抱最新的数据分析技术，为企业员工和顾客提供轻便好用的数据分析工具，提升企业数据处理效率和数据洞察力。

5.1.1　数据资产分析需求

通常来说，企业数据资产分析主要出于四种需求。

5.1.1.1　监测企业数据资产

数据资产监测是企业数据治理的重要组成部分，目的是保证企业数据资产的安全性、合规性和高质量发展，具体需要通过监测数据资产关键监控点变化和数据篡改情况，对数据的及时性、完整性和准确性验证等方式，将企业数据资产维持在可信、可控和可用的状态。此部分对应的数据分析内容包括：企业数据资产价值实时估算与追踪；收集企业数据资产状态的关键数据信息进行分析和研判；在发生数据修改、变更等操作时分析数据资产信息变化，判断是否出现违规和异常；根据数据资产分类框架及各类数据的关联关系制定数据质量关联监测规则，通过数据质量监测发现业务数据的潜在问题，对源业务数据进行穿透查询，对业务明细数据进行多维度分析，发现产生数据质量问题的原因等[①]。

5.1.1.2 洞察企业经营规律

科学的企业生产与经营需要结合实际，遵循客观规律。这要求企业管理者和业务人员密切观察和分析企业所投入的成本和所采取的措施在何种条件下，经过怎样的过程之后，获得了怎样的效果与收益，甄别出反复出现且从很大程度上经得起推敲和验证的“投入—过程—产出”关系，所对应的数据分析是一种验证性分析：企业管理者和业务人员结合已有理论和实际工作中观察到的经营现象，形成一种猜想和假设，如企业在某种数据资源上的投入越大，越能提升企业管理效能，而这种关系可能受到企业员工数据使用方式和对该数据资源的感知价值的影响，而后调取能够用来反映和测量相关变量和影响因素的数据，利用类比、层次分析、回归分析、主成分分析等数学方法，以此检验猜想是否正确。

5.1.1.3 探寻新的商业机会

新的商业机会指市场上已然形成但还未被完全满足和未来可能形成的新的市场需求。市场调研的目标便是为了寻找这些需求，判断企业是否有能力满足这些需求，或者更进一步的，企业要满足这些需求还缺少哪些资源的过程。该部分的数据分析通常包括：对潜在业务的供需市场数据分析，绘制供方市场产业链，对潜在用户进行画像分析和群体划分，比对供需市场的差距以甄选出尚未饱和、存在缺口的领域；调取与潜在目标业务相关的企业内部数据，如技术研发、销售渠道、品牌口碑、财政预算等方面的数据，进行企业现有能力与潜在项目任务的适配度分析。

5.1.1.4 预测企业发展趋势

当企业想要启动某个新项目，或者采取一些行动时，往往需要先论证它的可行性，这既依赖于企业管理者和业务人员的经验判断，也可借助数据分析和模拟估算企业应抱以的期望阈值，甚至预先辨识出可能存在的风险。这部分的数据分析，主要是将经过处理的相关企业数据输入到预测模型中，观察其输出值是否符合企业的期望和要求；也可以通过变量调节来观察不同项目方案的差异，为企业决策提供更加丰富的信息依据。

5.1.2 常规企业数据分析项目

5.1.2.1 用户画像、群体划分和消费行为分析

用户画像是指基于用户的标签和特点将用户完整的画像描绘清楚。用户画像所得

---

① 冯楠，贾大江，李燕. 电网企业数据资产监测机制研究［J］. 山西电力，2016（3）：45－49.

出的用户角色并不是脱离产品和市场之外构建出来的，而是基于企业产品数据中最真实的、最浅显的、最贴近生活的用户行为转化出的实际用户的虚拟代表。在企业数据分析项目中，非常成功的产品案例都会需要非常清晰、特征明确的用户画像，能够为特定群体提供对应的产品。群体划分即用户信息标签化，通过用户的使用习惯、行为特征、偏好等属性将用户划分为一个群体，并进行数据分析。用户分群关注群体差异，帮助企业打破数据孤岛并真实了解用户，让企业定位营销目标群体，帮助企业实现精准、高效营销。消费行为分析是指对企业数据中针对消费者进行消费的行为，包括获取、使用和处理以及实现决定这些行动的决策过程的定量定性研究，主要针对消费者的购买决策过程和购买决策的实践过程两个部分。通过分析消费行为可以更有针对性地了解消费者的消费心理，以及影响心理和消费行为的各种因素，从而找到其中的共性规律。

5.1.2.2　A/B 产品与服务测试

A/B 测试是在产品测试阶段将产品的两个或多个不同版本，在同一时间维度，分别让类似访客群组来访问，收集各群组的用户体验数据和业务数据，最后分析评估出最好版本正式采用。使用 A/B 测试可以消除用户体验设计中不同的争议问题，根据最终结果确定最佳方案。通过企业数据的分析对比，找到产品设计中的问题原因，进而从根本上提升产品水平。此外，还能够规避新产品或新特性的风险，为产品的创新提供保障。服务测试就是针对产品提供的服务进行针对性的测试，根据企业所看重的量化指标对产品的服务效果开展测评工作。

5.1.2.3　企业绩效及影响因素分析

企业经营效益主要表现在营利能力、资产运营水平、偿债能力和后续发展能力等方面。经营者业绩主要是经营者在经营管理企业的过程中对企业经营、成长、发展所取得的成果和所做出的贡献。影响企业绩效的因素有很多，企业通过分析相对应的数据指标可以很好地调配管理理念、原则，调整相应战略，有效提升企业绩效。另外，企业可能达到的绩效水平，在很大程度上取决于个体给企业提供的资源，包括员工的知识、技能和能力以及人格特性。这些因素从某种程度上可以间接地影响员工的工作效果，通过企业数据进行分析可以合理利用必要技能的个体，进而提升业务绩效。

5.1.3　数据资产分析方法和技术

利用计算机技术对企业数据进行挖掘分析，发现蕴含的知识，研究企业生产和经营规律与发展趋势，是挖掘企业数据的深层价值和实现企业行为可计算的主要途径。随着企业内外部环境信息的持续增长，传统的数据挖掘和计算方法在性能和效用上遇到严重瓶颈，需从内容与结构信息两个方面入手予以提升。现代企业数据资产分析主要涉及运筹学、数理统计、自然语言处理、文本分析、机器学习、知识图谱等多个领域的知识和技术，每一个领域都可成为一个独立而庞杂的知识体系，从侧面反映了企业数据分析的复杂程度和难度。尽管如此，企业管理者和相关业务人员仍需尽力理解每种数据挖掘与分析方法和技术的基本原理、功能、适用范围等，否则将难以做好数据分析工作。

5.1.3.1 数学和应用统计

企业管理者和相关人员须先掌握一定的运筹学和数理知识，具备娴熟的归纳和演绎思维，才能底气十足地领导和实施数据分析项目。以线性规划（Linear Programming，LP）为例（其余常见的数据分析模型见表 5 - 1），该方法能够帮助企业管理者辨识关键的影响因素，用简洁明了的数学语言描述因素间的关系，得到扎根于现实的“管理函数”，让企业管理者和业务人员能够依据该函数调节其中的可控因素，以实现最优化的管理和经营效果，是目前最基本的科学管理和决策辅助分析方法，常用来解决生产规划、项目资金分配、投资收益评估等问题。对于不同的管理对象和过程，通过线性规划得出的管理函数通常是不同的，但这不妨碍仍有很多共性的问题，比如建模方式、模型计算的最优方法等，需要负责数据资产分析的管理者和相关人员提前了解和熟悉。简单来讲，同其他优化模型一样，线性规划模型包含目标函数、决策变量和约束条件三个要素。目标函数描述的是企业希望实现优化的项目，如：实现企业数据资产估值、数据产品销售绩效最大化，将企业经营成本降到最低，等等。决策变量又称控制变量、设计变量或操作变量，是分析人员站在系统运筹角度挑选出的，能够引发目标项目发生显著变化，对其影响较为深远，并且处于企业调控能力范围内的变量，如企业自创数据资产的估值容易受到数据质量、数据软件性能、数据资产可控性程度等因素的影响，同时与数据产品研发的成本和可能带来的收益密切相关。约束条件是对决策变量的取值范围的各种限定，比如：根据预算将数据产品研发的某项成本控制在一定范围内，为保障数据产品性能而要求数据的数量规模不低于规定量级。确定了线性规划模型之后，数据分析人员便需要选择合适的算法求解。目前，线性规划主要有单纯形算法（Simplex Algorithm）和内点算法（Interior Point Method）两种较主流的算法。单纯形算法出现的时间更早，基本思路是从线性规划可行集（各自变量取值范围的交叉领域）的某一个顶点出发，沿着使目标函数下降的方向寻求下一个顶点，直到找到最优解为止。这种算法虽然能遍历所有的极值点，被誉为 20 世纪最经典的算法之一，但是由于需要多次迭代而耗费过多时间，实在不是一种经济的算法。相比之下，内点法采用多项式时间算法，计算复杂度要更低一些，计算性也几乎可以说与单纯形法不相上下，因此也得到了广泛采用。

表 5－1　企业数据资产分析数学方法

方法	概述	分析技术
描述统计	对数据分布状态、特征和关系进行描述估计	利用平均数、中位数、众数等统计指标进行集中趋势分析和利用全距、四分差、平均差、协方差、标准差等统计指标进行离中趋势分析
假设验证	检验企业生产和经营中的假设和猜想，如企业管理效率的提升与新管理系统的使用有关	考虑数据总体分布的参数检验和不考虑数据分布的非参数检验
信度分析	分析企业数据是否能真实反映企业生产和经营情况，常用于问卷调查结果分析	信度指标多以相关系数表示，包括评估跨时间一致性的稳定系数、评估跨测量形式一致性的等值系数和评估跨项目一致性的内在一致性系数。分析方法包括重测信度法、复本信度法、折半信度法和 α 系数信度法
方差分析	比较两个及以上样本均值差别显著与否，可用于确定可控因素对因变量的影响力大小，如：比较不同数据功能对数据产品价值的贡献大小，进而确定研发和完善重点；哪些数据资产能够给企业带来更大价值	单因素方差分析、多因素有交互方差分析、多因素无交互方差分析、协方差分析
相关分析	对数据变量的依存关系进行定性分析	折线图、散点图、协方差分析
回归分析	对目标因变量和自变量之间的关系展开定量分析，可用于验证生产和经营假设，还可用于预测企业未来的发展趋势，如企业数据资产增值预测、企业数据产品销售绩效预测等	线性回归、非线性回归、有序回归、岭回归、加权回归
聚类分析	按照数据属性和特征对其进行分类，寻找度量事物相似性的统计量，可用在企业用户画像和消费群体划分、产品分析等业务活动中	K 均值聚类、谱聚类、层次聚类
主成分分析	对企业数据进行降维处理，提炼更为主要的共性特征，减少需要分析的变量	最大似然法、重心法等

续上表

方法	概述	分析技术
时间序列分析	研究企业数据波动，如不同季度的企业营收波动、活跃用户规模随时间的变化等	移动平均滤波与指数平滑法、ARIMAX 模型、ARCH 族模型

5.1.3.2　自然语言处理

企业数据中有很大一部分是以文本形式存在的。过去，依赖人工的文本处理方式不仅效率低下，挖掘出的有用信息往往有限。自然语言处理（Natural Language Processing，NLP）技术致力于将这些文本转化成机器能够理解的形式，将大幅提高文本处理效率。具体来说，NLP 技术至少可以赋予企业管理者对数据资产进行如下处理。

其一，文本数据分类。企业数据的有效分类是数据分析的重要前提，未经分类的数据便像是一团乌黑的迷雾，让人难以观测和解析其中的构造和逻辑关联，不利于数据分析的推进。NLP 文本分类在预先设定的分类体系下，根据文本特征将给定文本与一个或多个类别关联起来的过程；一个完整的文本分类系统要能依次实现输入文本的预处理、文本表示和分类器三项功能。企业文本数据的分类可以由企业数据管理者联合领域专家基于过去企业在生产和经营过程中积累下来的文本数据分类经验和知识体系，人工提炼出一组文本分类的分类框架和标准，作为计算机分类的依据；有条件者也可利用机器学习文本分类方法，使用历史文本数据作为训练样本进行特征选择和分类器参数训练，由机器自动完成分类标准的迭代与更新，分类器可采用的算法主要有朴素贝叶斯分类法、向量机分类法、K－最近邻法、神经网络法、决策树法、模糊分类法和 Boosting 算法等。无论采取何种分类方式，都需要将文本数据处理成机器可读的形式，除了将文本格式统一转成标准格式，还要对文本进行分词处理，以便从最细化的语言单位对文本进行解析。文本分词有人工分词和自动化分词两种方式，文本表示主要采用向量空间模型（Vector Space Model，VSM）的方法，每一篇文档中的字、词、词组、短语等特征项按照一定权重组织成一个向量，与其他文档向量组合成 n 维空间。

其二，文本信息抽取。企业长期积累起来的大量文本数据会给关键信息摄取带来挑战，这种挑战不会因为职级、岗位、工作内容的不同而对任何一位企业员工施以豁免。鉴于此，假如能将文本信息抽取工作的一部分转交给机器解决，将能帮助企业数据管理者和使用者快速定位重要的文本信息，减轻因信息过载而产生的认知负担和经营风险。和前面的文本分类一样，文本信息抽取也分为基于分析的抽取和基于机器学习的抽取，前者通过人工分析制定需要从海量数据中抽取的实体、关系、事件等事实信息，作为计算机抽取的依据，最后根据预先设定的目标将之以结构化数据的形式呈现出来，模板中空出若干数据槽口，直接将抽取出来的数据信息填充进去即可。值得一提的是，为了适应网络数据分析的需求，越来越多的学者和技术人员开始研究开放式信息抽取，致力于从海量、异构、不规范、含有大量噪声和冗余的网站、社交平台、移动应用等多个来源大规模抽取多个层次的数据和语义信息，将有利于企业数据管理者快速获取更多可能影响企业生产和经营的外部信息，运用于市场调研、产品策划、企业公关、风险评估等过程当中。

其三，文本情感分析。企业获取数据资产，既可能作为企业生产的原材料，也可能是出于企业管理和决策需要；获取方式可能是企业自主开采和研发，从其他厂商处购买，或是开放数据、数据众包等其他渠道。换言之，企业既可以是数据产品的消费者，也可能是数据产品的供应者。作为消费者，企业在权衡获取数据产品所花费的成本和使用该产品为之带来的效益后会形成一个综合性评价，即所谓的感知价值（Perceived Value）；作为生产者，企业固然可以通过测算数据产品的生产成本和销售绩效确定该产品的经济价值，但也不可忽略股东、客户、员工等利益相关者对数据产品的感知价值，因为它有可能影响到数据产品的使用意愿和实际使用行为，进而影响企业的经济效益和品牌形象。事实上，除了耳熟能详的经济价值和功能价值外，情感价值（Emotional Value）也是数据产品价值不可或缺的一部分，它既指向产品使用和体验过程中产生的积极情感，如快乐、愉悦、满足、舒适等，也可能指向一些消极的情绪，如焦虑、压抑、沮丧等可能阻碍用户继续体验产品和服务的情感成本。现如今，电商网站、社交媒体、兴趣社区等互联网应用的蓬勃发展让获取能够反映这些情绪价值的文本数据变得更加容易，NLP 技术的发展也降低了从中探查和提炼“情绪成分”的难度。具体来说，基于 NLP 的情感分析技术可分为两类，一类是基于机器学习的方法，通过大量有标注、无标注的主观语料，使用机器学习算法抽取情感特征再进行情感分析，另一种则是基于情感词典的方法，根据其中的情感倾向性在词、短语、属性、句子、篇章等不同文本粒度层级上进行分析。常见的中文情感辞典包括 HowNet、DUTIR、NTUSD 等，英文的情感辞典除了最著名的 SentiWordNet 外，还可以使用 General Inquirer、Opinion Lexicon 等；事实上，情感词典也可以采取自动构建的方法，包括语料库法、词关系扩展法、迭代路径法、释义扩展法等[①]。在确定了情感词典或者说情感特征集之后便可以对文本数据进行情感分类，从中挖掘与情感有关的语义信息。

---

① 王科，夏睿. 情感词典自动构建方法综述［J］. 自动化学报，2016，42（4）：495－511.

5.1.3.3 机器学习

从上文 NLP 技术在文本数据分析的应用中不难发现，机器学习（Machine Learning）正在为企业数据分析提供越来越强大的驱动力。它让机器观测和模拟人类学习行为，以获取知识与技能，进而提升机器性能，是人工智能的核心技术。可以说，基于企业大数据的机器学习也是实践现代化商业智能的重要途径。按照数据是否有标记，机器学习可分为监督学习和无监督学习两种。监督学习（Supervised Learning）利用有标记的有限数据集（训练样本），通过建立某种学习模型对新数据进行标记和分类，比如根据客户的年龄、地域、消费习惯等画像特征对客户群体进行划分，以实现个性化精准营销，经典算法包括朴素贝叶斯、支持向量机等。无监督学习（Unsupervised Learning）利用无标记的有限数据集描述隐藏在未标记数据中的结构与规律。数据分析人员可以利用无监督学习对企业数据资产展开关联分析，如数据软件的使用和员工绩效之间的关系；在没有分类标准可以参考的情况下对数据资产进行聚类，以及在不丢失有意义信息的情况下对数据进行降维处理，常见算法包括稀疏自编码、主成分分析和 K 均值算法等。这两种传统机器学习方法适合在训练样本数据量充足的情况下使用，然而在数据分析实务中经常会碰到数据量不足以支持模型训练的情况，这时候可以考虑使用 TrAdaBoost、多任务学习（Multi－Task Learning，MTL）等迁移学习（Transfer Learning）算法，利用另一领域的数据关系进行学习，这种方法可用于对文字、图像等数据进行分类，分析与企业生产和经营相关的社会网络，对企业数据进行逻辑推理。此外，相比于传统的统计机器学习，深度置信网络、卷积神经网络、循环神经网络等深度学习（Deep Learning）方法能够建立具有更深层次机构的学习模型，大幅提高机器学习效率。

5.1.3.4 知识图谱

将企业数据处理成便于分析的秩序与形式是实现高质量数据分析的前提。企业数据资产的大规模、异构化、多模态和细粒度等发展趋势对数据组织提出了更高的技术要求。企业知识图谱的成功研发将从根本上解决企业数据的细粒度拆分和组织问题，不仅能提升企业数据的可操作性、交互性，更重要的是，它能增强企业数据对机器的可理解性，使之更有利于企业数据的自动分类与聚合，创新企业数据分析和知识生产模式。由此观之，构建企业知识图谱在面向未来的企业数据分析中势在必行。

企业知识图谱的构建大体需要依次经过如下步骤。

首先，企业知识表示与建模。利用语义网、自然语言处理等技术，将企业数据和与其生产和经营活动有关的知识表达成计算机可存储和计算的结构，构建企业知识本体，最终输出一个企业知识库。企业知识表示主要有两种思路，一种是基于离散符号的知识表示，将企业数据中的人名、机构组织、业务术语等显见的符号提取出来，以“实体—关系—实体”三元组的形式将企业数据组织起来，常用技术包括半结构置标语言XML，资源描述框架（Resource Description Framework，RDF）和本体描述语言（Web Ontology Language，OWL）等；另一种是源生于NLP技术的词向量嵌入方法，即以连续向量的形式进行企业知识表示，常用技术包括Tensor，神经网络等，这种方式更利于进行知识推理。

其次，企业知识抽取与融合。检测新出现的实体扩充到企业知识库，识别知识库中提及实体的词或短语，将之与对应的实体链接起来，分析实体在企业文本数据中的不同出现，针对性地发现关于特定实体的新知识。举例而言，企业如果要对某一合作伙伴的情况展开分析，可从企业知识库中调取与之存在联系的所有数据，从中抽取和学习有关此合作伙伴的知识，如合作伙伴的资质信息，企业与之的合作次数、合作领域和业务、资金往来等关系信息。

最后，企业知识评价与存储。为确保企业知识图谱应用的有效性和准确性，需要对建构的企业知识图谱构建进行复核，复核内容包括企业知识图谱中的实体、属性和关系，复核方式主要有逐条复核、智能批量复核和交叉复核。企业知识图谱评估除了计算实体、关系和三元组的数量外，还要对企业知识实体与关系链接的准确性进行量化估计。存储方面，传统关系型数据库虽然能够很好解决单条数据查询问题，但是对深度关联查询和实时关系查询的支持不如图数据库，而多维数据分析恰恰是企业数据分析最不可或缺的部分。因此，企业知识图谱一般选择存储在类似Neo4j、OpenLink，Bigdata等图数据库中，之后，便可将之与其他数据分析技术结合起来，进行基于知识图谱的企业级数据分析应用，如利用企业知识图谱对企业用户展开精准画像和定制服务等。

5.2　数据资产开发

从数据形态和性质看，数据资产开发大致会经历数据资源、数据产品、数据资产三个阶段。原始数据要转化成能够加以控制、量化和变现的数据资产，首先要通过数据挖掘使其成为可以投入生产的资源，再经加工成能够满足社会需求的数据产品，最后对产品进行确权、价值评估和登记入库，最终形成可供业务部门和用户按需查询、分析和应用数据的企业数据资产仓库。

5.2.1　企业数据建模

企业数据仓库（Data Warehouse）是用于支持企业管理决策的数据集。它与数据库

(Database) 的区别是，数据库的主要功能是记录关联数据，为进一步数据应用打基础，核心技术是在线交易处理（OLTP)，数据表和连接是规范化的；而数据仓库是为了进行数据分析而将一个或多个来源的历史数据和转换数据进行集成起来的信息系统，核心技术是联机分析处理（OLAP)，数据表和连接是非标转化的。数据库的架构采用的是“实体—关联”建模（ER Modeling)，数据仓库采用的则是数据建模（Data Modeling)，除了要对企业生产和经营活动所涉及的各类数据进行描述和抽象组织、明确实体关系外，还要考虑数据应用和管理逻辑和相关功能的实现。如果将企业数据资产建设比作一项工程，企业数据建模便是为企业搭建数据资产仓库进行策划和绘制施工图纸的过程。在这张图纸中，企业数据库建模处于一个承上启下的核心位置。

5.2.1.1 企业数据模型构成

企业数据建模的第一要务是明晰企业数据的抽象层次与类型。如若不然，数据的分类、集成等处理操作便无头绪可言。按照从抽象到具体的顺序，企业数据模型共包含3个层次：一是概念数据（Conceptual Data）模型，也称领域模型（Domain Model)，这是企业数据模型中最抽象的一层，所解决的是企业数据中实体辨识和定义的问题，包括时间、地点、部门、客户、产品、服务、原材料、供应商等企业生产和经营活动所涉重要事物的类型、特征、约束、关系、安全性和质量要求等；二是逻辑数据（Logical Data）模型，目的是进一步明确实体属性和关系细节，基于部门、业务等视角对实体关系进行实例化，在部门活动、业务过程、经营事件和领域模型中的数据实体形成更具体的映射关系，明确企业数据应用链条和流向；三是物理数据（Physical Data）模型，解决的是企业数据的物理存储问题，核心工作是建立企业数据库，完成相关硬件和网络部署，为上层数据分析、挖掘和应用奠定物质基础。

5.2.1.2 企业数据建模方法

不同企业由于生产方式、经营范围、组织架构、工作方式等方面的不同而产生不同的数据建模结果，架构出不同形态和功能的企业数据仓库，但是这不妨碍其中存在一些共性问题和通用思路。这里主要介绍范式建模和维度建模两种主流的数据建模方式。

(1) 范式建模。范式建模法最先由数据仓储之父比尔·因蒙（Bill Inmon）提出的一种自上而下的数据建模方法，企业概念（领域）模型的建构是该数据建模方式的起点——在明确了企业生产和经营的关键实体之后，为每个主要实体创建一个详细的、规范化的逻辑模型，最后进行物理数据模型构建。数据仓库的工作主线如图5-1所示，从应用软件、操作系统、平面文档等来源获取数据后进行集中处理，建立针对部门或业务群的“数据集市”（Data Market）供用户端按需调用。核心数据库采取第三范式，即在数据组织上要求数据关系满足三个条件：每个数据属性取值唯一，不具有多义性；每个非主属性必须完全依赖整个主键；每个非主属性不能依赖其他关系的属性的建模方式。通过对数据进行规范化处理，企业数据仓库成为“单一真相源”。数据更新难度较低且更容易适应业务需求变化。然而，由于从一开始就追求覆盖所有数据需求，数据仓库的架构和研发可能需要很长一段时间，造价十分高昂，特别是企业数据模型和实施会随着时间的推移而变得更加复杂，后期还需要建立一个相当大的专家团队进行维护。

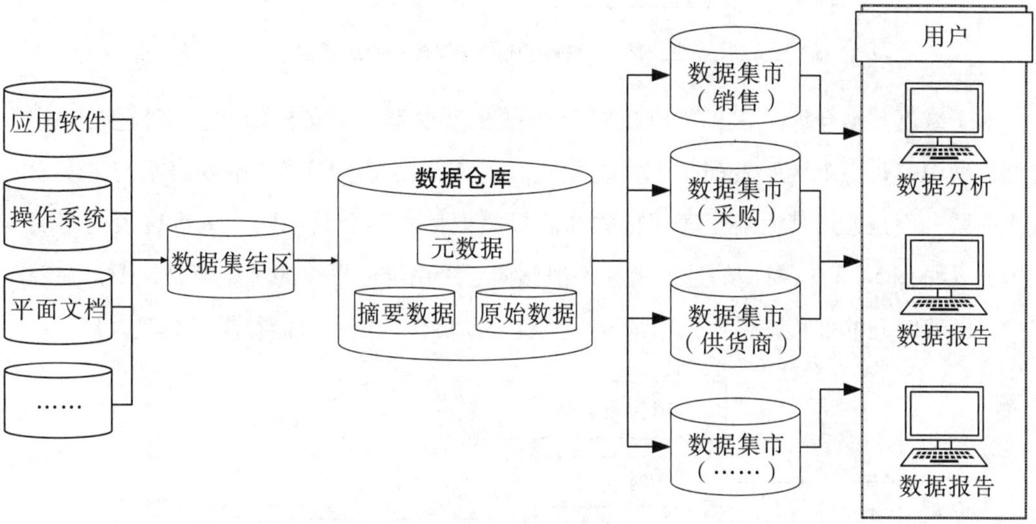

图 5－1　企业数据建模与数据库架构：3NF 范式

（2）维度建模。为了降低数据仓库的研发成本，提升数据交付时间，数据仓库大师拉尔夫·金博（Ralph Kimball）提出了一种与范式建模相反的维度建模方式，其基本思路是根据业务需求形成数据集市需求，然后对主要数据源进行评估，使用 ETL 从多个来源获取数据，先加载到关系型数据库服务器的暂存区，再加载到将数据划分为事实表的去规范化维度数据仓库中（见图 5－2）。由于维度建模不涉及数据规范化处理，且数据源系统相对稳定，只需一个较小的团队便可维护，企业数据仓库建设的启动速度往往比范式建模更快；专注于特定业务的做法既减少了数据存储消耗，也简化了数据系统的管理。

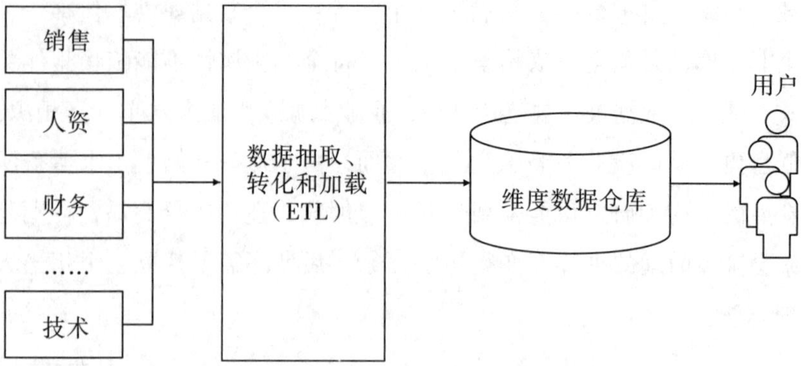

图 5－2　企业数据建模与数据库架构：维度建模

对于维度数据仓库，常见的维度模型包括星型模型、雪花模型和星座模型 3 种。星型模型中，每一个维度表都与事实表相关联。雪花模型中，部分维度表不与事实表直接关联，而是通过其他维度表间接关联。星座模型由多个共用同一批维度表的事实表组成（见图 5－3）。模型的选择上，一般倾向于采用维度更少的星型模型，但是在现实中，随着时间的推移，企业数据情况可能越来越负责，更有可能往星座模型发展。

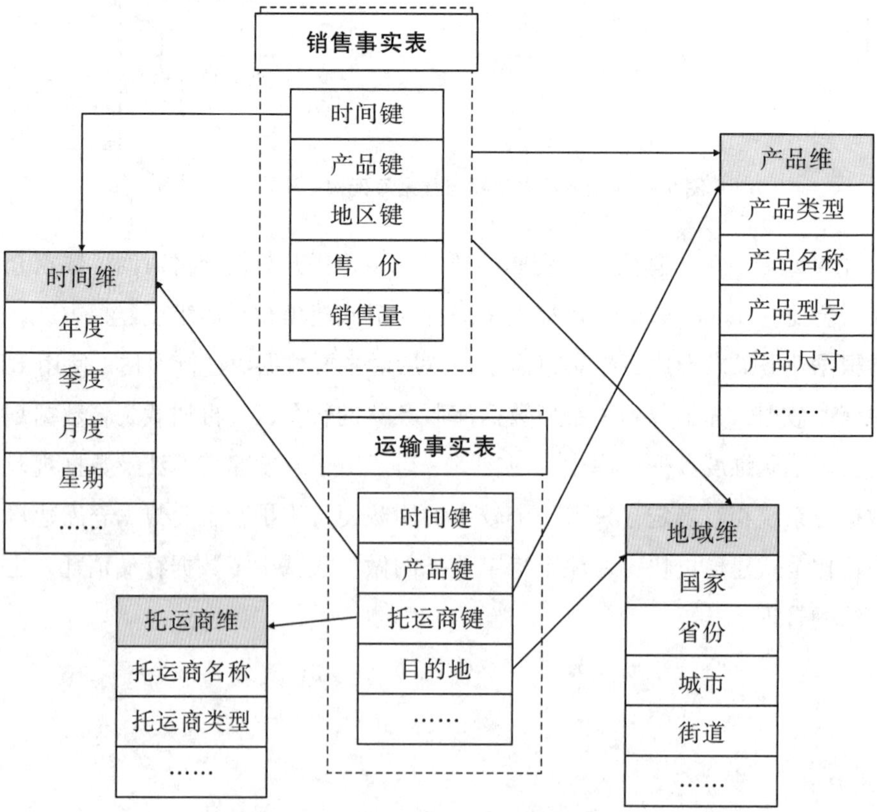

图 5－3　数据仓库维度建模：星座模型

5.2.2 企业数据采集与处理

企业数据资产开发所需要的原始数据资源主要有两个来源，一是企业内部数据，主要包括客户数据、业务数据（市场数据、交易数据、销售数据、产品数据等）和公司管理数据（人事数据、财务数据、法务数据、采购数据、日志数据、代码数据等），二是企业外部数据，即企业通过购买、定制、下载、众包、爬取等方式从别处获得的数据，如政府和一些非营利组织免费提供的公开数据、社交媒体提供的数据接口等。如图5-4所示，企业在获取原始数据资源后，要依次经过数据清洗、数据集成、数据规约、数据转化四个数据预处理环节：

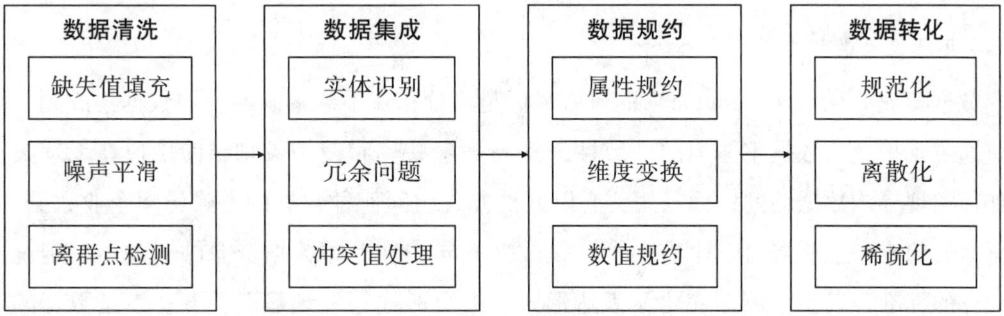

图5-4 企业数据处理流程

5.2.2.1 数据清洗

数据清洗（Data Cleaning）的目标是检测企业数据中存在的错误和不一致，剔除或改正不符合要求的问题数据，主要针对缺失必要信息的不完整数据，在格式、取值等方面不符合现实逻辑与数模规定的错误数据以及在不同数据集合中有多条不完全相同记录的重复数据。一个完整的数据清洗的过程包括4个环节，分别是数据定义、问题数据探测、问题数据校正、数据清洗评估，即比较数据前后数据质量的改进程度。对于属性有误的数据，有基于统计、基于聚类和基于关联规则3种自动探测方法，数据校正则包括缺失值填充、噪声平滑、离群点检测，常见处理方法见表5-2。重复记录的自动探测本质上是采用字段匹配或相似度比较算法对数据进行检验，包括基本字段匹配、递归字段匹配、Smith-Waterman算法、基于编辑距离的字段匹配和Cosine相似度函数等方法，消除重复记录的基本思路是先将数据库中的记录按某一属性进行排序后，再对临近记录进行相似性比较，常用算法有优先队列算法、近邻排序算法和多趟近邻排序等。①

① 王曰芬，章成志，张蓓蓓，等. 数据清洗研究综述［J］. 现代图书情报技术，2007（12）：50-56.

表5-2 属性错误数据清洗方法

清洗项目	清洗方法
缺失值填充	忽略元组、人工填写、全局变量和统计值补充（平均值、中间值、最大值、最小值）填充、复杂概率函数统计填充、哑变量填充
噪声平滑	主要采取分箱法，通过考察属性值的周边值来平滑属性值，将之分布到等深或等宽的“箱”中，用“箱”中数据属性值的平均值或中值替换“箱”中所有数据的属性值
离群点检测	①根据箱线图判断；②基于绝对离差中位数（MAD）/距离/密度/聚类判断

5.2.2.2 数据集成

数据集成（Data Integration）的核心目标是将分布在不同来源的异构数据集成到一起，通过维护企业数据整体上的一致性来提高信息共享和使用效率，使用户在无须关心如何实现异构数据访问，而只用关心以何种方式访问何种数据的方式访问企业数据。数据集成的难点主要源自三个方面，一是数据的异构性，即数据资源的开发不一定遵循同样的标准，以至于数据在语义表达形式、组织形式等呈现显著差异；二是数据的分布性，意味着网络传输的速度、安全性、稳定性等将大大影响数据集成的效果；三是数据的自治性，即数据在被集成的过程中，其属性和结构随时都有可能被修改和调整。面对此情景，产生了两种数据集成思路：一是模式集成，将不同企业数据源中共有的数据内容从结构、语义和数据操作等方面进行描述，形成一种全局模式，供用户在了解企业数据的整体情况的基础上提出数据查询请求，再由数据集成系统分别从各数据源中提取符合其查询需求的数据，其前提是要在全局模式和数据源之间建立起充足且正确的映射关系；另一种思路是复制集成，将某一数据源的数据复制到与之相关的数据源上，触发数据复制的事件可能是用户提供的查询请求，也有可能是源数据发生了变化，数据缓存累积到一定批量、到了预先规定的时间点等，数据传输可能是数据推送，也可能是数据拉取（二者区别见表5-3）[①]。到操作层面，数据集成需要攻克的技术难点主要有数据实体识别、数据冗余处理和冲突值处理。

① 陈跃国，王京春. 数据集成综述［J］. 计算机科学，2004（5）：48-51.

表5－3　企业数据集成思路比较

集成方法	优点	缺点	使用范围
模式集成	透明度高，实时一致性强	算法复杂，执行效率低，网络依赖性强	数据集成规模大，数据更新频繁，数据实时一致性要求高，用户查询请求难以预测的情况
复制集成	执行效率高，网络依赖性弱	实时一致性差	数据源相对稳定，用户查询已知或有限，数据分布广，网络延迟大，需要短时间处理

5.2.2.3　数据规约

数据规约（Data Reduction）的目标是在尽可能破坏原始数据完整性的情况下减小数据集规模，但仍能获得几乎相同的数据分析结果，以此降低因企业数据规模日益庞大和复杂而给数据处理带来的压力和成本。主要可从三个方面着手，一是属性规约，利用序列向前、序列向后、序列前后组合、决策树等方式删除与数据分析与挖掘任务不相关的冗余属性，找到原始数据的最小属性集，利用相关系数和卡方检验等方式判断单个变量与目标变量的相关性，从而删除预测能力较低的变量；二是维度变换，利用主成分分析、因子分析、奇异值分解、聚类和线性组合等方式对数据进行降维处理；三是数值规约，即以规模更小的数据表示、替换或估计原始数据，具体可以采用参数模型和聚类、抽样、直方图等其他一些非参数方法。

5.2.2.4　数据转化

数据转化（Data Transform）是使数据适合进行挖掘和分析的最后一步，首先要做的是统一数据的量纲，对数据进行比例缩放，使之落在特定区域；然后，对离散的数据进行离散化处理，可以是等距离分段、等频率分段或其他的优化方式；最后，考虑对离散的标称变量做稀疏化处理，使数据更容易收敛，提升数据模型的抗噪能力。

5.2.3　企业数据应用工具开发

结合前述数据开发和分析方法，可考虑向企业员工和用户提供两类数据分析工具。

5.2.3.1　可视化数据分析工具

数据可视化指利用计算机视觉相关技术，将数据分析结果以图表、图像、数据面板（操作盘）、动画等更加直观和易于理解的视觉形式呈现出来，在技术允许的情况下还可能伴随一些交互操作。一般来说，企业级的可视化数据分析至少可以沿着以下两条思路展开。

其一，时空数据可视化分析。空间数据指同时具备时间、空间和其他众多属性维度的数据，其空间维度决定了数据具有方向、距离、层次和地理位置等空间属性，时间维度描绘了事物随时间的迁移行为和状态变化。此类数据的可视化呈现主要有三种方式：

- 基于数学建模的可视化，输出结果是静态的二维和/或三维图形；
- 基于地理信息系统（Geography Information System，GIS）的可视化，在地图上呈现企业数据的状态和变化过程；
- 基于虚拟现实（Virtual Reality，VR）的可视化呈现，可以利用企业数据还原和模拟企业生产和经营相关的场景，不仅能在多维数据空间进行仿真建模，还可以结合数据手套、立体声等多感官设备的体验，帮助企业理解更抽象的信息和知识①。

前两种可视化方式已经十分常见，尽管可视化数据的交互性比不上 VR，但是也基本能满足大部分数据可视化需求。VR 虽然是当下时兴的三维可视化技术，能给数据观察和分析者带来更丰富的感觉体验，但是需要投入的成本较大，对硬件和网络的性能要求较高，因此还需结合实际慎重考虑，避免盲目跟风。

其二，多维数据可视化分析。通过不断发现多维数据的模式和规律，合理展示不同数据纬度之间存在的关系。多维数据可视化的方式主要包括基于图表、基于图结构和几何图形、基于层次结构、基于像素和综合运用这些方法的混合可视化方式。

5.2.3.2 自助式数据分析工具

自助式数据分析是一种将商务智能和数据挖掘与分析结合起来的技术，让没有统计分析、数据挖掘、数据库知识的业务人员也可以通过丰富的数据交互和探索功能发现数据的成因和价值。与过度集中和依赖于专职数据分析人员的传统企业数据分析工作方式相比，自助式数据分析能够及时响应和满足业务过程中一些能够进行标准化的数据分析需求，允许企业员工自行上传数据而不必依赖数据仓库，自行设定报表参数以增强数据分析和业务的适配度，即时获取和分享数据报表。换言之，自助式数据分析通过开发标准化和轻量级的数据分析工具，将原本集中掌握在数据管理和 IT 部门手中的企业数据分析资源部分地“分发”到企业员工手中，如此既可以减轻数据管理和 IT 部门的工作负荷，让其将精力集中到更复杂、更核心和更重要的数据管理与分析工作中，业务人员也可以避免在数据分析申请和等待数据分析结果上耗费过多时间和精力。

① 吴加敏，孙连英，张德政. 空间数据可视化的研究与发展［J］. 计算机工程与应用，2002(10)：85－88.

5.3　企业数据共享

物联网和移动互联网快速发展的时代，数据的采集、处理和加工不再局限于企业内部。通过数据众包和众享，企业不仅能够扩大数据采集范围，提升数据处理效率，还能就此打造基于数据共享的在线社区，通过提供数据接口、衍生数据产品、数据信息服务等形式，与大众、供应商等利益相关者建立多重、多样的价值共生关系，提升企业的中介性，进而从丰富的社会连接中探求更多市场机会和资源，打造与顾客等利益相关者互惠共赢的局面。

5.3.1　数据众包

机器算法虽然能够大幅提升数据处理效率，但是无法解决所有数据处理与分析任务，以至企业数据开发和管理在很大程度上仍摆脱不了对人工的依赖。在企业用人成本日益加重、容易出现人手不足的情况下，互联网众包模式的普及让企业能够利用企业之外的群众智慧解决数据采集和处理问题。站在企业的角度，一个成熟的企业数据众包项目可以是相对短期地利用第三方众包平台发布特定的数据采集和处理任务，也可以是自创一个数据众包平台，将之与企业信息系统连通以提供更为丰富的数据来源和更强劲的数据处理驱动力。如图 5－5 所示，一个完整的企业数据众包项目通常依次经过数据众包任务设计、数据众包方式选择、数据众包渠道规划、数据众包任务发布、数据众包结果验收五个环节。

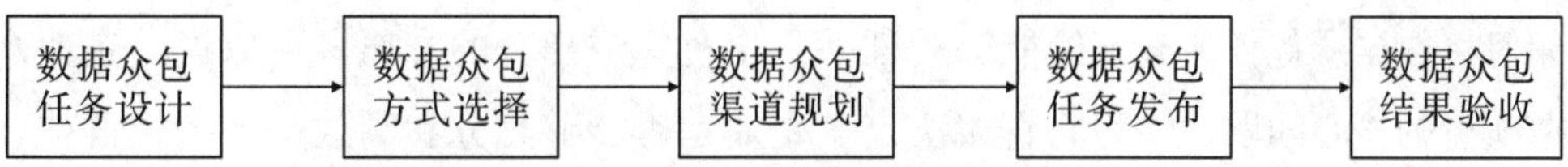

图 5－5　企业数据众包流程

数据众包任务设计指对任务类型、属性和内容进行说明，并联合任务发布渠道对数据任务的发布形式进行设计。从数据全生命周期开发的角度看，企业可以将数据标注、数据转录、数据分类、实体识别等数据处理环节分给众包志愿者完成。除了说明任务本身需要做什么、涉及哪些操作外，还要对任务的一些属性进行设置，主要包括：

- 时间属性：单个任务完成的最长和最短时间、任务到期时间等；
- 价格属性：任务顺利完成且通过验收后可获得多少酬劳；
- 质量属性：合格标准、达标样例、质量测试方法等。

确定任务内容和预期效果后，需要将之转化成方便众包志愿者理解、操作和提交，方便企业验收和后续处理的，相对规范化的交互形式，常见题型有单选题、多选题、填空题和收集题四类，单选题和多选题一般用于数据分类、数据标记和实体判别，填空题和收集题适合数据采集。企业如果选择在第三方众包平台上发布任务，需先考察该平台能够提供哪些题型，或者说数据众包功能，再进行选择和调整。

数据众包方式上，按照众包志愿者之间的工作关系大致可划分为以下两种：

• 众包竞赛：通过提供竞赛奖励的形式吸引和广泛收集大众无限创意的作品和解决方案，任何解答者都可提交符合任务需求的方案，但只有质量最高、最符合企业需求和标准的解答者才可获得奖励。

• 众包协作：企业牵头将数据众包工作细分成不同的工作环节，综合考虑众包志愿者的可支配时间、数据操作能力等因素，将其分派到合适的岗位（也可能是以众包志愿者自行报名和选择的方式），按照工作完成质量和绩效发放酬劳。

数据众包渠道规划方面，企业可以选择直接通过在线社区、社交平台等线上和线下方式招募能够胜任数据众包任务的志愿者，也可以选择通过第三方平台代替完成。正式发布任务前最好基于对不同渠道的调研和评估预先形成具体的任务发布方案，敲定各渠道的发布顺序、预算分配等细节，协调好直接渠道和间接渠道，线上渠道和线下渠道的关系。

前期规划好之后，便可按照既定计划开始数据众包任务的发布和验收。在此阶段，企业需联合企业内外，特别是各个众包任务发布渠道，建立起能够确保数据众包项目的工作机制，具体需要解决以下几个方面的问题：

其一，任务分配问题。基于网络的大规模协作需要高超的人员调度和任务匹配技巧。如何将数据众包任务分配给能够胜任并且出色完成任务的志愿者可以说是企业众包数据项目的核心问题，因为它直接决定了企业是否能够充分和高效率地挖掘群体智慧，决定了企业在数据众包项目上的投入是否能收获预期效果。数据众包任务的分配有人工分配和机器分配两种。人工分配主要依赖分配者的经验和志愿者的自我呈现，优势在于分配者可以通过即时的对话沟通深入了解志愿者的个性品质。机器分配的核心是提取数据众包任务和志愿者的各项特征，利用算法进行自动匹配和个性化任务推送，优势是能快速处理大批量的众包任务和志愿者动态数据。但是，机器分配有时也可能出现因数据真实性不足、特征量较少、算法性能欠佳等原因而出现匹配效果不佳的情况。目前，在任务分配的问题上许多数据众包项目都采取了“人工 + 机器”混合的方式，比如在机器分配冲突的情况下交由任务发布方或者第三方裁决，鼓励任务发布方和志愿者互评来丰富任务数据，通过往机器分配中引入人工审核和把关，以机器分配辅助人工快速对接和组织合适的志愿者的方式提高任务分配效率和准确率。

其二，工作激励问题。持续高涨的志愿者参与热情是企业汲取群众智慧的源头保障，失去志愿者支持的数据众包项目无异于一潭死水。志愿者的激励来源分为内、外两部分，外部激励指志愿者通过参与数据众包项目而能获得的现金、组织荣誉、社会认可、形象提升等实质性奖励，内部激励则关乎志愿者能力素质、自我价值与满足、工作兴趣与愉悦感等主观心理层面的提升。此外，志愿者的参与意愿还可能受到个人能力、任务难度、社会影响等客观因素的影响。面对超出力所能及范围的任务，志愿者往往容易产生退缩情绪。社会影响指对志愿者有着较深影响的个人或组织团体认为其应该参与和支持其参与数据众包项目的程度，比如学生志愿者的参与意愿便很容易受到同伴、家长和老师的影响。鉴于此，企业实有必要通过注册资料、访谈、问卷等形式了解志愿者参与数据众包项目的动机，利用已掌握的数据信息对现有志愿者和潜在志愿者进行画像分析，辨识出显著影响其持续参与意愿和实际参与行为的因素，据此制定更加细分化的激励政策和措施。

其三，工作诚信问题。企业和众包志愿者之间存在着双向诚信问题：志愿者通过网络参与企业数据众包项目的形式可能为之带来个人隐私泄露的问题，企业也面临着数据造假、数据泄露和歪曲传播的风险，任何一边出现问题都不利于双方合作，甚至有可能给企业带来巨大危机。因此，企业需采取一定的诚信管理措施，增强与志愿者的相互信任，同时确保志愿者不会出现有违诚信，可能给企业带来麻烦和毁灭性打击的行为。一般情况下，企业至少可以通过法律手段和技术手段进行数据众包项目的诚信管理，在正式开始工作前与第三方众包平台和志愿者签订保密协议，一方面向志愿者说明收集用户信息的用途和保障个人信息安全的具体措施，另一方面获得众包平台和志愿者不复制、仿造或向他人或机构透露项目核心数据和技术信息的承诺。技术方面，企业需要适当加大在数据加密、追踪、删除技术上的投入。企业也可通过诚信奖励、培训等更加温和的形式增强志愿者的数据保密和诚信意识。

其四，工作质量问题。数据众包质量的管理工作贯穿整个众包流程，事涉每一位参与其中的志愿者。在前期策划和志愿者招募阶段，可先对志愿者进行知识调查和测试，通过后向其详细说明数据质量要求和工作规范，使其迅速对将要承担的众包任务熟悉起来。同时，通过合理设计众包任务，如在将志愿者实情纳入考量的情况下安排和调整工作量和规定完成时间，通过向其提供方便好用的众包工作工具提升其工作效率等。

5.3.2　数据众享

大数据时代除了要解决信息增长过快而造成的信息过载问题，还需解决数据孤岛问题。对企业而言，各个部门和业务群积累的数据对其他部门或业务群也可能产生巨大的参考价值。如若能够实现企业内部的数据共享，不仅能够从更多视角对数据资源进行分析和挖掘，还能促进部门和业务群之间的沟通与合作。然而在企业经营过程中，各部门和业务群之间经常出现数据不一致和不对称的情况，这样既不利于部门和业务群之间的协调配合，也是对企业数据资源的一种极大的浪费。要想破除数据孤岛，需要解决以下三个问题：

其一，数据的存储隔离。许多企业的数据资产管理工作还处于数字转型升级阶段，有许多历史数据和档案资料都还未来得及转成数字形式。即便转成了数字形式，也可能存储在分散于各个部门的硬盘、服务器等设备上。现如今云计算技术的发展使得企业在加快历史数据数字化的同时也可抓紧让企业数据上“云”以备数据的集中处理和通过企业内网调用。

其二，数据的逻辑隔离。各部门和业务群对于一些通用概念的理解并不统一，导致指向同一实体的数据命名、属性和操作定义出现显著差异，给数据集成带来了阻碍。面对这种情况，企业数据管理者可与各部门和业务群进行事先和实时统一。

其三，数据的技术隔离。各部门和业务群采用或自主开发的数据分析工具有时不一定遵从同一套技术标准，需要企业数据管理者站在全局视角，联合各部门和业务负责人对所有数据采集、处理、挖掘和分析工具所具备的功能、规格和技术参数进行盘查，对于相同或相近的功能尽可能地采取同一套标准，破除各部门和业务群之间的数据技术隔离，有条件的企业可从长考虑采用范式建模的方法建立企业数据仓库。

第6章　数据资产运营

6.1　数据资产评估

对企业数据资产进行多维度评估有助于企业管理者和相关业务人员从不同视角掌握企业数据资源的开采、处理、使用和管理情况，为制定企业数据资产管理战略与措施，提升企业数据管理效能提供现实依据。

6.1.1　评估内容

除了常见的企业数据资产价值评估外，企业数据管理者还可从数据资产的构成、分布、活性等维度对企业数据资产展开评估。

6.1.1.1　数据资产价值评估

数据作为企业“资产”的价值主要包含数据资产建设成本和数据资产效益两个方面。数据资产成本指企业在数据资产建设和运维上的投资，包括人工成本、材料成本、技术运维费和其他一些间接费用，以及机会成本，如开发或采用其他同类型数据资源和产品可能带来的效益（见图6-1）。数据资产效益主要包括经济效益、社会效益和管理效益。经济效益通常用交易市场估值和实际交易价格表示，社会效益主要指企业数据资产在提升企业品牌形象、评价与口碑上的助益，管理效益指企业数据资产对内在企业管理方面的积极作用。此外，企业数据资产价值还可能受到企业对数据资产控制程度的调节和影响。当一个企业需要开拓以数据为核心驱动力的商业模式时（如数据租赁、大数据商务智能、数字媒体与广告等），其对数据资源和数据产品的控制程度越高，不仅意味着在激烈的市场竞争中掌握更多“真枪实弹”，还能帮助企业规避掉一些数据产权纠纷。具体来说，数据权主要包括个人数据权和数据财产权。个人数据权指自然人依法对其个人数据进行控制和支配并排除他人干涉的权利，虽然与财产利益相关，但却是一种随着社会发展而独立出来的新型人格权，按照对数据的操作可能涉及数据决定权、数据保密权、数据查询权、数据更正权等；数据财产权指权利人直接支配特定数据财产①并排除他人干涉的权利，它使数据财产权人能够对自己的数据财产享有的占有、使用、收益、处分。企业在开发数据资产的过程中难免需要搜集他人信息，因此需个人数据权的处理上分外仔细。数据财产权是企业利用数据资产创造价值以获取收益的根本保障，也是数据资产价值分析不可或缺的内容。

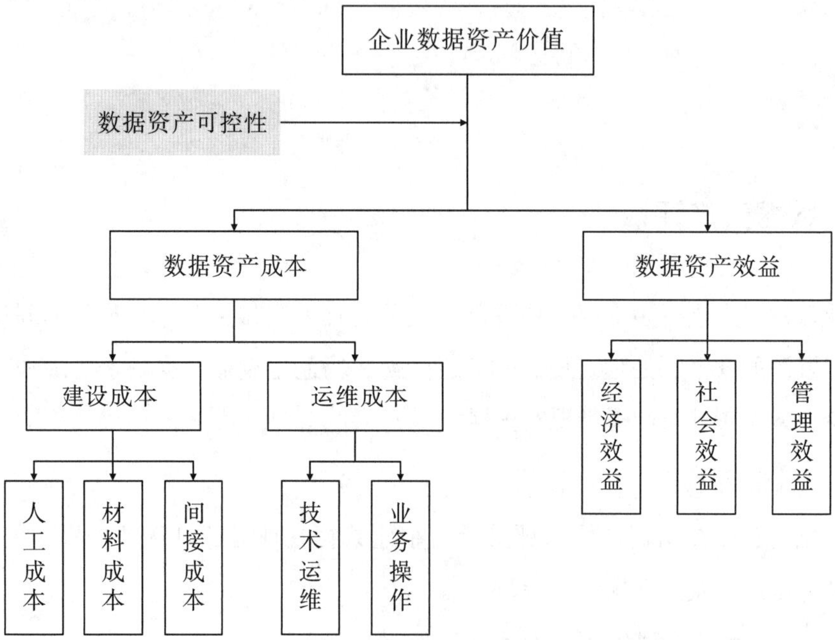

图 6－1　企业数据资产的价值内涵

6.1.1.2　数据资产构成评估

数据资产构成评估的核心任务是按照一定分类标准对企业数据资源进行量化统计和分析，目的是为了系统了解企业数据的组织结构和比例，以便进行精细化的数据资产管理。它可以是大规模地对企业数据资产进行全面盘查，也可以是对某一部门、某一业务或某一类数据资产进行构成评估。举例而言，用户数据一般包括用户属性数据和用户行为数据。在属性数据中，通常涵盖基础属性，包括年龄、性别、城市等；经济属性，设备类、型号、收入和职业；渠道属性，包括获取用户渠道和获取用户方式，等等。用户行为数据包括活跃情况，是否为新用户、活跃频次；付费情况，是否为付

① 指固定于一定载体上，能够满足人们生活和生产需要的数据，具有确定性、可控性、独立性、价值性和稀缺性五个法律特征。

费用户；使用情况，是否使用某功能、使用时长和使用频次，等等。这些数据可能由IT部门、财务部门和业务部门等掌握。

6.1.1.3　数据资产分布评估

数据资产分布评估的核心任务是从物理空间和逻辑空间两个方面着手对企业数据资产进行精准定位，主要包括以下几个方面：

其一，数据资产的主题分布。根据企业数据模型，从数据资产的组织逻辑出发，按主题进行数据资产清查和评估。可以对特定的主题数据垂直向下展开分析，也可以针对特定业务进行关联数据主题分析，特别是要关注各个业务的数据共享和联通问题。

其二，数据资产的系统分布。当企业经营范围较广，业务和组织结构较为庞杂时，可能会采取分布式的数据架构方案，这时候便需要对企业数据资产的系统分布展开评估，包括企业数据资产的存储节点分布、数据功能系统分布、业务系统分布。

其三，数据资产的归属分布。大数据时代清楚地界定数据之上的权利主体变得愈发重要，明确企业数据资产归属和相关权利亦是企业数据资产建设和运维的题中应有之义。从企业数据资产开发流程和数据生命周期的角度看，首先需区分用户个人信息的原始数据与处理加工形成数据产品后的衍生数据，并判断其归属。理论上来讲，企业虽然可能在对用户信息等原始数据进行数字化记录转化的过程中付出了一定劳动，但是鉴于原始数据包含用户个人信息的本质和用户仍能控制原始数据的现实，原始数据的所有权仍归属于用户个人，企业依照合同取得的仅是原始数据的使用权。在此基础上，企业真正有机会享有数据财产权益的是企业对原始数据进行脱敏化处理和加工形成的衍生数据产品。在明确所属衍生数据产品之后，还可考察其在企业各部门、业务群或其他组织单元的归属情况。

6.1.1.4　数据资产活性评估

数据资产活性评估的核心任务是测量数据资产在时空上的变化与关联情况，以作为数据资产活跃程度的判断依据。数据资产的活性受到三方面因素的影响：一是企业数据库对数据结构与操作的内在规定性；二是数据资产与企业经营项目与业务的关联性；三是数据产品用户实际的操作方式和行动。企业数据库视域下的“活性数据”指向数据自身和加诸于数据的规则的结合，主要由“约束”（Constraint）和“触发器”（Trigger）两重机制对数据进行定义和控制。约束是数据库系统自动执行已定义的限制性语句，如“用户ID不能重复”“用户在线时长不能小于0”；触发器是当数据变化满足触发器执行条件时开始执行内部定义的规定，如“用户注销时，自动删除用户的相关信息”。这两项机制在很大程度上奠定了数据产品的可供性基础：加诸于数据项目上的约束越多，数据操作的空间便越小；连接于数据项目的触发器越丰富，与其他数据项目的关联便越强，活跃的可能性越高。在此基础上开发的企业数据仓库功能决定了数据产品用户的潜在数据操作范畴，最终用户根据其实际需求通过数据产品交互界面进行数据操作。因此，企业数据资产活性评估可综合企业数据模型与结构的内在规定性和数据表征变化进行，即在评估数据资产活性空间的基础上，选择有益于增进业务理解和分析的数据活性指标进行测算，核心工作包括：

一是数据操作活性，测评数据资产调用、变更、删除等操作的时空特征；

二是数据关联活性，测评数据与数据，与业务绩效之间的共现（变）关系；

三是数据内在活性，对企业数据库的约束与触发机制进行分析与评估。

6.1.1.5　企业数据资产使用评估

企业数据资产使用评估的核心任务是统计数据使用情况（数据操作和使用活性），调查和评估数据产品用户的满意度和持续使用意愿，并在此过程中搜集反馈意见，以便对数据产品进行改进和完善。一般来说，用户对数据产品这类 IT 技术制品的接受度、满意度和持续使用意愿受四方面因素的影响：一是用户自身的心理特质，如计算机焦虑、自我效能等；二是社会文化，如企业组织的 IT 技术文化；三是数据产品的技术特征，如可用性、易用性、计算机游戏性等；四是数据产品的使用情境，包括数据产品与用户工作的相关性和适切性等。常见的用户满意度影响和持续使用意愿影响因素包括：

一是感知价值（Perceived Value）。指数据产品用户综合评估数据产品属性、使用成本和效益后对数据产品形成的评价，除了常规的价格因素外，还包括数据产品的功能价值（Functional Value），通过使用数据产品所获得的外部激励、形象提升等社会价值（Social Value），能满足其好奇心和求知欲的认知价值（Epistemic Value）等。

二是系统质量（System Quality）。广义上来说，数据系统除了直接供给用户使用的数据产品外，还包括支撑其发挥功能的计算机软硬件系统、通信系统、数据仓（库）、人力资源和程序系统这四个要件，都在系统质量的考察范围内[①]。从用户的视角看，数据系统的使用质量可以从感知有效性、生产率、安全性等方面进行评估。

三是社会影响（Social Influence）。指数据用户对参照个人和社会团体对数据产品的看法、态度，特别是从多大程度上认为其应该使用数据产品的感知和内化程度。

6.1.2　评估方法

数据价值评估是企业数据资产评估的重点与难点。企业数据资产作为一种典型的无形资产，按常理可以采用以下方法进行价值评估。

---

① 参见网址：https://www.britannica.com/topic/information-system。

6.1.2.1　成本法

该方法认为企业资产的价值取决于资产建构时的成本耗费，一项资产的原始成本越高，原始价值越高。具体操作方法是，以现实条件下再获取资产所需要的重置成本扣减各项贬值，如由于资产使用磨损导致的实体性贬值，因资产在技术上落后于其他同类资产而产生的功能性贬值，以及因内外部环境因素变化而导致的经济性损耗。顺此思路，由于企业数据资产通常不存在实体性贬值，它的价值评估可以结合数据资产重置成本和成新率来估算：重置成本方面，如果数据资产是企业自创，那么可以借助创建过程中形成的历史资料进行成本核算，如果是外购而来，则可以考虑市价类比或者物价指数法估算；成新率通过经济适用年限计算。看到这里我们不难发现，一方面，数据资产最原始的数据资源在很多情况下是业务开展过程中自然而然产生的“副产品”，很难估算出它的具体成本；另一方面，由于数据资源获取的不可逆性，数据产生的不可复制性等原因，很难通过模拟或是某种技术手段达到数据资源的原始状态，也就无法准确估算出数据资产的成新率和折耗水平。

6.1.2.2　市场法

该方法认为企业数据资产的估值取决于数据交易市场上类似数据产品的成交价格。先假定数据的价值建立在其量的大小、内容、性质、可用性、成熟度、唯一性和质量等多项内在要素的基础上，再通过观察到的市场定价推出数据各要素的价值，进而估算同等可比的数据资产价值。具体操作方法是，选取若干参考数据产品后，对其成交价格和成交信息进行比对分析，并逐一与待估数据资产进行比较，明确待估数据资产在数据资产内在要素上的差异，而后按照差异程度确定调整系数，对参照资产进行调整，最后通过会计计量得出待估数据资产的估值。市场法的优势在于具有一定的可靠性和市场敏锐性，局限性在于数据交易市场存在复杂性和不透明性，可能导致数据资产的交易价格偏离正常的市场价格。

6.1.2.3　收益法

该方法从企业数据资产能为企业带来的未来收益为出发点，计算企业生产价值链上因数据资产产生的收入增量和成本降量。理论上，运用此方法评估企业数据资产价值，需要先明确数据资产未来的收益情况、准确的折现率以及预期收益的具体时间。收益法的优势是面向未来，能够为企业未来的投资计划提供参考，局限性在于数据资产的预期超额收益难以确定，且往往与企业的产品交织在一起，二者难以区分。

综上，由于数据资产与普通的无形资产有所区别，传统的价值分析方法应用到数据资产时多少会有些水土不服。考虑到企业数据资产具有丰富的价值内涵与层次，且经常因使用者的不用而表现出较大弹性，企业管理者还可以考虑结合层次分析法（Analytic Hierarchy Process，AHP）和德尔菲法（Delphi Method）对企业数据价值进行扩展分析和评估，具体可依循基于“成本—效益”的横向构建和基于“数据价值要素”的纵向构建两种思路展开。

当待评估的企业数据资产规模较大时，还需要考虑采用数据抽样技术，比如分层抽样、系统抽样、整群抽样、滚雪球抽样等（见表6－1）。在评估层次和粒度上，企业数据管理者固然可以从最核心和顶层的企业数据资产目录一直向下纵深到底层的数据结构与组织状态，即对拟评估数据资产所含有的数据实体和关系进行量化统计，但是这也可能给评估工作带来巨大的计算工作量，因此需要企业数据管理者量力而行。

表6－1　企业数据资产评估抽样方法

抽样方法	概述
分层抽样	根据数据的主要特征分层并按比例抽样，适用于数据总体中的个体有明显差异。针对互联网社交数据，企业将用户按照年龄层次进行分类，并选取每个年龄段的数据中进行分析
系统抽样	将总体分为均衡的几个部分，然后按照预先定出的规则，从每个部分抽取一个个体，因而得到所需要的样本，可以非常好地解决数据繁杂的处理问题
整群抽样	将总体中的各单位数据归并成若干个互不交叉、互不重复的集合，称之为群；然后以群为抽样单位进行数据抽样。在应用这一种抽样方式时，需要每个群体具有较强的代表性，群内数据的差异性要大，群间的差异要小。由于不同群之间的数据可能存在差异性较大的问题，因而可能会造成较大的抽样误差
滚雪球抽样	先选取若干符合特征的数据样本构成初步的调查对象，随着新的数据不断增加，数据样本如同滚雪球般由小变大，因而抽样的过程也愈加全面。滚雪球的优点是能够很方便地找到数据对象，用于分析研究，但也存在缺点，即数据样本之间必须存在联系并且愿意保持这种联系
判断抽样	一种较为主观的抽样方式。企业可以根据调查目的和已有的经验，从总体中选择最具代表性的样本。判断抽样的优点是可以利用经验确定所要研究的数据，缺点是研究人员的经验和主观倾向性直接影响了数据分析的结果，一旦出现偏差，将会引起较大的抽样偏差
方便抽样	企业通过最方便的方式获得偶然的数据样本，最典型的方便抽样是“街头拦人法”。方便抽样的优点是易于实施，代价较小，缺点是数据样本代表性差，有很大的偶然性

续上表

抽样方法	概述
定额抽样	企业先将数据总体按某种特征划分成不同的组，然后在配额内以主观判断选定数据样本作为研究对象。定额抽样和分层抽样的相同之处是对总体进行分组，不同之处是分层抽样按概率原则在层内抽选样本，而定额抽样选取样本是主观的。定额抽样的优点是能够缩小抽样范围，减少抽样成本，缺点是确定额度困难，需多次探索

6.1.3 评估流程

企业数据资产评估一般由企业数据管理部门牵头制定企业数据资产评估方案，根据企业数据模型拟定待评估的企业数据资产目录，列出具体的数据资产类型、属性、责权部门与总负责人、存储地点等信息，而后联合有关部门展开数据资产清查，形成评估报告和向股东、客户和相关部门进行汇报。

6.2 数据资产运维

6.2.1 数据资产质量管理

数据资产质量与安全是数据资产价值的重要来源。原始数据要转化成能够加以控制、量化和变现的数据资产，首先要通过数据开采和挖掘使其成为可以投入生产的数据资源，而后经加工成能够满足社会需求的数据产品，最后对产品进行确权、价值评估和登记入库。因此，企业数据资产价值会在很大程度上受到原始数据资源和数据产品质量与安全的影响。其中，数据资源作为原材料，其质量主要包括数据自身被开采和处理质量、应用质量两个方面。前者可以从数据的颗粒性、多元性、活跃性、规模性和关联性进行判断，数据应用质量则与数据的稀缺性、时效性和经济性有关（见表6－2）。

表6－2 数据资源质量常用指标

价值项目	价值维度	可选指标
数据质量	颗粒性	精确度、完整度、上下文一致性、唯一性、字段长度、合规性、维护频率、格式、编码方式、标准、命名规则
	多元性	来源渠道种类、来源数量、来源方式、特征覆盖范围、重复率、一致性情况（不同来源相互校验的准确程度）

续上表

价值项目	价值维度	可选指标
数据质量	活跃性	更新间隔时间、访问间隔时间、时效性、更新差异度、常用属性数量、累积访问次数、累积更新次数
	规模性	数据数量、资产大小（存储容量）、增长速度、使用范围、获取难易程度
	关联性	流入（出）数据数量、流入（出）数据频率、流入（出）数据大小，流入（出）数据关联强度、数据相关业务对数据的依赖程度、数据资产自身的独立存在程度
应用质量	经济性	在具体应用场景下数据集的经济价值
	稀缺性	数据的供给数量及供给方数量的多寡
	时效性	数据的时间特性对应用的满足情况

数据产品是对数据资源进行价值挖掘，加工处理成便于使用的数据库、信息系统、数据服务等形式呈现出的产品。相比于原始数据资源，数据产品指向更明确的应用需求，含有更多技术增值成分。因此，数据产品质量管理可以从软件质量和服务质量两方面入手。软件方面主要包括功能性（Functionality）、可靠性（Reliability）、可用性（Usability）、效率性（Efficiency）、可维护性（Maintainability）、可移植性（Portability）等维度（见表6－3）。数据产品对原始数据资源的利用情况是分析的重点，即原始的数据资源为软件功能的运行提供了多大的驱动力。随着人工智能技术的引入，优质的数据能够为算法和模型优化提供好的训练样本，使整个软件系统能够更好地满足应用需求。当然，并不是所有的企业数据资产都能拥有完备的软件或者应用形态，故产品层面的质量分析指标应视实际情况而定。

表6－3　数据软件（系统）质量常用指标

维度	内涵	项目	内涵
功能性	实现数据应用功能的能力	适用性	为特定任务和用户目标提供一套数据功能的能力
		精确性	以所需精确程度提供正确或约定的数据应用结果的能力
		互操作性	与一个或多个数据系统进行交互的能力
		安全性	保护信息和数据的能力，使未经授权的人或系统无法读取、修改这些信息和数据
可靠性	保持特定性能水平的能力	成熟度	避免因软件出现故障而导致失败的能力
		容错性	发生故障时保持特定性能水平的能力
		可恢复性	发生故障时恢复数据与功能的能力

续上表

维度	内涵	项目	内涵
可用性	使用时被用户理解、学习、使用和吸引的能力	可理解性	使用户了解该软件是否合适以及如何将其用于特定数据业务和使用条件的能力
		可学习性	使用户能够学习应用该软件的能力
		可操作性	使用户能够操作和控制该软件的能力
		吸引力	软件对用户产生吸引力的能力
效率性	对所使用资源量，提供适当性能的能力	响应时间	执行功能时提供适当响应，处理时间及吞吐率的能力
		资源使用	执行功能时使用适当数量和类型的数据的能力
可维护性	被修改的能力，包括根据环境、要求和功能规格的变化进行更正、改进或调整	可分析性	对软件缺陷或故障原因进行诊断的能力
		可变性	软件实施特定修改和调整的能力
		稳定性	软件避免因修改而产生意外影响的能力
		可测试性	使修改后软件得到验证的能力
可移植性	从一个环境转移到另一个环境的能力	适应性	在不采取额外行动或手段的情况下适应特定环境的能力
		可安装性	软件在特定环境中安装的能力
		共存性	与其他独立软件在共享资源的共同环境中共存的能力
		可替代性	在同一环境中为同一目的代替另一软件的能力

数据服务的质量也可能影响产品质量。确切来说，它与数据产品质量共同构成了企业数据资产在产品层面的价值内涵。举例而言，假定一家公司的技术部门为了方便企业内部沟通和协作引进或自主研发了一套以大数据驱动的企业管理系统，那么，该技术部门不仅要保证数据系统的正常运行，还要为数据系统的使用者提供相应的数据服务，帮助其解决数据产品使用过程遇到的技术问题，培养和增强其利用数据产品开展业务的能力，进而让数据产品发挥预期效用，提升企业决策和管理效能。这种服务不仅可以在厂商和企业技术部门与员工面对面的沟通中实现，也可以直接在信息系统上完成，如企业员工在系统上远程请求技术支持。这也是数据产品与传统消耗品的重要区别之一，即数据产品的生产与服务往往难以分割清楚，传统消耗品的生产与服务却是相互独立的，比如电视机的生产与后续的配送、安装和维修分归不同的部门负责，还有一些消耗品几乎可以说是没有服务。

在此基础上，以数字化形式为主的数据产品本身是一种体验式产品，对使用者的知识素养要求更高。随着数据产品不断更新功能或版本迭代，使用者每隔一段时间便需要重新学习一次，这种情况下配套服务便显得至关重要。一般来说，数据产品厂商或企业技术部门会声称自己能够或者已经提供了某些服务，我们便可将声称的服务类型和预期水平与服务对象的实际需求和服务实际达到的水平进行比较来进行数据服务的价值分析。对此有一些经典问卷，如 SERVPERF 量表可以借鉴（详情见表 6－4，题项已根据本文语境调整）。

表 6－4　数据服务质量调查问题实例

序号	题项	－2	－1	0	1	2
1	数据服务部门能提供及时更新的数据分析软件和硬件					
2	数据分析和管理系统的界面看起来很舒服					
3	当我遇到数据问题时，数据系统会及时响应我的请求					
4	数据服务人员总是能在承诺的时间内提供服务					
5	数据服务人员总是乐于帮助我解决问题					
6	数据服务人员的着装整齐，仪容整洁					
7	数据服务人员具备做好本职工作的素养					
8	数据服务人员对我的数据需求十分了解					
9	数据服务人员能根据我的个人情况提供解决方案					
10	……					

测量方式在此处以 5 级李克特量表为例，实际操作中也可能以访谈等其他形式进行。2 表示“十分同意”，1 表示“同意”，0 表示“一般”，－1 表示“不同意”，－2 表示“很不同意”。现实中也可能以其他的度量方式，或者以面对面谈话、焦点小组访谈等形式问出问题，而后根据受访者的回答和描述进行服务质量评估

6.2.2　企业数据安全

数据安全指通过管理和技术措施确保数据有效保护和合规使用的状态，对于提升用户信心和数据质量、保护数据、促进企业数字经济发展至关重要。随着数据的不断量变和质变，企业将面临前所未有的数据安全挑战；当数据量变和质变达到一定水平，数据价值便会随之增大，数据安全在保护企业数字化发展中发挥关键作用。大数据时代，企业数据安全不仅要注重系统防护，还要注重对数据内容本身的保护，要从单纯的数据保密转向企业数据经济和业务秩序的保障，除了防范技术和操作风险外，还需防范随之而来的商业和法律风险。根据中国国家标准化管理委员和国家市场监管管理总局于 2019 年 8 月颁布，2020 年 3 月 1 日正式实施的《信息安全技术 数据安全能力成熟度模型》标准，现代企业数据安全管理要求在安全与发展并重的前提下，以数据生

命周期为主线，从技术工具、制度流程与组织建设、人员能力等多方位提升数据安全能力，力图从最低级的“非正式执行”向持续优化迈进（见图6－2；成熟度等级见表6－5）。企业也可进一步据此制定内部的安全成熟度等级，进行更准确的安全级别自我定位。

表6－5 企业数据资产安全成熟度等级表

级别	成熟度	内涵
1	非正式执行	执行过程域的基本实践，但过程可能未经严格计划和追踪，而是基于个别员工的知识和努力
2	计划跟踪	过程域基本实践的执行是经计划和跟踪的，并对实践情况进行验证，以确定企业数据安全管理是否符合标准和需求
3	充分定义	依据对文档化的标准过程进行裁剪并经批准的过程版本，利用企业内的过程标准来进行管理和规划
4	量化控制	以量化和更加客观的方式执行数据安全管理
5	持续改进	基于企业商务目标对数据安全管理过程的有效性和执行效率建立量化执行目标，通过执行已定义过程和有创建的新概念、新技术的量化反馈来保证安全目标的持续推进

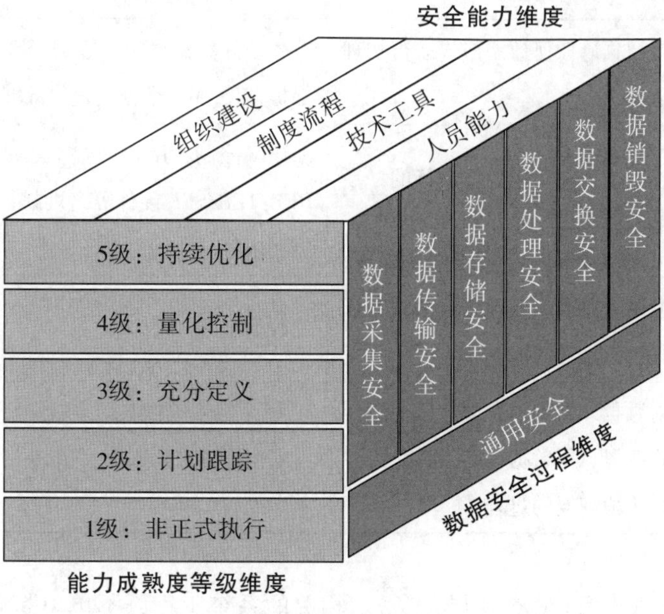

图6－2 DCMM 数据安全能力成熟度模型

技术工具上，企业可分别针对不同数据生命周期的技术诉求进行企业数据安全技术能力建设，以便系统化、端到端地保护企业数据安全。如表 6－6 所示，每一个数据生命周期阶段由于数据操作的不同而需要用不同的安全保障技术。企业在进行数据安全能力构建时，可对每一个阶段所采用的数据安全技术与工具进行性能评估，确保所采用的数据安全技术与工具组合在合规的情况下充分满足企业数据安全管理需求。技术性能的评估主要关注两个方面，一是在数据全生命周期各个阶段的安全检测和响应能力；二是对数据安全工作的自动化支持和对数据安全制度流程的固化执行能力。人员素质方面，不仅要保证专职数据安全工作人员同时具备专业安全能力和对数据业务的深入理解，还应重视所有企业员工的数据安全意识和能力培养。

表 6－6　企业数据安全核心技术

周期阶段	阶段定义	核心技术能力
数据采集	新的数据产生或现有数据内容发生显著改变或更新的阶段。对企业而言既包括企业内部系统中生成的数据也包含从外部采集的数据	数据分类和分级、身份认证、权限控制、数据源鉴别记录等
数据传输	数据在企业内部从一个实体通过网络流动到另一个实体的过程	身份认证、传输通道加密、敏感数据加密、密钥管理、网络可用性管理等
数据存储	非动态数据以任何数字格式进行物理存储的阶段	软硬件数据加密、数据隔离存储、完整性保护/WORM、数据度量、数据容灾备份等
数据处理	企业在内部针对动态数据进行的一系列活动的组合	访问控制、用户间隔离、防侧信道供给、REE/TEE/SEE 硬件隔离机制、日志审计、数据脱敏等
数据交换	数据经由企业内部与外部及个人交互过程中提供数据的阶段	数据脱敏、水印等
数据销毁	通过对数据即数据的存储介质通过相应的操作手段，使数据彻底丢失且无法通过任何手段恢复的过程	安全擦除、消磁等

企业数据资产安全管理是一项与人密切相关的系统工程，不单单是解决技术问题就可以的。如图 6－3 中所示，DCMM 模型将数据安全过程域体系进行了更精细的划分，可以说为企业建立对应的制度流程提供了一份完整的路线图。从企业资产管理的

层面，企业首先需结合自身实际指定数据安全策略与规程，明确数据资产的合规性要求，而后沿着数据生命周期和企业数据供应链两条主线实施安全把控。人员配备上，企业尽可能设置专职的数据安全团队和面向企业全体的数据安全委员会，含纳数据、法律、业务等部门的相关人员参与，以形成专业上的互补和完整的组织视角，统筹全局的数据安全管理政策，推进各部门落实数据安全各项政策与措施，特别是要在业务群和部门间形成紧密配合，建立“数据安全第一责任人”制度，与数据安全委员会和数据安全团队共同推进企业数据安全工作。

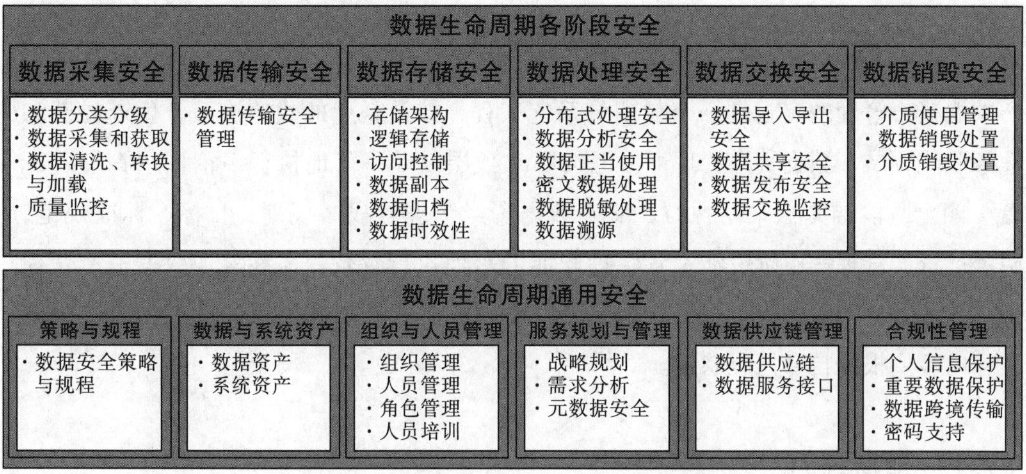

图6－3　DCMM数据安全过程模型与重点

第 7 章　数据资产管理实施步骤

数据资产管理的实施是一个长期的系统工程，涉及企业的战略决策、生产经营和各业务职能领域。数据资产管理可参考按照“顶层设计→落地执行→稽核检查→资产运营”四个阶段的方法策略执行，明确数据资产管理的战略规划、目标、标准规范，保障数据资产管理实施阶段涉及各管理职能的落地执行有效，最终实现数据资产管理价值。以业务应用目标为指引，数据成熟度不同的企业开展数据资产管理的具体步骤和实施内容要根据自身情况制定。

7.1　顶层设计

数据资产管理第一阶段是顶层架构规划的过程，制定数据资产管理战略规划，明确数据资产管理目标，设计建立数据资产管理组织责任体系和制度作为保障措施，盘点数据资产，制定数据资产标准规范等，该阶段成果是后续工作的基础。

7.1.1　建立组织责任体系

一般情况下，数据资产管理顶层设计的第一步是建立组织责任体系，根据自身情况，制定数据资产管理制度规范。需要建立一套独立完整的关于数据资产管理的组织机构，明确各级角色和职责，确定兼职专职人员，保障数据资产管理的各项管理办法、规章制度、工作流程的实施，推进数据资产管理工作的有序开展，并逐步形成管理及技术的专业人才团队。①

① 中国信息通信研究院云计算与大数据研究所，CCSA TC601 大数据技术标准推进委员会. 数据资产管理实践白皮书（4.0 版）[EB/OL].（2019 - 06 - 04）[2021 - 12 - 21]. http://www.caict.ac.cn/kxyj/qwfb/bps/201906/t20190604_200629.htm.

7.1.1.1 组织架构

数据资产管理的组织架构是指从事和涉及数据资产管理各项工作的人员的组织方式，由决策管理层、组织协调层、执行层和监督层组成。

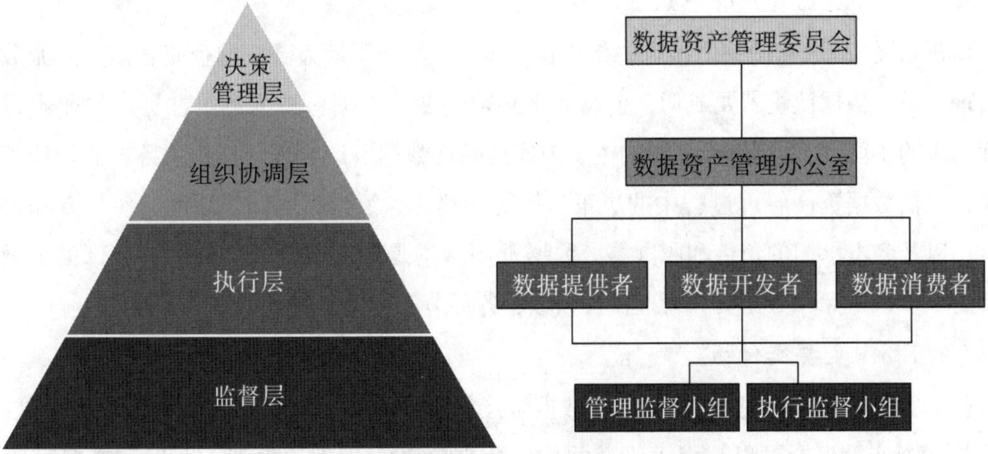

图7－1 数据资产管理保障措施组织架构

决策管理层是数据资产管理委员会，由公司主管领导和各业务部门领导组成，负责贯彻落实国家有关数据资产管理的相关法律、规定、方针和政策，制定数据资产管理战略规划，建设数据资产管理体系，在数据角色方出现问题时负责仲裁，为数据资产管理提供高层支持，有条件下可设置首席数据官（CDO）或指定高级管理人员负责。

组织协调层是数据资产管理办公室，统筹数据资产管理资源配置，组织制定企业数据资产管理办法、实施细则、数据标准等，并报决策层审批，同时负责组织数据资产管理效果评价，制定考核制度。

执行层是依据管理层的要求构建的团队，具体执行数据资产管理的各项工作，包括业务部门（数据提供者、数据开发者、数据消费者）、下属单位和信息部门，业务部门是数据资产管理执行工作的主体，应负责落实数据资产管理相关制度规范、数据标准要求、数据质量控制机制等，确保各项工作符合企业数据资产管理战略规划的要求。

监督层是为了确保数据资产管理过程符合法律法规和企业制度要求的法定必设和常设机构，包括管理监督小组和执行监督小组，管理监督小组负责对管理层制定的各项制度进行监督，确保合法合规，依据问责机制规定对高级管理层和相关部门及负责人予以问责，执行监督小组负责对具体落地实施过程中的各项工作进行监督，及时发现问题或潜在风险。

沟通顺畅、统一协调、各司其职、合作高效的组织架构是数据资产管理各项工作能够顺利落地实施的基础，建立组织责任体系要明确企业数据资产管理对应的责任主体和各层级组织机构的职责分工、角色权限、人员配置和技能需求。企业应对公司全体员工进行数据资产管理相关的培训，提高全员对数据资产管理重要性的认识，树立数据资产是企业核心资产的意识，营造良好的数据资产管理氛围。

7.1.1.2 数据资产管理认责

Gartner 在 2008 年的一份报告中指出："以提升数据质量为己任的企业必须要指派数据管理人员。数据认责若要成功，企业文化必须转变，数据应视为竞争性资产而非不得已而为之的手段。"数据资产认责的主要内涵是确定数据资产管理工作相关各方的责任和关系，包括数据资产管理过程中的决策、执行、解释、汇报、协调等活动的参与方和责任方，以及各方承担的角色和职责等。数据资产认责是提高数据质量的第一步，也是最重要的一步，是保障数据资产管理在各领域、各环节工作落到实处的有效手段。

7.1.1.3 主要交付物

（1）《数据资产管理规划》：包括数据资产管理的目标、意义、原则、管理范围等，贯穿数据资产管理全过程，用于研究并构建数据资产管理理论框架，明确数据资产管理的组织体系和职责，统一和规范数据资产管理各流程的内容，提升数据资产运营活力和效率，挖掘数据资产的价值。

（2）《数据资产管理认责机制》：形成由数据资产管理负责部门牵头的，全员参与的主动认责文化，全员能够主动沟通剖析和快速响应出现的认责问题；建立统一的认责流程并持续优化；细化和落实各类数据认责流程、管理办法，并将数据认责纳入企业绩效考核体系当中；执行基于数据域的数据认责模式，数据域的划分清晰且合理，厘清各部门、各小组以及各参与人所承担的角色职责，全面推广数据认责。

（3）《数据资产管理工作指引》：《数据资产管理规划》的从属性文件，用于解释具体的数据资产管理工作内容和方法，指导企业加强数据资产管理，提高数据资产质量，发挥数据资产价值，指引企业数据资产管理执行工作的落地实施。

（4）《数据资产管理考核评价办法》：数据资产管理考核的纲领性文件，包括考核的基本原则、考核形式、考核内容、考核周期、考核程序等。数据资产质量工作考核是数据质量管理制度和数据质量标准能够实施落地的重要保障，因而需要通过系统的方法定期评估各单位、各部门的数据资产管理水平，提升相关人员的数据资产管理意识，以及各单位、各部门的数据资产管理水平。从数据资产管理水平和数据资产健康水平两个维度进行考核，促进数据质量管理制度、标准执行落地。其中，数据资产管理水平是从组织与推进、制度建设、工作流程三个方面进行评价，侧重于各单位、各部门的日常工作和业务过程考核，属于定性评价指标，适用于数据资产管理办公室对数据资产管理工作进行总体评价；数据资产健康水平侧重于各单位、各部门的结果考核，属于定量考核指标，适用于各业务部门考核本部门数据资产的健康水平。

7.1.2 编制数据资产目录

顶层设计第二步是结合具体业务盘点数据资产，评估当前数据资产管理能力，编制数据资产目录。对基础数据的盘点是开展数据资产管理工作的前提之一，需要分析企业战略及业务现状，结合当前大数据现状及未来发展，盘点企业内外部数据现状，确立数据资产管理的目标，并逐渐实施需求调研、盘点资产、采集汇聚等专题任务。与此同时，了解企业数据来源、数据采集手段和硬件设备情况，以定位自身数据资产管理能力，规划未来数据资产管理成熟度提升方案。目前，盘点数据资产、编制数据资产目录已经变成了数据资产管理工作中不可或缺的一个环节。企业在识别出自身数据资产的基础上，进一步编制数据资产目录，可查询、追溯、共享数据，能够帮助执行人员更好地理解、使用以及分析数据。

7.1.2.1 数据资产目录编制方法

数据资产目录编制方法主要有两种。

（1）方法一：系统视角。该方法以企业目前的核心系统为主，将系统功能模块分类，按系统数据主题、实体定义信息、实体分类信息、数据相关方信息、技术信息构建数据资产目录。

（2）方法二：主题域视角。此方法首先是要构建企业统一的数据域主题（通常可按照战略发展、业务运营、管理支持抽象一级主题域主题），将企业现有各系统按数据驱动方式划分为各数据主题域；然后，抽象实体定义信息、实体分类信息、数据相关方信息、技术信息构建数据资产目录。①

7.1.2.2 数据资产目录可视化呈现

从应用场景出发，利用数据资产管理工具，构建企业的数据资产目录视图，包含整个数据资产总体情况、资产健康状况、资产标准化等模块，使数据关系脉络化、数据资产目录可视化。根据数据目录的实体分布，可以构建数据资产地图，实现数据资产全生命周期、全流程、全景式的可视化管理。

7.1.2.3 主要交付物

（1）《数据资产盘点清单》：根据企业自身情况，明确如何对数据资产进行全面盘点，录入实际盘点信息，关注缺失值、异常值、重复数据，生成盘点结果清单。

（2）《数据资产管理现状评估》：在编制数据资产管理现状评估报告时，不得违法

---

① 祝守宇，蔡春久．数据治理：工业企业数字化转型之道［M］．北京：电子工业出版社，2020.

披露数据资产涉及的国家安全、商业秘密、个人隐私等数据，通常包含以下内容：数据资产的基本状况，通常包括数据名称、数据来源、数据规模、产生时间、更新时间、数据类型、呈现形式、时效性、应用范围权利属性、使用权具体形式以及法律状态等；评估方法的主要内容，包括评估方法的选取及其理由，评估方法中的运算和逻辑推理公式等；执行数据资产评估业务时，资产评估专业人员可以通过委托人提供、相关当事人提供、自主收集等方式获取数据资产的基本状况。

7.1.3 制定数据标准规范

第三步是制定数据资产相关的标准规范。在企业组织架构、制度体系和数据资产盘点的基础上，结合国际标准和行业标准，围绕数据资产全生命周期管理，制定相关的数据标准规范体系，包括元数据标准、核心业务指标数据标准、业务系统数据模型标准、参考数据和主数据标准、公共代码标准、编码标准等基础类数据标准以及基础指标标准、计算指标标准等指标类数据标准和关键业务稽核规则，使得数据资产管理人员在工作中有明确的规则可依，切实保障数据资产管理的实施规范。

7.1.3.1 数据标准的内涵

在数字化过程中，数据是业务活动在信息系统中的真实反映。由于业务对象在信息系统中以数据的形式存在，数据标准相关管理活动均需以业务为基础，并以标准的形式规范业务对象在各信息系统中的统一定义和应用，以提升企业在业务协同、监管合规、数据共享开放、数据分析应用等各方面的能力。

根据全国信息技术标准化技术委员会大数据标准工作组制定的大数据标准体系，大数据的标准体系框架共由七个类别的标准组成，分别为：基础标准、数据标准、技术标准、平台和工具标准、管理标准、安全和隐私标准、行业应用标准。其中，数据标准（Data Standards）是指保障数据的内外部使用和交换的一致性和准确性的规范性约束，有利于打通数据底层的互通性，提升数据的可用性。数据标准一般包含 3 个要素：标准分类、标准信息项（标准内容）和相关公共代码和编码（如国家标准、行业标准等）。其中标准分类指按照不同的特点或性质区分数据概念；信息项是对标准对象的特点、性质等的描述集合；公共代码指某一标准所涉及对象属性的编码。

7.1.3.2 数据标准的分类

数据标准是进行数据标准化、消除数据业务歧义的主要参考和依据。对数据标准进行分类，将有利于数据标准的编制、查询、落地和维护。数据标准有多种分类方式，对于不同的分类方式，均可采用以数据元为数据标准制定的基本单元构建数据标准体系。

数据可以分为基础类数据和指标类数据。基础类数据是指业务流程中直接产生的，未经过加工和处理的基础业务数据信息。指标类数据是指具备统计意义的基础类数据，通常由一个或以上的基础数据根据一定的统计规则计算而得到。相应地，数据标准也可以分为基础类数据标准或指标类数据标准。基础类数据标准是为了统一企业所有业务活动相关数据的一致性和准确性，解决业务间数据一致性和数据整合，按照数据标准管理过程制定的数据标准。指标类数据标准一般分为基础指标标准和计算指标（又称组合指标）标准。基础指标具有特定业务和经济含义，且仅能通过基础类数据加工获得，计算指标通常由两个以上基础指标计算得出。

并非所有基础类数据和指标类数据都应纳入数据标准的管辖范围。数据标准管辖的数据，通常只是需要在各业务条线、各信息系统之间实现共享和交换的数据，以及为满足监控机构、上级主管部门、各级政府部门的数据报送要求而需要的数据。

7.1.3.3 数据标准规范的制定

数据标准规范的制定要全面考虑企业的业务系统现状、业务情况、未来发展、人员结构等多方面因素，具体制定过程包括：通过标准委员会官网、行业协会网站等收集国家标准、行业标准和现有标准，形成组织现有标准文档；与数据资产管理各讨论制定初版的数据标准；按照标准的归口管理部门，与相应的归口管理部门的数据管理专员进行逐条讨论，从数据标准规范的合理性、是否能落标、是否符合业务发展等多个角度对标准进行审核，最终得到定版标准；最后向数据资产管理委员会汇报定版标准，内部发布，收集反馈，对数据标准进行维护与更新。

7.1.3.4 主要交付物

（1）《数据资产标准管理办法》：指企业制定的内部开展数据标准管理工作的工作办法。一般包括企业数据标准管理目标、数据标准管理组织中各部门的职责、数据标准管理各项工作的主要过程，以及开展数据标准管理工作的相关机制，如沟通汇报机制、审核机制、考核机制等内容。

（2）《数据标准规范》：指企业已编制并发布的一系列数据标准文件，如客户数据标准、产品和服务数据标准、统计指标标准等文件。

（3）《数据标准管理操作手册》：指各业务部门根据企业数据标准管理办法制定的，在本部门或本业务领域内开展数据标准化工作的具体实施文件。数据标准管理操作文件也可包含数据标准管理办法各主要过程配套的工作模板文件。

7.2 落地执行

数据资产管理顶层设计阶段的重点在于对数据资产的定义、规划、梳理，进入第二阶段则是对第一阶段成果的落地实施。在第二阶段里，需要从数据资产管理的相关业务、技术部门日常工作流程入手，切实建立起企业数据资产管理能力，包括：梳理和制定数据标准，并检测数据标准实施情况；制定和管理元数据和主数据，明确企业核心业务实体的数据，并对数据进行验证；从业务角度梳理企业数据质量规则；建立数据安全管理体系，防范数据安全隐患，执行数据安全管理职能等方面。第二阶段的工作目标主要是为企业打造核心的数据资产管理能力，同时为企业内数据资产管理部门形成数据资产管理的工作环境氛围，保证数据资产管理在企业信息系统生产环境中真正得到执行。概括起来，就是企业数据资产可管理、可落地。①

7.2.1 数据标准管理实施

7.2.1.1 数据标准的梳理

企业的数据标准来源非常丰富，有外部的国家标准、监管规定、法律法规，行业的通用标准、业务规范，同时也必须考虑到企业内部自身数据的实际情况，从业务着手，梳理其中的关键的业务指标、数据项、代码等，不断地完善数据标准体系。

企业数据标准梳理一般需要以下步骤：

第一，对企业业务域进行定义，并对每个业务域中的业务活动进行梳理，同时需要收集各类业务单据、用户视图，梳理每个单据和用户视图的数据对象。

第二，针对数据对象的进行分析，明确每个数据实体所包含的数据项，同时，梳理并确定出该业务域中所涉及的数据指标和指标项。分析并定义每个数据实体或指标的数据项标准，包括：数据项的名称、编码、类型、长度、业务含义、数据来源、质量规则、安全级别、域值范围、管理部门等。

第三，梳理和明确所有数据实体、数据指标的关联关系，并对数据之间的关系进行标准化定义。数据关系也是数据标准管理的内容。

第四，通过以上梳理、分析和定义，确定数据标准管理的范围。

① 中国信息通信研究院云计算与大数据研究所，CCSA TC601 大数据技术标准推进委员会. 数据资产管理实践白皮书（4.0 版）[EB/OL].（2019-06-04）[2021-12-21]. http://www.caict.ac.cn/kxyj/qwfb/bps/201906/t20190604_200629.htm.

7.2.1.2 数据标准的落地形式

在数据标准落地的过程中，需要事先确定好落地的范围，明确哪些数据标准需要落地以及哪些系统需要进行落地；明确现有数据和数据标准之间存在哪些差异，这些差异有多大，做好差异性分析；做好数据标准落地影响性分析；制定可落地的执行方案；最后根据执行方案，进行数据标准落地执行。

数据标准落地有三种形式：

（1）源系统改造：对源系统的改造是数据标准落地最直接的方式，有助于控制未来数据的质量，但工作量与难度都较高，现实中往往不会选择这种方式，例如有客户编号这个字段，涉及多个系统，范围广、重要程度高、影响大，一旦修改该字段，相关的系统都需要修改。但是可以借系统改造、重新上线的机会，对相关源系统的数据进行部分的对标落地。

（2）数据中心落地：根据数据标准要求建设数据中心（或数据仓库），源系统数据与数据中心做好映射，保证传输到数据中心的数据为标准化后的数据。这种方式的可行性较高，是绝大多数组织的选择。

（3）数据接口标准化：对已有的系统间的数据传输接口进行改造，让数据在系统间进行传输的时候，全部遵循数据标准。

7.2.1.3 数据标准的落地原则

数据标准落地原则主要包括遵循整体规划、分布实施、价值驱动、确保执行和管控保障。[①]

（1）整体规划：数据标准体系建设工作是规划与计划、制定、执行、维护、监督检查一系列持续深入的动态过程。

（2）分布实施：综合考量战略价值、业务优先级、实施难易度、数据满足度和投资回报比，优先定义和执行战略价值高、优先级高、数据重组、易实施、投资回报比较高的数据标准，并找到合适的数据标准建设的切入点。

（3）价值驱动：业务价值是数据标准工作的原始驱动力，需结合战略目标，与IT系统建设相结合，可以在数据标准工作初期以项目为载体，逐步推进。

（4）确保执行：保证数据标准在业务领域和技术领域的执行是标准工作的宗旨。

（5）管控保障：建立强有力的组织、制度和管理流程，以保证数据标准工作的顺

① 中国信息通信研究院云计算与大数据研究所，CCSA TC601 大数据技术标准推进委员会. 数据标准管理实践白皮书［EB/OL］.（2020-02-17）［2021-12-21］. http://www.199it.com/archives/983407.html.

利进行。

7.2.1.4 数据标准的执行阶段

数据标准执行通常是指把企业已经发布的数据标准应用于信息建设，消除数据不一致的过程。数据标准落地执行过程中应加强对业务人员的数据标准培训、宣贯工作，帮助业务人员更好地理解系统中数据的业务含义，同时也涉及信息系统的建设和改造。数据标准落地执行一般包括四个阶段：评估确定落地范围、制定落地方案、推动方案执行、跟踪评估成效。

（1）理解数据标准化需求，评估确定落地范围。选择某一要点作为数据标准落地的目标，如业务的维护流程、客户信息采集规范、某个系统的建设等。

（2）数据标准化的实施路线和方案。深入分析数据标准要求与现状的实际差异以及落标的潜在影响和收益，并确定执行方案和计划。

（3）推动方案执行。推动数据标准执行方案的实施和标准管控流程的执行。

（4）跟踪评估成效。综合评价数据标准落地的实施成效，跟踪监督标准落地流程执行情况，收集标准修订需求。

数据标准管理是企业数据资产管理的一部分，涉及范围广、业务复杂、数据繁杂，数据标准管理的实施需要从整个组织考虑，建立专业的数据资产管理组织体系，制定企业数据战略和实施路线图，明确各阶段数据标准工作的内容，并监督及考核数据标准的贯彻与执行。数据标准管理的目标是通过数据标准规范实现数据的完整性、有效性、一致性、规范性，推动数据的共享开放，构建统一的数据资产地图，为数据资产管理活动提供参考依据。

7.2.2 元数据管理实施

7.2.2.1 元数据的定义和分类

元数据（Metadata）是描述数据的数据，是对数据及信息资源的描述性信息。元数据按用途不同分为技术元数据、业务元数据和管理元数据。

技术元数据（Technical Metadata）：描述数据系统中技术领域相关概念、关系和规则的数据；包括数据源信息、数据平台内对象和数据结构的定义、源数据到目的数据的映射、数据清理和数据更新时用的规则、数据转换的描述等。

业务元数据（Business Metadata）：描述数据系统中业务领域相关概念、关系和规则的数据；包括业务术语、业务描述、信息分类、指标、统计口径等。

管理元数据（Management Metadata）：描述数据系统中管理领域相关概念、关系、规则的数据，主要包括人员角色、岗位职责、管理流程等信息。

7.2.2.2 元数据管理的内容

元数据管理（Metadata Management）是数据资产管理的重要基础，是为获得高质量的、整合的元数据而进行的规划、定义、存储、整合、应用与控制等一整套流程的集合。元数据管理的主要内容包括：理解企业元数据管理需求；开发和维护元数据标准；建设元数据管理工具；创建、获取、整合元数据；检核和存储元数据；分发、使用和维护元数据；元数据的映射分析、影响分析、血缘分析、实体关联度分析、实体差异分析、数据地图等应用管理。

元数据管理内容描述了数据在使用流程中的信息，通过血缘分析可以分析数据的来源和流向，影响分析帮助了解分析对象的下游数据信息，快速掌握元数据变更可能造成的影响，有效评估变化该元数据带来的风险，逐渐成为数据资产管理发展的关键驱动力。

元数据管理的目标是提供数据的准确说明，帮助理解数据来源背景、关系及相关属性，提高数据的可信度，减少数据冗余性，提升数据共享程度，降低企业数据系统维护成本，提高系统运行可靠性。

7.2.3 主数据管理实施

7.2.3.1 主数据的定义

主数据（Master Data）是指反映企业核心业务实体状态的数据，是企业核心业务对象、交易业务的执行主体，是在整个价值链上被重复、共享应用于多个业务流程的、跨越各个业务部门和系统的、高价值的基础数据，是各业务应用和各系统之间进行数据交互的基础。从业务角度，主数据是相对“固定”的，变化缓慢。主数据是企业信息系统的神经中枢，是业务运行和决策分析的基础。例如供应商、客户、企业组织机构和员工、产品、渠道、科目 COA、BOM 等。

7.2.3.2 主数据管理的内容

主数据管理（Master Data Management，MDM）是一系列规则、应用和技术，用以协调和管理与企业的核心业务实体相关的系统记录数据。

主数据管理的实施是长期的、复杂的，关键内容包括：理解主数据的整合需求；识别主数据的来源；定义和维护数据整合架构；实施主数据解决方案；定义和维护数据匹配规则；根据业务规则和数据质量标准对收集到的主数据进行加工清理；建立主数据创建、变更的流程审批机制；实现各个关联系统与主数据存储库数据同步；方便修改、监控、更新关联系统主数据变化。

主数据管理通过对主数据值进行控制，使得企业可以跨系统的使用一致的和共享的主数据，提供来自权威数据源的协调一致的高质量主数据，降低成本和复杂度，从而支撑跨部门、跨系统数据融合应用。

7.2.4 数据质量管理实施

7.2.4.1 数据质量管理的定义

数据质量是保证数据应用效果的基础，是描述数据价值含量的指标。衡量数据质量的指标体系有很多，典型的指标有：完整性（数据是否缺失）、规范性（数据是否按照要求的规则存储）、一致性（数据的值是否存在信息含义上的冲突）、准确性（数据是否错误）、唯一性（数据是否是重复的）、时效性（数据是否按照时间的要求进行上传）。

数据质量管理是指运用相关技术来衡量、提高和确保数据质量的规划、实施与控制等一系列活动。数据质量管理是对数据从计划、获取、存储、共享、维护、应用、消亡生命周期的每个阶段里可能引发的数据质量问题，进行识别、度量、监控、预警等一系列管理活动，并通过改善和提高组织的管理水平使得数据质量获得进一步提高。

美国数据仓库研究院（TDWI）的教育与研究总监威恩·埃克森提出了一个由九个步骤组成的数据质量管理框架。第一步：推出一个数据质量项目；第二步：制定一个项目计划；第三步：建立一个数据质量小组；第四、五步：评估商务流程和数据架构；第六步：评估数据质量；第七步：清洗数据；第八步：改进商务实践；第九步：持续监视数据。

7.2.4.2 数据质量管理的内容

数据质量管理的内容包括：开发和提升数据质量意识；定义数据质量需求；剖析、分析和评估数据质量；定义数据质量测量指标；定义数据质量业务规则；测试和验证数据质量需求；确定与评估数据质量服务水平；持续测量和监控数据质量；管理数据质量问题；分析产生数据质量问题的根本原因；制定数据质量改善方案；清洗和纠正数据质量缺陷；设计并实施数据质量管理工具；监控数据质量管理操作程序和绩效。

数据质量管理的终极目标是通过可靠的数据提升数据在使用中的价值，并最终为企业赢得经济效益。通过开展数据质量管理，企业可以规范数据质量的日常监控、分析、评估、改进和考核工作，形成数据质量主动管理机制，持续优化数据质量，获得干净、结构清晰的数据，支持企业业务运行、管理分析和领导决策，是企业开发大数据产品、提供对外数据服务、发挥大数据价值的必要前提，也是企业开展数据资产管理、提升数据资产的业务价值的重要目标。

7.2.5 数据安全管理实施

7.2.5.1 数据安全管理的定义

数据安全管理是指对数据设定安全等级，按照相应国家/组织相关法案及监督要求，通过评估数据安全风险、制定数据安全管理制度规范、进行数据安全分级分类，完善数据安全管理相关技术规范，保证数据被合法合规、安全地采集、传输、存储和使用。企业通过数据安全管理，规划、开发和执行安全政策与措施，提供适当的身份以确认、授权、访问与审计等功能。

7.2.5.2　数据安全管理的内容

数据安全管理的内容包括：理解数据安全需求及监管要求；定义数据安全策略；定义数据安全标准，划分数据类别、密级；定义数据安全控制及措施；管理用户、密码和用户组成员；管理数据访问视图与权限；监控用户身份认证和访问行为；定义数据安全强度，划分信息等级；部署数据安全防控系统和工具的使用及选取；审计数据安全。

数据安全管理的目标是建立持续有效的数据安全管理体系和完善的安全策略措施，全方位进行安全管控，通过多种手段确保数据资产在“存、管、用”等各个环节中的安全，做到“事前可管、事中可控、事后可查”。

7.2.6　主要交付物

第二阶段主要交付物包括：

（1）《数据资产管理办法》：与企业数据资产管理实际工作相关的规范性文件，规范和约束数据资产管理的各项职能活动，内容包括数据资产管理目标、章程、意义、组织职责、管理要求、考核机制等；

（2）《数据资产管理实施细则》：细则是对管理办法的细化，包括数据标准管理、数据质量管理、元数据管理、主数据管理、数据安全管理等的定义与分类、管理内容、方法、步骤等。

7.3　稽核检查

数据资产管理稽核检查是指实现数据的完整性和一致性检查，是一个从数据采集、预处理、比对、分析、预警、通知到问题修复的完整数据质量管控链条。稽核检查阶段是为了保障数据资产管理实施阶段涉及的各管理职能能够有效落地执行的重要一环。这个阶段包括检查数据标准执行情况、稽核数据质量、监管数据生命周期等具体任务[①]。

---

① 中国信息通信研究院云计算与大数据研究所，CCSA TC601 大数据技术标准推进委员会. 数据资产管理实践白皮书（4.0版）[EB/OL].（2019－06－04）[2021－12－21]. http://www.caict.ac.cn/kxyj/qwfb/bps/201906/t20190604_200629.htm.

7.3.1 检查数据标准

数据标准管理是企业数据资产管理的基础性工作，通过实施数据标准管理，企业可以实现对全部数据资产的统一运营管理。数据标准管理的检查主要从标准制定和标准执行两个方面检查。

7.3.1.1 数据标准制定的检查

数据标准制定过程中出现的问题主要有以下几种情况：

（1）对制定数据标准的目的不明确。某些组织制定数据标准，其目的不是为了指导信息系统建设、提高数据质量、更容易地处理和交换数据，而是应付监管机构检查，或者是一味地追求先进，向行业领先看齐，标准大而全，脱离实际的数据情况，制定出来的只是一堆标准文件和制度文件，无法真正落地执行。

（2）数据标准范围不明确。不是所有的数据都需要建立数据标准，企业实际数据模型中有上万个字段，有些模型还会经常变换更新，没有必要将这些信息全部纳入到标准体系中，制定数据标准需要梳理数据标准范围，提升工作效率。

数据标准制定的检查主要围绕同国家标准、行业标准的一致性，同时参考与本地标准、数据模型的结合性，检查数据标准的目的、范围、实施计划等。

7.3.1.2 数据标准执行的检查

数据标准执行过程中出现的问题主要有以下几种情况：

（1）过分依赖咨询公司。一些组织没有制定数据标准的能力，因此将数据标准制定工作交由咨询公司。一旦咨询公司撤离，组织缺乏将数据标准落地的条件。

（2）缺乏落地的制度和流程规划。数据标准的落地，需要多个系统、部门的配合才能完成。如果只梳理出数据标准，但是没有规划如何落地的具体方案，缺乏技术、业务部门、系统开发商的支持，尤其是缺乏领导层的支持，是无论如何也不可能落地的。

（3）组织管理水平的不足。数据标准的落地具有复杂性、系统性，是一个持续化推进的长期过程，这就要求执行数据标准的组织具备很高的管理能力且架构必须持续稳定，才能有序地推进数据标准落地。

数据标准执行的检查主要围绕标准的落地情况，包括数据标准的创建和更改流程的便捷性、数据标准使用的广泛性、数据标准与主数据的动态一致性等，对标准落地情况进行跟踪并评估成效。

7.3.2 稽核数据质量

数据质量稽核，是指把控整个数据链路的数据质量，从数据的完整性、一致性、唯一性等多个层面实现对数据的全面稽核和预警，提高数据使用质量，指导决策者的决定。根据时间发生的顺序，数据质量稽核可分为事前质量检查、事中运行监控、事后归纳总结。

7.3.2.1　事前质量检查

事前要制定符合业务目标的数据质量稽核规则，尽可能从数据源头提升数据质量。稽核规则是对数据的规定，通过稽核规则验证数据的完整性、一致性、唯一性、正确性、有效性等，并提高数据使用质量，供决策者参考。稽核规则囊括记录数检核、空值检核、唯一性检核、数据格式检核、准确性检核、波动检核、一致性检核和逻辑性检核八大类稽核规则。

7.3.2.2　事中运行监控

在数据的传输、处理过程中很容易出现数据缺失、数据不一致、数据重复、数据延时到位等情况，在数据处理过程及时稽核数据，并对各过程中发现的问题形成告警信息，通过短信、彩信、邮件的形式进行发送。

7.3.2.3　事后归纳总结

将稽核任务产生的稽核结果，特别是错误结果，通过表格、趋势图等展现方式，生成数据质量稽核结果报告，帮助用户及时发现数据质量的问题和业务异常。持续评估和监督数据质量与数据质量服务水平，不断调整更新数据质量管理程序，推动数据向优质资产的转变，逐步释放数据资产价值，为企业带来经济效益。

7.3.3　监管数据生命周期

数据生命周期是指数据从产生到销毁的全过程，包括数据的收集、创建、分发、存储、使用、归档和销毁。数据生命周期管理是通过一定的方法、流程和工具，在数据生命周期中一致、有效地管理数据，根据业务需求及内外部合规要求，对数据进行收集、创建、分发、存储、使用和归档，直到数据的退出和删除。

数据生命周期管理的范围包括：定义数据生命周期；定义外部数据的获取策略；定义数据备份与恢复计划；定义数据保留存储与销毁方案；定义归档数据的检索与使用策略；数据抽取、备份、恢复、存档、存留和销毁活动的执行，等等。

数据生命周期管理要遵循以下指导原则：数据保留与归档时机按照数据商业价值划分；数据项的保留和归档规则应该由数据所有者定义；归档的数据应该能够恢复，并且要满足一定的业务时效性要求。

监管数据生命周期，要做到以下 3 个方面。

（1）全面推进源头稽核、系统稽核、重点稽核 3 种形态。强化数据稽核分级负责、分类处理的工作模式，建立健全事前预防控制、事中校验比对、事后稽核检查的经办风险防控体系。切实推动数据稽核的制度落实、责任落实和工作落实。出台疑点数据核查处理制度，进一步规范数据稽核工作，形成上下贯通、层层负责的责任链条。

（2）灵活配置数据存储策略。数据生命周期管理，其目标是完全支持企业业务目标和服务水平的需求，根据数据对企业的价值进行分类分级，形成数据资产目录，然后制定相应的策略，确定最优服务水平和最低成本，将数据转移到相应的存储介质上，争取以最低的成本提供适当级别的保护、复制和恢复。借助数据生命周期管理，企业不但能够在整个数据生命周期内充分发挥数据的潜力，还可以按照业务要求快速对突发事件做出反应。

（3）数据资产安全检查常态化。在大数据时代，数据资产更容易遭受泄露、篡改、窃取、毁损、未授权访问、非法使用、修改、删除等问题。2019 年 5 月，国家互联网信息办公室发布关于《数据安全管理办法（征求意见稿）》公开征求意见的通知。企业应通过建立对数据资产及相关信息系统进行保护的体系，合规采集数据、应用数据，依法保护客户隐私，提高数据安全意识，定期进行数据资产安全检查，保证数据的完整性、保密性、可用性。

7.3.4 主要交付物

在稽核检查阶段主要交付物包括：

（1）《数据资产管理稽核办法》：从业务数据的内在结构或者业务数据之间的关系出发，确定稽核范围，制定每个稽核点的稽核标准，即稽核规则和方法公式；确定每个稽核点的稽核检查周期，对数据按照稽核规则库的规则进行稽核，一般检查和稽核时间间隔有日、月、年三种。

（2）《数据资产管理问题管理办法》：在检查过程中，依据稽核规则，对稽核周期内的原始业务数据记录进行稽核，生成风险稽核结果，标为差异数、差异率，从而触发预警事件，生成标准化的数据风险稽核报告、预警邮件等。形成数据质量管理与风险管控的闭环管理，将发现问题的稽核结果产生工作待办推送给用户，用户处理异常数据后，重新触发数据稽核。

7.4 资产运营

通过前三个阶段，企业已经能够建立基本的数据资产管理能力，在此基础上还需要具备以实现业务价值为导向，以用户为中心，为企业内外部不同层面用户提供数据价值的能力。数据资产运营是指对数据资产的确权、价值评估、共享流通、交易变现等活动进行管理的过程（包括数据资产确权、资产购置、营销、服务、结算等），以及对数据资产成本管理（质量评估、价值评估与定价等一系列评估）的分析、统计、监督等活动。目的是盘活企业数据资产，通过数据开放、数据交易、数据合作等方式促进数据资产的流通和价值变现。资产运营阶段是数据资产管理实现价值的最终阶段，该阶段包括开展数据资产价值评估、数据资产内部共享和运营流通等。

7.4.1　数据资产价值评估

数据资产价值评估能够以合理的方式管理内部数据和提供对外服务，是实现数据资产化的基础。在大数据时代，数据运营企业关于数据价值的实现体现在数据分析、数据交易层面。数据资产作为一种无形资产，其公允价值的计量应当考虑市场参与者通过最佳使用资产或将其出售给最佳使用该项资产的其他市场参与者而创造经济利益的能力。只有对数据资产价值进行合理的评估，才能以更合理的方式管理内部数据和提供数据对外服务。

7.4.1.1　数据资产价值评估计量维度

数据资产价值主要从数据资产的分类、使用频次、使用对象、使用效果和共享流通等方面计量。数据资产价值管理从度量价值的维度出发，选择各维度下有效的衡量指标，进行数据连接度的活性评估、数据质量价值评估、数据稀缺性和时效性评估、数据应用场景经济性评估，并优化数据服务应用的方式，最大可能性地提高数据的应用价值。比如可以选择数据热度、广度等作为数据价值的参考指标，通过 ROI 评估，高效管控和合理应用数据资产。①

（1）活性评估。活性指标主要包括数据连接度、贡献度等，数据的高连接度和贡献度，意味着高活性和高数据价值。

（2）数据质量评估。数据质量评估指标主要包括数据一致性、准确性、完整性、及时性等，高数据质量意味着高数据价值。

（3）数据稀缺性评估。数据稀缺性描述数据的供给数量及供给方数量的多寡，通过与最大供给方数量或数据供给丰富程度相比较，判断数据稀缺性，高稀缺性数据意味着高数据价值。

（4）数据时效性评估。数据时效性描述数据的时间特性对应用的满足程度，较高

---

① 中国信息通信研究院云计算与大数据研究所，CCSA TC601 大数据技术标准推进委员会．数据资产管理实践白皮书（4.0 版）［EB/OL］．（2019－06－04）［2021－12－21］．http://www.caict.ac.cn/kxyj/qwfb/bps/201906/t20190604_200629.htm.

的满足程度意味着高的数据时效性，即高数据价值。

（5）数据应用场景经济性评估。数据应用场景经济型描述在具体场景下数据集的经济价值，由于不同行业的规模、数据应用程度等具有差异性，因而不同的场景下的数据集，其价值会相差很大。通过比较某场景下的经济价值与所有场景中的最大经济价值相比较，判断数据应用场景经济性，高场景经济性意味着高数据价值。

7.4.1.2 数据资产价值评估方法

数据资产价值的评估方法包括成本法、收益法和市场法三种基本方法及其衍生方法。执行数据资产评估业务，应当根据评估目的、评估对象、价值类型、资料收集等情况，分析上述三种基本方法的适用性，选择评估方法。数据资产评估方法的选择应当注意方法的适用性，不可机械地按某种模式或者某种顺序进行选择。①

（1）成本法。成本法是根据形成数据资产的成本进行评估。尽管无形资产的成本和价值先天具有弱对应性且其成本具有不完整性，但一些数据资产应用成本法评估其价值存在一定合理性。成本法容易把握和操作，通常适用于第三方机构，不以交易为目的，如政务数据。

（2）收益法。收益法是通过预计数据资产带来的收益估计其价值。这种方法考虑未来预期收益和货币时间价值因素，能真实反映价值，在实际中比较容易操作，是目前对数据资产评估比较容易接受的一种方法。虽然目前使用数据资产直接取得收益的情况比较少，但根据数据交易中心提供的交易数据，还是能够对部分企业数据资产的收益进行了解。

（3）市场法。市场法是根据相同或者相似的数据资产的近期或者往期成交价格，通过对比分析，评估数据资产价值的方法。根据数据资产价值的影响因素，可以利用市场法对不同属性的数据资产的价值进行对比和分析调整，反映出资产目前市场状况和被评估数据资产的价值。但成本法对市场环境要求高、评估难度大，目前适用场景较少。

7.4.2 数据资产内部共享和运营流通

数据资产内部共享和运营流通主要是指开展数据共享和交换，实现数据内外部价值的一系列活动，通过加强管理运营手段和方式方法，促进数据资产对内支撑业务应用，对外形成数据服务能力，打造数据资产综合运营能力。

数据资产内部共享的关键步骤是打通企业内部各部门间的数据共享瓶颈，建立统

① 中国资产评估协会．资产评估专家指引第9号：数据资产评估［EB/OL］．（2020-01-09）［2021-12-21］．https://www.chinaacc.com/upload/resources/file/2020/01/09/351942.pdf.

一规范的数据标准与数据共享制度，消除企业内数据孤岛。通过相关管理制度和标准体系的建设与推动，构建企业内数据共享平台，打通各部分各系统的数据，使更多的数据可以成为资产，应用于数据分析，全面动态促进数据价值的释放。

数据资产运营流通可以通过数据直接交易与提供数据分析信息的两种方式实现，将数据中符合共享开放层级的信息作为应用商品，以合规安全的形式完成共享交换或开放发布，实现数据资产价值的社会化。围绕数据合作或交易等运营流通活动，需要从数据安全管理及合规性、数据资产成本及价值创造、组织结构优化、数据质量提升等方面进行规划并不断迭代，持续优化数据资产管理能力；从技术层面来说需要建立相应的流通平台机制，以及建立完善的保障机制，如服务保障、管理保障、技术保障等。

目前来看，拥有海量数据是企业开展数据资产内部共享和运营流通的前提条件，在数据流通环境下，数据资产运营流通职能的服务对象包括了数据提供者、数据消费者、数据服务者和数据运营者四类角色。

（1）数据提供者：通常是指数据的合法拥有方，在数据共享中，则特指信息系统的业务管理部门及单位。其负责在日常业务活动中，组织人员在信息系统中录入数据，或合法获取外部数据并提供使用。

（2）数据消费者：在数据共享中，是指发起数据共享需求申请并将数据用于开展合法、合规业务的内部部门及单位。在数据开放中，则是指发起数据开放需求申请并将数据用于开展合法、合规业务的外部单位，包括政府单位、外部企业或个人。

（3）数据服务者：负责在数据拥有者给出的数据资源基础上，根据数据消费者可能的使用需求，提供各类服务，如将原始数据加工为应用产品、提供数据交易过程中的代理服务、针对数据真实性或有效性提供验真服务、对数据开放过程的合法、合规性提供审计服务等。

（4）数据运营者：负责提供一个支持数据共享与开放的环境，如统一的服务平台、标准化的数据产品、数据资源目录查询检索等，以及开展以创造经济价值为导向的运营活动，如客户管理、订单管理、营销宣传等。

重视数据资产管理、运营、流通可以为企业带来未来经济利益，同时这也是数据保值增值的重要手段。数据资产运营流通是使数据资产流动和发挥价值的核心，它将推动数据价值创造模式的不断创新，从根本上改变企业管理、社会管理和政府治理的发展趋势。

7.4.3 主要交付物

在资产运营阶段主要交付物包括：

（1）《数据资产价值评估方法》：评估对象的详细情况，通常包括数据资产的名称、来源、数据规模、产生时间、更新时间、数据类型、呈现形式、时效性、应用范围、权利属性、使用权具体形式以及法律状态等；使用的评估假设和前提条件；有关评估方法的主要内容，包括评估方法的选取及其理由，评估方法中的运算和逻辑推理公式，各重要参数的来源、分析、比较与测算过程，对测算结果进行分析并形成评估结论的过程。

（2）《数据资产成本管理方法》：采集、存储和计算成本，主要包括计量人工费用、IT 设备等直接费用和间接费用；运维成本，主要包括计量业务操作费、技术操作费等。

（3）《数据资产共享流通管理办法》：定义数据资产内部共享和外部流通管理办法和实施方案，包括适用范围、共享原则、职责分工、安全风险评估、监督考核等。

扩展阅读： 从不确定性开始

践行数据商业价值应该从哪里开始？应该从认识不确定性开始。深刻理解不确定性，是践行数据商业价值的必要前提。因为不确定性对于数据产业实践有着重大意义。俗话说：乱世出英雄。在数据科学的产业实践中，“乱世”就是不确定性，而“英雄”就是数据商业价值。有了不确定性这个“乱世”，才有了成就数据商业价值这个“英雄”的机会。不确定性的产生有两大根本原因：一是无知；二是无奈。无知所对应的不确定性，可以通过数据的无限积累、算法的不停改进、知识的持续增加逐步化解。无奈所对应的不确定性，其根源是人类对稀缺资源的无限博弈，我们对它无可奈何。因此，这种不确定性永远不可能被绝对消除，它将长期广泛地存在，甚至不会衰减。理解这个道理对于数据分析意义重大，从此你将不再对模型预测精度抱有不切实际的幻想。应该认识到数据分析中的可为与不可为：哪些分析结果是可预期的，是值得努力追求的；哪些分析结果是“镜中花，水中月”，是不可预期的、不值得无限投入的。

——摘自《数据资产论》，王汉生著

应用篇

第8章　数据资产管理软件工具

数据资产管理在落地实施的过程中需要具体的软件工具支撑。随着技术的发展，数据资产管理软件工具的自动化、智能化程度不断提高，在数据资产管理中的作用越来越大。目前针对上述管理职能，业界很多厂商都开发了相关软件工具，其中相对比较成熟的工具有数据资产标准管理工具、数据资产模型管理工具、元数据管理工具、主数据管理工具、数据资产质量管理工具、数据资产安全管理工具、数据资产价值管理工具和数据资产服务管理工具等①，这些工具各有侧重，在具体的使用过程中需要根据实际情况进行选择。

8.1　数据资产标准管理工具

8.1.1　数据资产标准管理工具基础功能

数据资产标准制定、维护等工作量较大，需要一套完善、易用的数据标准管理工具帮助将数据资产标准管理工作落地。数据资产标准管理工具可以规范数据资产格式、命名的准确性和口径的一致性，该工具针对数据标准管理职能而开发，需具备以下基础功能②：

标准生成：可按照业务领域、业务主题、信息分类、信息项等生成标准细则；

标准映射：可以将制定的标准与实际数据进行关联映射，即实现数据标准的落地执行，维护标准与元数据之间的落地映射关系，包括元数据与数据标准的映射、元数据与数据质量的映射，以及数据标准和数据质量的映射，能提供在线的手工映射配置

---

①② 中国信息通信研究院云计算与大数据研究所，CCSA TC601 大数据技术标准推进委员会. 数据资产管理实践白皮书（4.0 版）[EB/OL].（2019 - 06 - 04）[2021 - 12 - 21]. http://www.caict.ac.cn/kxyj/qwfb/bps/201906/t20190604_200629.htm.

功能，并能对映射结果做页面展示；

变更查询：是查询发布或废止的标准的变更轨迹；

映射查询：是查询标准项与元数据之间的落地情况并提供下载功能；

维护标准：是指对标准状态进行管理，包括增加、删除、修改、审核、定版、发布、废止等；

标准版本查询：是指对发布状态的标准进行版本管理；

标准导出：是指按照当前系统中发布的最新标准或者选择版本来下载标准信息；

标准文档管理：指对标准相关说明文档或手册的管理，包括创建、修改、链接查询等。

8.1.2 数据资产标准管理平台

数据标准管理平台（Data Standard Management Platform，DSMP）是数据资产标准管理工具中的最核心标准组件。数据标准管理平台提供对企业数据资产标准的全方位管理，从模块化、功能化角度考虑数据模板、数据结构，对数据编码及数据约束条件的定义与管理，功能包括数据模型定义、数据模型模板定义、数据模板标准定义、数据模板元属性定义、数据模板约束规则定义、数据编码规则定义、数据模型发布、数据模型维护等功能，提供预置的、专业的主数据模型；支持主数据模型、主数据的属性设置和主数据模型的扩展；支持数据标准层次关系、矩阵关系和分类关系的建立。

数据标准管理平台内置标准的技术、业务、管理、质量属性，结合灵活的定义方式，从手工创建、导入、拾取、智能识别等，帮助企业快速构建基础标准、指标标准、代码标准。平台支持标准增加、删除、修改、审核、定版、发布、废止等各种基础操作，自动记录变更过程，通过变更版本控制，追踪标准历史。平台可将标准智能映射业务系统元数据，定时自动评估，输出评估统计结果，从不同角度了解企业系统建设情况。另外平台还可以提供灵活细致的用户权限管理机制，满足不同用户管理各自的标准的场景。

8.1.3 数据资产标准维护

数据资产标准并非一成不变，后续会随着业务的发展变化、国标行标的变化、监管要求的变化以及数据资产标准执行效果而不断更新和完善。在数据资产标准维护的各个阶段需要建立相应的管理流程。

在数据资产标准维护的初期，首先需要完成需求收集、需求评审、变更评审、发布等多项工作，并对所有的修订进行版本管理，以使数据标准“有迹可循”，便于数据标准体系和框架维护的一致性。其次，应制定数据标准运营维护路线图，遵循数据标准管理工作的组织结构与策略流程，各部门共同配合实现数据标准的运营维护[①]。

在数据资产标准维护的中期，主要完成数据标准日常维护工作与数据标准定期维护工作。日常维护是指根据业务的变化，常态化开展数据标准维护工作，比如当企业拓展新业务时，应及时增加相应数据标准；当企业业务范围或规则发生变化时，应及时变更相应数据标准；当数据标准无应用对象时，应废止相应数据标准。定期维护是指对已定义发布的数据标准定期进行标准审查，以确保数据标准的持续实用性。通常来说，定期维护的周期一般为一年或两年。

在数据资产标准维护的后期，应重新制定数据标准在各业务部门、各系统的落地方案，并制订相应的落地计划。在数据标准体系下，由于增加或更改数据标准分类而使数据标准体系发生变化的，或在同一数据标准分类下，因业务拓展而新增加的数据标准，应遵循数据标准编制、审核、发布的相关规定。

8.2　数据资产模型管理工具

8.2.1　数据资产模型管理工具基础功能

数据资产模型管理工具负责对企业数据模型的管理、比对、分析、展示提供技术支撑，需要提供统一、多系统、基于多团队并行协作的数据模型管理。解决企业数据模型管理分散，无统一的企业数据模型视图、数据模型无有效的管控过程，数据模型标准设计无法有效落地、数据模型设计与系统实现出现偏差等多种问题。[②]

数据资产模型按不同的应用层次分为以下三种：

（1）概念模型：是一种面向用户、面向客观世界的模型，主要是用来描述现实世界的概念化结构，与具体的数据库管理系统无关。

（2）逻辑模型：是一种以概念模型的框架为基础，根据业务条线、业务事项、业务流程、业务场景的需要，设计的面向业务实现的数据模型。

（3）物理模型：是一种面向计算机物理表示的模型，描述了数据在储存介质上的组织结构。

---

① 中国信息通信研究院云计算与大数据研究所，CCSA TC601 大数据技术标准推进委员会. 数据标准管理实践白皮书［EB/OL］.（2020－02－17）［2021－12－21］. http://www.199it.com/archives/983407.html.

② 中国信息通信研究院云计算与大数据研究所，CCSA TC601 大数据技术标准推进委员会. 数据资产管理实践白皮书（4.0）［EB/OL］.（2019－06－04）［2021－12－21］. http://www.caict.ac.cn/kxyj/qwfb/bps/201906/t20190604_200629.htm.

数据资产模型管理是指在信息系统设计时，参考业务模型，使用标准化用语、单词等数据要素来设计企业数据模型，并在信息系统建设和运行维护过程中，严格按照数据模型管理制度，审核和管理新建数据模型。数据资产模型的标准化管理和统一管控，有利于指导企业数据整合，提高信息系统数据质量。数据资产模型管理包括对数据模型的设计、数据模型和数据标准词典的同步、数据模型审核发布、数据模型差异对比、版本管理等。其关键活动包括：定义和分析企业数据需求；定义标准化的业务用语、单词、域、编码等；设计标准化的数据模型；制定数据模型管理办法和实施流程要求；建设数据模型管理工具，统一管控企业数据模型。

针对企业在不同业务发展阶段建设的一个个竖井式系统，最大的挑战莫过于系统集成过程中数据模型的不一致，解决这个问题的唯一方法就是从全局入手，设计标准化数据模型，构建统一的数据模型管控体系。

8. 2. 2　数据资产模型设计

良好的数据资产模型设计可以保证数据资产的持久性、可读性、有效性和完整性，提供组织数据、刻画数据、规范约束、效果衡量等能力，用于实现数据的规范化建模，支持对于新建系统的正向建模能力，还应支持对原有系统的逆向工程能力，通过对数据模型进行标准化设计，能够将数据资产模型与整个企业架构保持一致，从源头上提高数据的一致性。数据资产模型设计工具记录了当前设计的模型库对数据标准的引用情况，并根据每个模型对数据标准的引用记录统计模型遵从度，以及给出详细的报告，具体包括全域模型的遵从分析、哪些字段使用了数据标准以及统计使用数据标准的数据项。

8. 2. 3　数据资产模型差异稽核

数据资产模型管理工具可以提供数据资产模型与应用数据库之间自动数据模型审核、稽核对比能力，解决数据模型设计与实现不一致而产生的“两张皮”现象，针对数据库表结构、关系等差别形成差异报告，辅助数据模型管理人员监控数据模型质量问题，提升数据模型设计和实施质量。

8. 2. 4　数据资产模型变更管控

数据资产模型管理工具支持数据模型变更管控过程，提供数据模型从设计、提交、评审、发布、实施到消亡的在线、全过程、流程化变更管理。同时，实现各系统数据模型版本化管理，自动生成版本号、版本变更明细信息，可以辅助数据模型管理人员管理不同版本的数据模型。通过工具可以简单回溯任意时间点的数据模型设计状态以及数据模型设计变更的需求来由，实现各系统数据模型的有效管控和管治，强化用户对其数据资产模型的掌控能力。

8.2.5　数据资产模型可视化

数据资产模型管理工具支持将管理的数据模型 E-R 图（实体关系图）转换为图片、数据建模脚本（DDL）等可视化展示形式，方便数据模型管理人员以全局视角监控系统中各类数据实体结构及实体间关系。

8.3　元数据管理工具

8.3.1　元数据管理工具基础功能

元数据管理贯穿数据的全生命周期。从工具层面看，它与各类数据治理工具都有交集；从应用层面看，它属于数据治理的高阶应用，有成熟的理论体系、工具和案例。元数据管理工具可以了解数据资产分布及产生过程，该工具针对元数据管理职能而开发，元数据管理工具主要有元模型、元数据、语义分析和存储四大功能部分①，需具备以下基础功能：

元数据采集：能够适应异构环境，支持从传统关系型数据库和大数据平台中采集从数据产生系统，到数据加工处理系统，到数据应用报表系统的全量元数据，包括过程中的数据实体（系统、库、表、字段的描述）以及数据实体加工处理过程中的逻辑，也可以通过自动化的方式完成元数据采集，比如用户维护好数据源连接信息后，可以根据数据源的更新频率，设定元数据同步周期，元数据管理会根据数据源的连接信息、同步周期以及开始时间，定时自动解析、获取并更新元数据信息，保证平台元数据信息的及时有效；

元数据识别：能够从本身不包含元数据信息的数据（比如非结构化数据）中提取特征，并以此识别元数据；

元数据分类：能够根据业务特点和管理需要，动态分类元数据，包括技术元数据、业务元数据和管理元数据等；

元数据展示：能够根据类别、类型等信息展示各个数据实体的信息及其分布情况，展示数据实体间的组合、依赖关系，以及数据实体加工处理上下游的逻辑关系；

元数据应用：能够利用元数据发现数据之间的关联性，一般包括数据地图、数据血缘分析、影响分析、全链分析、热度分析等；

元数据搜索：可根据数据源库、类型等搜索元数据信息。

---

①　甘义成. 基于语义分析的元数据管理工具研究［D］. 上海：复旦大学，2012.

目前国内的元数据管理工具大概有三类。一是像 IBM、CA 等公司都提供的专门工具，比如 IBM 收购 Ascential 得到的 MetaStage，CA 的 DecisionBase 都是如此；二是像 DAG 的 MetaCenter，开源产品 Pentaho Metadata，它们不依托于某项 BI 产品，是一种第三方的元数据管理工具；三是像普元、石竹这样的集成商自己的元数据管理工具：普元 MetaCube、新炬网络元数据管理系统、石竹 MetaOne 等。

8.3.2 元数据在数据资产目录中的应用

在数据资产目录中，元数据管理组件用于解析数据来源系统（简称源系统）的数据结构，并将源系统的数据结构转换为目标系统的数据结构。数据资产目录中的数据资产清单包括：描述源系统结构的物理元数据，如表和字段；描述语义信息的逻辑元数据，如数据库描述、数据质量评估和相关的数据管理策略；描述如何在各种业务场景中使用数据资产的行为元数据，行为元数据可能是最重要的，因为它可以自动洞察系统中的每个对象活性或者热度。可应用于源系统数据结构和目标系统数据结构的转换规则。①

8.3.3 元数据在主数据管理中的应用

元数据可以用来描述主数据的数据结构，定义主数据的数据模型。一条主数据往往由一条以上的属性数据项组成。每条属性数据项包括属性名称、同名词库、取值范围、计量单位、校验方式、页面显示控制、前/后置符号、附表取值、版本等，它们都属于定义和描述主数据的元数据。从主数据管理维度看，数据模型决定了数据质量，因而元数据管理也被延展到数据质量管理的范畴。

8.3.4 元数据在数据交换与共享中的应用

数据交换和共享是基于技术元数据（Technical Metadata）的。技术元数据提供了关于业务数据的技术细节，包括在业务系统中的物理存储格式，以及在系统内和系统之间的数据流转过程中的信息。

技术元数据用于 ETL 设计和程序开发，与数据交换的应用高度耦合，因此，技术元数据管理组件往往是数据交换平台 ETL 组件中的一部分，或者与 ETL 组件联合使用。

8.3.5 元数据在大数据平台中的应用

在 OLAP（联机分析处理）平台或大数据平台中，操作元数据（Operational Metadata）描述了处理和访问数据的细节。例如：批处理程序的作业执行日志；抽取历

① 祝守宇，蔡春久. 数据治理：工业企业数字化转型之道［M］. 北京：电子工业出版社，2020.

史和结果；调度异常处理；审计、平衡、控制度量的结果；错误日志；报表和查询的访问模式、频率和执行时间。

操作元数据与数据采集、数据交换、数据共享、数据查询、数据存储计算、数据挖掘等关联密切。

8.4　主数据管理工具

8.4.1　主数据管理工具基础功能

主数据管理工具用来定义、管理和共享企业主数据信息，可通过数据整合工具（如 ETL）或专门的主数据管理工具来实施主数据管理，具有企业级主数据存储、整合、清洗、监管以及分发等五大功能，并保证这些主数据在各个信息系统间的准确性、一致性、完整性。简单说来，存储、整合是数据的“入口”，分发为数据的“出口”，而中间的清洗与监管将担负起提升数据质量的重要任务。该工具针对主数据管理职能而开发，需具备以下基础功能：

主数据存储、整合：实现主数据整合、清洗、校验、合并等功能，根据企业业务规则和企业数据质量标准对收集到的主数据进行加工和处理，用于提取分散在各个支撑系统中的主数据，集中到主数据存储库，合并和维护唯一、完整、准确的主数据信息，为企业提供全局、统一的核心业务实体的主数据视图；

主数据管理：支持对企业主数据的操作维护，包括主数据申请与校验、审批、变更、冻结/解冻、发布、归档等全生命周期管理；

主数据分析：实现对主数据的变更情况监控，为主数据系统管理员提供对主数据进行分析、优化、统计、比较等功能；

主数据分发与共享：实现主数据对外查询和分发服务，前者用于在其他系统发出针对主数据实时响应类查询请求时，返回所需数据，后者则用于提供批量数据分发服务，一般采用企业服务总线（ESB 工具）实现方式。

主数据管理工具是主数据全生命周期管理平台，也是企业主数据标准、运维体系落地、主数据项目建设成功的重要保障，企业应该选择应用成熟、经验丰富的厂商提供的主数据管理工具。

8.4.2　主数据模型管理

主数据模型管理是从模块化、功能化的角度管理主数据模型和主数据的数据结构，实现对主数据属性数据元、约束条件、校验规则、编码规则等方面的定义与管理。主数据模型管理是主数据管理工具的核心功能，主要包括主数据模型的创建申请、审批和变更申请、审批过程的管理，属性数据元的定义与管理，主数据编码生成方式的定义与管理，以及各种主数据属性数据元的校验规则和约束条件等。

主数据模型管理能够支持定义主数据分类规则和编码规则，主数据属性数据元的显示规则、校验规则、编码规则、输入规则、取值范围约束等，通过属性模板定义、属性特征值取值范围集合、数据多视图设置，实现数据模型配置的高度灵活性。

主数据模型的搭建不仅需要考虑到与业务系统中数据字段类型的兼容性，还需要考虑到具体业务需求的灵活性及其扩展性，如对客户主数据建模不仅需要考虑客户及其属性字段的字符长度，还可能需要考虑到客户的类别、客户与客户之间的关系、客户属性的后期扩展等信息①。

8.4.3 主数据清洗管理

主数据清洗是发现并纠正代码数据中可识别错误的最后一道环节，包括检查主数据的一致性、处理无效值和缺失值等，从而提高主数据质量。由于主数据代码标准的制定往往滞后于信息化建设，主数据系统通常要从多个业务系统中抽取主数据，这就避免不了有的主数据是错误的、有的主数据之间相互冲突，所以要按照主数据模型定义的规则，把零散、重复、不完整、不准确的主数据清洗干净，得到唯一、准确、完整、一致、有效的新的主数据。

一般来说，通过主数据清洗可以保证主数据的唯一性、准确性、完整性、一致性和有效性。

（1）唯一性：是指主数据不存在重复记录。

（2）准确性：是指主数据与其对应的客观实体的特征相一致。

（3）完整性：是指主数据不存在缺失记录或缺失字段。

（4）一致性：是指同一实体的同一属性的值在不同的系统中是一致的。

（5）有效性：是指主数据的属性数据元满足事先定义的条件或在一定的取值范围内。

如果主数据不能符合以上特征，则会影响到各个应用系统中的数据质量、数据的汇总及分析，以及基于数据的决策，给企业造成不可估量的损失。例如，主数据的不一致会带来业务交易数据的不一致，在不同业务系统中的数据不一致会使系统之间的数据共享变得困难，无法对企业的整体运营情况进行统一的分析和决策。

① 张闻．SAP 主数据管理解决论述［J］．通讯世界，2018（7）：83－84．

8.4.3.1　主数据清洗的内容

在以下几种情况下，需要清洗主数据。

（1）主数据缺失：主数据缺失主要有两种情况。①一些记录或一条记录里缺失一些值，一般为系统或人为因素导致的。当有空值时，为了不影响分析的准确性，要么不将空值纳入分析范围，要么进行补值。将空值纳入分析范围会减少分析的样本量，补值需要根据分析的计算逻辑，选用平均数、零，或者等比例随机数等来填补。②缺失一些记录。若业务系统中还有这些记录，则可以通过系统再次导入，若业务系统中也没有这些记录了，则只能进行手工补录或者放弃。

（2）主数据重复：主数据重复主要有两种情况。①相同的记录出现多条。这种情况只要去掉重复记录即可。②记录中的某些值重复。这种情况如果记录有时间属性，则以新值为准，如果记录没有时间属性，则需要人工判断。

（3）主数据错误：主数据错误主要是因为没有严格按照规范记录，包括异常值、格式错误和数据不统一。对于异常值，可以通过区间限定来发现并排除；对于格式错误，需要从系统层面找原因；对于数据不统一的情况，需要进行人工干预，通过清洗规则表，给出匹配关系，用规则表去关联原始表，用清洗值进行分析。

（4）主数据不可用：主数据正确但不可用的问题需要从数据源头解决。

8.4.3.2　主数据清洗的一般过程

在对主数据进行清洗之前，要先对主数据进行预处理。主数据预处理一般分为两个步骤，第一步是将数据导入处理工具；第二步为分析属性数据元，包括字段解释、数据来源、代码表等一切描述数据的信息，抽取一部分主数据作为样本数据，通过人工查看，先对主数据有直观的了解，为之后的清洗做准备。

主数据清洗的核心内容包括缺失值清洗、格式内容清洗、逻辑错误清洗、关联性验证、干净数据回流。

1. 缺失值清洗

缺失值是最常见的数据问题，处理缺失值按照以下 4 个步骤进行：确定缺失值范围；去除不需要的字段；填充缺失值；重新取数。

2. 格式内容清洗

有些数据是由人工收集或用户填写而来的，很有可能在格式和内容上存在一些问题，一般来说，格式内容存在的问题主要有以下 3 类：①时间、日期、数值、全半角等显示格式不一致；②数据中有不该存在的字符；③内容与该字段应有内容不符。

格式内容问题是细节问题，很多分析结果错误都是由此问题引起的，比如跨表关联失败、统计值不全、模型输出失败。因此，格式内容清洗是主数据清洗中的必要工作。

3. 逻辑错误清洗

逻辑错误清洗是修正逻辑推理有问题的数据，防止数据错误而导致分析结果错误。逻辑错误清洗主要包含以下 3 种情况：去重；修正不合理值；修正矛盾内容。

4. 关联性验证

如果数据有多个来源，则有必要进行关联性验证。关联数据变动在数据库模型中就应该涉及。多个来源的数据整合清洗是非常复杂的工作，一定要注意数据之间的关联性，不要因为数据之间互相矛盾而造成下游系统无法使用。

5. 干净数据回流

当主数据被清洗后，需要将数据源中原来错误的主数据替换成干净的主数据。

8.4.4 主数据全生命周期管理

主数据全生命周期管理是主数据管理工具的核心功能，具体包括以下几个方面。

（1）数据申请：在创建主数据模型后，各业务系统可以根据需要向主数据管理系统提交主数据申请。在申请过程中，提前定义的数据约束规则能够自动进行初始数据的校验，提供相似的主数据供用户参考，并提示申请进度。

（2）数据审核：在提交数据申请后，主数据管理系统将首先进行自动校验，进行数据之间的查重，并通过提前配置的校验规则对数据进行检查，保证主数据的唯一性和规范性。自动校验之后的数据申请按审批流程进行人工审批。

（3）数据变更：对于已审核的主数据、模板、属性值等内容，可以进行调整、维护和变更。主数据管理工具提供自动提示功能，辅助用户完成主数据的变更申请。变更生效后，主数据管理工具通知数据申请者和所有使用该数据的最终用户。

（4）数据查询：主数据管理工具提供标准查询和模糊查询功能。用户可以实时查询主数据的所有信息，包括申请、审批、明细属性、变更历史、分发历史、数据分发接口日志等，并按照不同的需求下载和打印查询结果。同时，主数据管理工具还提供便捷查询和高级查询功能，支持将查询条件保存作为共用检索，以实现个性化查询。

（5）数据归档：指以物理方式将主数据系统中具有较低业务价值的主数据迁移到更适合、更经济、更高效的历史库中。在主数据管理系统中，对于不再使用或无法满足业务需求的主数据可以进行归档及核销处理。

8.4.5 主数据质量管理

主数据质量管理是指对主数据全生命周期内的每个阶段里可能引发的各类数据质量问题进行识别、度量、监控和预警等一系列管理的活动，并通过改善和提高企业的管理水平，进一步提高数据质量。主数据质量管理是循环的管理过程，其终极目标是通过可靠的主数据，提升主数据在使用中的价值，并最终为企业的数字化转型、管理模式优化、经营决策提供重要支撑。

主数据质量管理不仅包含对数据质量的改善和管理，还包含对组织的改善和管理。针对数据质量的改善和管理，主要包括改正和完善数据分析、数据评估、数据清洗、数据监控、错误预警等功能；针对组织的改善和管理，主要包括确立组织数据质量改进目标、评估组织流程、制订组织流程改善计划、制定组织监督审核机制、实施改进策略和评估改善效果等。主数据质量管理可以被划分为五个阶段，即定义、测量、分析、改进和控制。

8.4.6　主数据发布与共享

主数据发布与共享是通过数据中间件，根据预定义的分发服务、参数、服务描述、分发频率，向目标业务系统分发主数据，同时自动创建数据分发同步日志。通过抽取规则的配置实现从业务系统采集主数据。

应用系统与主数据管理系统间的交互包括两个方面：一是数据接收，即其他业务系统作为数据源，主数据管理系统接收业务系统发送的数据；二是数据分发，即主数据管理系统作为数据源，业务系统接收主数据管理系统发送的数据。

主数据发布与共享是实现主数据同步和主数据一致性应用集成的关键过程。数据分发需要支持分发目标系统、分发频率、分发数据范围、数据同步规则等的自定义功能；能够实现分发日志的自动跟踪和记录；能够支持多种分发方式和分发数据协议，并支持异常处理，例如设定分发失败后重发数据的处理机制，实现全面的数据监控管理，保证主数据在多系统间的完整性和一致性。

8.5　数据资产质量管理工具

8.5.1　数据资产质量管理工具基础功能

数据资产质量管理工具，可面向所有类型的数据，实现全局性的数据质量管理及处理海量数据，并可轻松集成于任何平台和应用程序，支持多种复杂的处理，全面解析、整理、标准、匹配、强化和监控数据，使业务部门和 IT 部门能够发现、开发、部署、管理业务规则和数据质量流程，从而优化企业数据，发挥最大的业务影响力。

数据资产质量管理工具从数据使用角度监控管理数据资产的质量，针对数据质量管理职能而开发，需具备以下基础功能：

质量需求管理：对数据使用过程中产生的问题进行收集、存储、分类并提供查询检索功能，为质量规则的制定提供依据。

规则设置：能够提供稽核规则设置功能，用于设置一个稽核规则应用于哪类数据。

规则校验：能够对所关注的数据执行数据质量规则的校验任务。

任务管理：能够提供稽核任务调度功能，指定稽核任务周期执行。

监控分析：对规则校验的结果进行监控和分析，校验结果能够定位到原始数据项。

质量报警：能够对数据资产质量问题及时进行报警，避免数据污染的发生，造成成本或业务损失。

报告生成：能够对校验结果的质量问题进行记录，积累形成问题知识库，并生成报告，在此基础上，能够根据检核结果，生成对问题数据的质量提高建议，并可直接操作修改数据。

8.5.2 数据资产质量稽核规则设置

数据资产质量管理平台内置了业务规则中心，帮助管理并组织业务规则以更有效地监控数据质量状况。通过平台提供的针对具体国家的成熟业务规则，可验证全局、多域数据集，并识别记录其中的复杂关系。

通过数据资产质量管理工具，可以对企业各个系统中的数据进行稽核，发现问题并通过发布数据质量报告促进数据质量的提高，其中包括获取数据、定义质量规则、创建质量稽核实例、质量稽核任务调度、返回质量稽核结果、获取数据质量报告。

8.5.3 数据资产质量任务管理

数据资产质量任务管理平台能将可疑数据记录发送给企业内部的责任方，以迅速解决可能影响企业绩效的数据质量问题。平台的协同门户可以帮助庞大而分散的团队管理问题解决方案、异常处理机制，并变更数据资产质量工作管理方式；自动化工作流程帮助业务团队和IT团队基于现有数据共同设计质量流程，并针对需要人工干预的数据资产质量问题确定解决方案；任务管理使各企业能够通过建立透明、可审计的工作流程来加强其条例的合规性。

8.5.4 数据资产质量报告

数据资产质量报告面向业务人员和IT人员提供协作型环境，对大批量数据进行剖析、诊断，以评估其质量水平，从而输出优化数据。通过此报告，用户可理解数据内部存在的数据域、格式、模式和关系，包括数据中的整体情况及完整度、准确度、遵从度、合规性、一致性、唯一性的详细情况。在此报告中，对数据内容进行详细分析，输出数据表中的空值、数据值中的空值、数据值与设计不符的内容、存在异常范围的数据、数据格式不正确的内容；对数据关系进行详细分析，输出表内字段关系分析结果、表间字段链接分析结果；对数据遵从度进行详细分析，根据业务规则输出量化指标，并在报告的最后输出总体优化内容。

8.6　数据资产安全管理工具

8.6.1　数据资产安全管理工具基础功能

数据资产安全管理工具是结合信息安全的技术手段保证数据资产使用和交换共享过程中的安全的一项工具。数据资产管理人员开展数据安全管理，是指执行数据安全政策和措施，为数据和信息提供适当的认证、授权、访问和审计，以防范可能的数据安全隐患。数据资产安全管理工具具备数据获取安全、数据脱敏、统一认证、角色授权、日志审计、异常监控、数据分类分级等基础功能。

8.6.2　数据资产采集安全管理工具

数据资产采集安全管理工具用来确保数据源的真实性、有效性，并规范数据采集的渠道、数据格式及相关流程和方式，从而保证数据采集的合规性、正当性和执行上的一致性。采集的数据及采集过程严格按照《网络安全法》《信息安全技术个人信息安全规范》等相关国家法律法规和行业规范执行。数据资产采集安全管理工具包括以下两方面。

（1）数据资产分类与分级工具：首先是通过对数据的有效理解和分析，对数据进行不同类别和保密级别的划分；然后根据数据的类别和保密级别制定不同的管理和使用原则，尽可能对数据做到有差别和针对性地防护，实现在适当安全防护下的数据自由流动。技术工具包括：标签库、结构化数据打标、非结构化数据打标、分类器等。

（2）数据资产采集人员管理工具：用于管理数据采集人员，主要包括识别采集人员、制定采集人员的操作规范，以及记录采集过程的工具。数据采集者在采集前，应进行身份识别，使用人脸识别、指纹识别等技术可以防止数据采集点的仿冒与伪造。数据采集者应设置专人负责信息生产或提供者的数据审核和采集工作，明确数据来源、采集方式、采集范围等内容，并记录存档。另外，数据采集者应制定标准的数据采集模板，以及数据采集方法、策略和规范。采集策略参数配置应包括采集周期、有效性、检测时间、入口地址和采集深度等。

8.6.3　数据资产传输安全管理工具

数据资产在通过不可信或者具有较低安全性的网络进行传输时，容易面临被窃取、伪造和篡改等安全风险，因此，需要建立相关的安全防护措施，保障数据在传输过程中的安全性。数据资产传输安全管理工具就是为了建立相关的加密措施，来保障数据在传输过程中的机密性、完整性和可信任性。

数据资产传输安全管理工具具体需具备以下基础功能。

（1）身份鉴别和认证。在建立传输加密通道前，要对两端的主体身份进行鉴别和认证，确保数据传输双方是可信任的。

（2）数据加密。针对需要加密的场景确定加密的方案，通过加密产品或工具落实制度规范所约定的加密算法要求和密钥管理要求，保护数据在传输过程中的机密性和完整性。同时，加密算法的配置、变更、密钥的管理等操作过程应具有审核机制和监控手段。

（3）密钥管理系统。密钥管理系统用于实现对密钥生命周期的安全管理。

8.6.4 数据资产存储安全管理工具

数据资产存储安全是数据中心安全和组织安全的一部分，这是数据安全重要的阶段，也是数据完整性、保密性和可用性三个方面都涉及的过程，所以该阶段的重要性不言而喻。数据资产存储安全管理工具是为了解决将数据存储在介质上时［比如物理实体介质（磁盘/硬盘）、虚拟存储介质（容器/虚拟盘）等］，因对介质的不当使用而引发的数据泄露问题。

数据资产存储安全管理工具需具备以下基础功能。

（1）介质净化。主要是针对物理实体介质（磁盘/硬盘）进行净化。

（2）安全扫描。定期对重要的数据存储系统的安全配置进行扫描，以保证符合安全基线要求。

（3）日志审计。采集存储系统的操作日志，识别访问账号和鉴别权限，监测数据使用的规范性和合理性。

（4）数据备份和恢复。数据备份和恢复的技术工具要统一，并做到自动化执行。

（5）备份管理。对已备份的数据要有安全管理技术手段，包括但不限于对备份数据的访问控制、压缩或加密管理、完整性和可用性管理。

8.6.5 数据资产处理安全管理工具

数据资产处理安全管理工具用于降低各类数据在分析与挖掘过程中的敏感数据被泄露的风险。

数据资产处理安全管理工具需具备以下基础功能。

（1）具备数据脱敏工具。组织要具备统一的数据脱敏工具，数据脱敏工具应具备静态脱敏和动态脱敏的功能。而且，脱敏工具应与组织的数据权限管理平台实现联动，可以根据使用者的职责权限或者业务处理活动，动态化地调整脱敏的规则。职责权限一般用来决定可以访问哪些敏感数据，业务处理活动则主要决定采用哪些脱敏方式。例如，用户展现的敏感数据可以通过遮蔽部分数据等方式实现，用户开发测试的数据则通过同义替换的方式实现。

（2）留存脱敏日志。脱敏工具对数据的脱敏操作过程都应该留存日志记录，以审核违规使用和恶意行为，防止敏感数据泄露。

（3）静态数据脱敏（SDM）。静态数据脱敏一般用于非生产环境，将敏感数据从生产环境抽取并脱敏后，用于非生产环境中，如常用于培训、分析、测试、开发等非生产系统的数据库。

（4）动态数据脱敏（DDM）。动态数据脱敏常用于生产环境，在访问敏感数据时即时进行脱敏，一般用来解决在生产环境中，需要根据不同情况对同一敏感数据读取时，进行不同级别脱敏的场景。对于需要共享的生产数据或时效性很高的数据测试和培训场景，基于网络代理模式的动态脱敏技术，可以达到实时模糊敏感数据的效果。动态脱敏可实现对业务系统数据库中的敏感数据进行透明、实时的脱敏。

所以，数据脱敏能够更好地保证数据的隐私性。简单来说，数据脱敏在此只是对数据（如姓名、电话号码等）进行简单、粗暴的脱敏处理，即改变数据，并且通常无法返回原始数据。因此，数据脱敏在保护数据安全层面只适用于测试、开发环境。在不用提供真实数据的情况下，可以将脱敏后的数据传输给第三方用于测试、开发等，以保障真实数据的安全。

8.6.6 数据资产交换安全管理工具

数据资产交换安全管理工具用来解决因非法人员通过非法技术手段导出非授权数据、敏感数据等带来的数据篡改和数据泄漏的重大事故，控制数据交换中存在的安全风险。

数据资产交换安全管理工具需具备以下基础功能。

（1）审核平台。通过建立数据交换审核流程的在线平台，组织机构内部可对数据交换进行审核并详细记录，确保没有超出数据服务提供者的数据授权使用范围。

（2）日志审计。针对数据交换日志，建立相应的管理和审计方案，有效记录在交换过程中的相关日志信息，并通过定期开展审计工作发现其中存在的安全风险。

（3）流量监测。通过威胁情报、预制规则、用户行为分析，发现实时安全状况，并进行警告，为安全运维提供关键预警信息。

（4）加密。利用数据加密、安全通道等措施，保护数据交换过程中的个人信息、重要数据等敏感信息。加密系统通常包含明文、密文、加密/解密算法及用于加密/解密的钥匙（密钥）。加密算法是一些公式和法则，它规定了明文和密文之间的变换方法。密钥是控制加密/解密算法的关键信息，它的产生、传输、存储等工作是十分重要的。数据加密的基本过程包括对明文（即可读信息）进行翻译，译成密文或密码的代码形式。该过程的逆过程为解密，即将该编码信息转换为其原来的形式。

8.7 数据资产价值管理工具

8.7.1 数据资产价值管理工具基础功能

数据资产价值的影响因素包含真实性、完整性、准确性、数据成本、安全性等方面。数据资产价值管理通过对数据内在价值的评估、数据成本和收益的管理，实现数据资产化管理，需具备以下基础功能。

（1）数据资产需求分析：通过数据库或者数据平台的各种数据分布分析和访问状态分析，协助数据管理人员对数据生命周期制订管理策略，有效发现和挖掘当前数据平台或者数据库中历史数据增长最快的关键数据。同时，为管理业务部门需求、满足业务部门对数据使用的要求提供有效的数据化支撑。

（2）数据资产价值评估：依据数据需求分析，建立合适的数据价值评估模型，主要包括数据成本和收益的评估方法、评估指标等，并支持对数据价值评估方法与各项指标的动态更新。

（3）数据资产成本管理：能够完成数据成本（主要包括存储成本和计算成本等）的优化，并给出影响成本的分析报告（如包含重复计算、代码质量差等）。

（4）数据资产收益管理：能够动态调整数据收益评价指标，依据指标对数据应用进行全流程管理，增加数据收益。

（5）数据资产服务：通过构建服务目录、授权数据服务等手段有效完整地记录数据服务信息，并最终生成数据服务报告，展示数据服务的价值。

（6）数据资产价值统计：能够可视化展示数据资产的一段时间内的统计视图，展现数据使用和成本的变动。

8.7.2 数据资产价值评估

数据资产价值评估模型总体上可以分为两类。第一类是非财务方法，即非金融或非经济模型，它不给数据贴上实际的价格标签，因为一些企业只想创建数据质量特征的聚合，以了解它的相对或内在的价值。第二类是财务方法，即从会计实务领域中借用一套金融模型。

在数据资产价值评估模型设计完成后，企业需要反复在实际中进行检验，证明其科学有效，并利用工具使其落地，辅助企业进行数据资产价值评估，并提高数据资产价值评估效率。其中包括数据资产价值评估流程（用户注册、上传数据、数据资产确权、数据质量评估、数据价值评估、数据资产评估和数据资产评估报告），以及底层支撑功能、工作流、权限管理、指标库、评估模型等，最后通过门户统一对外提供服务。

8.7.3　数据资产成本管理

数据资产成本管理是将数据资产成本计算方法落实到系统中进行管理，从而实现数据资产成本自动计算，提高数据资产成本计算的效率。通过对数据资产进行成本分析，可以发现哪些环节存在数据资产成本浪费的现象，并采取一定的措施，不断降低数据资产成本。数据资产价值管理工具能够完成数据资产成本（主要包括存储成本和计算成本等）的优化，并给出影响成本的分析报告（如包含重复计算、代码质量差等）。

8.8　数据资产服务管理工具

8.8.1　数据资产服务管理工具基础功能

数据资产服务管理是指在数据管理平台上提供数据或数据分析结果的服务，包括企业内部数据共享和外部数据流通，通过构建服务目录、授权数据服务等有效完整的数据资产服务信息记录，最终生成数据资产服务报告，展示数据资产服务的价值。数据资产服务管理工具需具备以下基础功能。

（1）服务目录：能够精确地展示各目录下能够提供的数据服务类型、服务流程、数据资产目录等。数据资产目录能够按照业务要求和企业标准，自定义构建数据资产目录层级，并描述数据资产相关属性，包括表级属性（如表名、目录、更新周期、业务类别等）和字段结构（如字段名称、字段类型、字段长度等）。

（2）服务目录版本管理：能够记录数据资产目录变更版本信息，包括具体变更情况。数据资产目录可以通过元数据关联导入，在元数据有变更时自动同步。

（3）数据资产共享和流通：提供数据资产下载、共享、流通及服务接口等，支持按共享属性（如无条件共享、有条件共享、不共享等）对资源目录下的数据资产进行分类，支持直接提供数据和数据分析结果。

（4）其他功能：数据服务可以通过“数据超市”的形式开展，用户通过订阅具体服务获取和使用数据。

8.8.2 数据资产加工服务

数据资产加工服务是将经过采集、汇聚的数据，进行清洗、转换、加载，以保障采集的数据能被正确、完整、规范地加载到目的地。数据资产加工服务还可以实现数据整合过程中的异常处理，如处理传输异常、数据加载异常、数据结构与质量异常等。

数据资产加工服务是企业数据中台的核心功能，数据清洗、整合、应用就是由多个数据加工服务组成的，其中包括一系列预定义的基础数据处理工作，如数据抽取、数据清洗、数据加载等。

8.8.3 数据资产共享服务

数据资产共享服务应包括数据汇总、分发、查询等基本功能。

（1）数据汇总：将源系统数据通过数据采集、数据交换和数据加工，汇总到数据中心，并根据数据共享需求，建立一个面向数据共享服务的主题库。

（2）数据分发：以数据中心的角度，主动向各数据使用方提供数据的过程。通过数据资产共享服务，可以依照数据使用权限的规则，从数据中心将数据分发到各个数据使用部门，实现数据共享、信息联动。

（3）数据查询：通过统一标准的数据接口，以 XML 为标准数据格式，依据数据存取、访问权限，通过标准的 Web 服务，对各数据需求部门按需提供数据访问及查询服务。

（4）维度转换：按数据使用方需求对共享数据区的数据进行维度转换。

（5）服务管理：用于定义和管理数据共享服务的流程及策略，对数据服务进行监控管理、用户权限管理、运行日志查看、性能统计。通过数据服务日志可以记录、跟踪数据交换的细节，对数据交换节点进行管理，提供安全策略指南、服务器安全管理配置。

第 9 章　智能化技术在数据资产管理中的应用

9.1　数据的智能化处理

9.1.1　数据结构化处理

9.1.1.1　数据来源

1. 网络资源数据

网络爬虫（Web crawler），是通过程序或者脚本自动地去抓取自己所能访问到的网站内容，从而获取页面信息。当爬取数据量过大时，采用 Scrapy 分布式爬虫框架进行数据爬取，能够快速爬取所需信息。具体框架如图 9－1 所示。

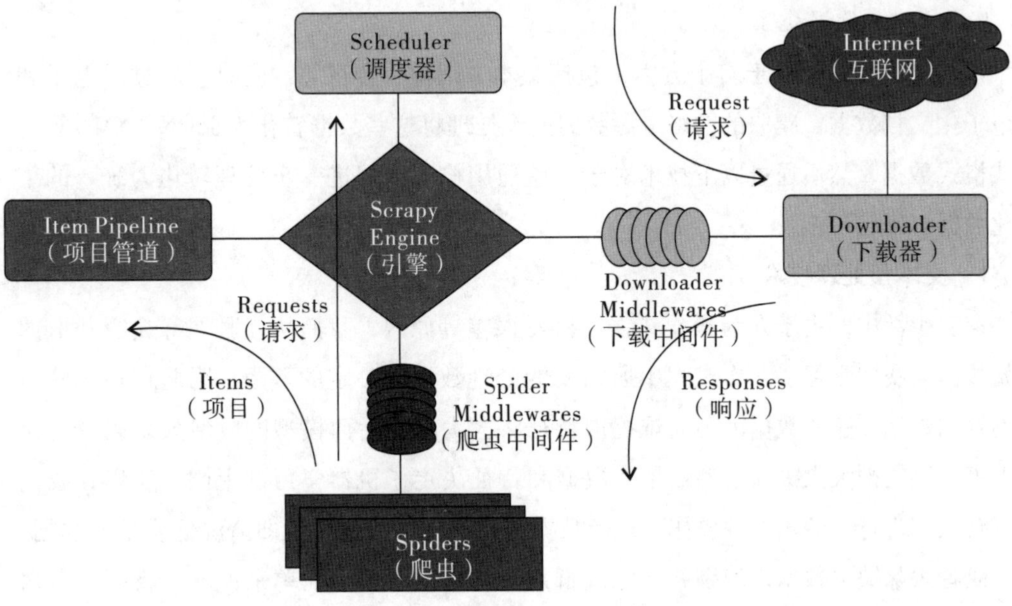

图 9－1　Scrapy 框架示意图

其中Scrapy框架主要由以下部件组成：Scrapy Engine（引擎），Scheduler（调度器），Downloader（下载器），Spider（爬虫），Item Pipeline（项目管道），Downloader Middlewares（下载中间件），Spider Middlewares（爬虫中间件）。各个部件之间紧密联系共同作用实现数据的分布式爬取。

2. **电子和非电子化文档数据**

对于非电子化文档数据比如图片，通过结合OCR技术进行扫描件转换成电子文档，结合可获取的pdf、Word等电子文档，通过编写Python脚本对电子文档数据进行解析成规范格式，存储于数据库。所使用的OCR技术识别框架如图9-2所示。

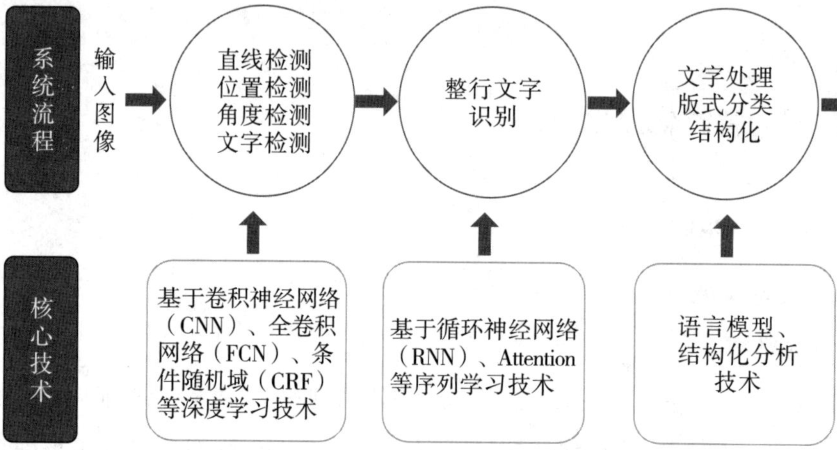

图9-2　OCR技术框架

9.1.1.2　数据处理

该系统的数据来源于多个方面，包括文本、图像、音视频。同时，通过对电子和非电子化文档数据、爬取的网络资源数据的预处理将这些数据转化为JSON、XML等通用式格式数据，然后通过以下技术对于这些通用格式数据进一步处理转化为统一的结构化数据。

1. **文本预处理技术**

现实生活中，由于人为操作错误、机器误差等原因，我们从互联网等途径获取的原始数据与我们学习、工作过程中所需要的处理数据有一定的差距，因此存在一些质量不好的数据。这些数据因为太难提取特征将大大降低后面模型的收敛效果以及泛化能力等，反之则大大提高模型效果，数据和特征决定了机器学习的上限。所以，我们需要对数据进行一些预处理操作，规范数据格式，比如数据清洗即清洗低质量的数据，填充或者去除缺失数据，识别并清除离群点等。数据预处理简单来说就是将初始数据处理成我们所需要的规范化的数据。文本作为数据的一种也需要相应的预处理过程，文本预处理和一般的预处理具体方法不同，但是处理方向以及作用相同。文本预处理一般包括：去符号、中文分词、去停用词、去标记信息等操作。这些操作我们既可以自己实现，也可以借助第三方开源库中的工具处理，目前网络上已经出现了一大批成熟的文本预处理的第三方库，为我们的工作提供了极大的便利。

去符号：模型训练所需的数据通常只需要文本数据，所以我们需要去除原始文本中的空格、标点符号、数字等没有意义的符号以及特殊符号，让原始数据只保留文本信息。

去标记信息：去除一些网络文本中存在的 HTML、XML 等标记信息，也可能是页眉页脚等标记信息。这一步同样是为了让原始数据中只保留文本信息，方便后续处理。

分词：分词是文本预处理过程中的关键环节，接下来将具体介绍分词技术。

去停用词：停用词是指文本处理过程中我们需要停下来并剔除的一类词，所以任何词根据我们特殊需要都可能成为停用词。除了特殊要求，通常停用词包括在句子中只起到语法作用并没有实际含义的功能词，以及在文本中经常出现的对自然语言处理任务造成困难的词，比如“的”“并”“为此”等。在去停用词之前，通常需要根据任务总结或者从网络中下载形成一份停用词表，然后再遍历分词后的整个文本，将同时存在文本以及停用词表中的词去除，从而提升后续任务模型的效果。

2．分词技术

一是基于匹配的分词。基于匹配的中文分词方法是利用已经存在的词典通过对照匹配进行分词。主要有 4 种匹配分词方法，具体介绍如下：

（1）正向最大匹配法。正向最大匹配法的基本思想是：首先在词典中统计最长的词条中所包含的字个数，记为 N，并在与预处理文本中截取长度为 N 的字段，将两者进行匹配。如果两者匹配成功，说明截取的字段是一个词，则将截取的字段从待处理文本中切分出来。如果两者匹配失败，则将截取的字段从右向左即字段末尾去除一个字符，再重新将截取字段与词典中的词条进行匹配，重复该操作直至截取的字段匹配成功。重复上述流程，直到所有待处理文本切分完毕。

（2）逆向最大匹配法。逆向最大匹配法的基本思想与正向最大匹配法刚好相反，从右向左即对文本末尾进行字段截取，当该字段在词典中匹配失败后，从左向右剔除字符，直到该字段在词典中匹配成功。

（3）双向最大匹配法。双向最大匹配法的基本思想就是利用了正向最大匹配法以及逆向最大匹配法的结果进行分词。该分词方法充分发挥了正向最大匹配法以及逆向最大匹配法的优势，对效果有一定的提升。

（4）最佳匹配法。通过对词典的组织方式进行优化，它的基本思想是进行最大匹配之前，先将词典中的词条按照各自长度从大到小进行排列，通过这种方式可以提高搜索效率。但是对词典中的词条进行排列时需要存储每个词条的长度，因此会增加算法的空间复杂度，即这是一个用空间换时间的算法。

二是基于统计的分词。一般而言，构成一个词语中的汉字是固定的，因此有理由认为在一段文本中，越是经常在一起出现的字，字段出现的频次或频率即可作为是否能构成词的评价指标。这样各种基于概率论的统计学模型自然而然广泛应用于处理中文分词任务中。下面将对最经典的条件随机场模型进行介绍。

当我们对若干词选择其所对应的词性（名词、动词等），这些词性就相当于值。将所有词性赋予所有词之后，这个句子就形成了一个随机场，再用词性标注问题。举例来说，一个句子中包含若干个词，其中某一个词的词性只与前后位置的词的词性有关，而与其他词的词性无关。比如使用条件随机场模型进行中文分词，其本质就是将中文分词问题抽象到条件随机场模型中。这个抽象的过程可以转换为序列标注问题，即给文本序列中的每个字打标签。总共分为四种标签，分别是：词首标签（B）、词中标签（M）、词尾标签（E）以及单字标签（S）。比如句子“天安门前红旗飘”，经过序列标注后得到“天/B 安/M 门/E 前/S 红/B 旗/E 飘/S”。

三是基于智能化工具的分词。jieba 中文分词工具是一款广泛使用的开源分词工具。jieba 支持自定义专业词典和未登录词典。主要包括以下三种分词模式：全模式分词、精确模式分词、搜索引擎分词。

HanLP 分词主要包括以下几种分词方式：最短路分词（Dijkstra 精度已经足够，且速度比 N 最短快几倍），N－最短路分词，CRF 分词（对新词较有效），索引分词（长词切分，索引所有可能词），极速词典分词（速度快，精度一般），用户自定义词典，标准分词（HMM-Viterbi）。

9.1.2 数据的数字化表征

对原始数据结构化处理后，要进行数字化表征，以特征向量的方式表示数据或模型，更好的表征往往可以简化后续的学习任务。在过去的十年中，基于大量数据的可用性和深度学习的发展，学习单一模式的有效和鲁棒性（Robustness，意为系统的健壮性）的表示已经变得可行。尽管多模态表征越来越受到人们的关注，但由于各模态间复杂的交互作用以及训练数据和测试数据之间可能存在的不匹配，多模态表征一直是一个充满挑战的问题。

9.1.2.1 单模态表征

1. **图像表征**

在将图像分类的模型中，图像嵌入可以作为来自最终 CNN 层的输出值来获取，例如 AlexNet、VGGNet、GoogLeNet 和 ResNet。或者，与语义有更直接关系的特征可以用作图像嵌入，例如来自由对象检测模型识别的选定区域的卷积特征和相关的类标签。使用这种方法的模型包括基于区域的 CNN（R-CNN）和快速 R-CNN。

2. **文本表征**

文本嵌入可以从神经网络语言模型（NNLM）中导出，该模型通过使用概率链规则将文本序列分解为单词概率来估计文本序列的概率。基于 RNN 的 NNLMs，例如 LSTM 或 GRU，在预测当前单词时，有助于使用存储在固定长度递归向量中的所有过去单词的信息。近年来，来自语言模型的嵌入使用来自多个双向 LSTM 层的组合嵌入进行前向和后向传播。生成性预训练和双向编码器表示（BERT）使用 transformer 的解码器和编码器组件来估计当前子字单元的概率。除了单词和子单词级别，还可以在短语、句子和段落级别学习文本嵌入。

3. **视频表征**

科研工作者对基于视频的表征做了很多研究，这些研究成果可以概括为两类：一是基于局部特征的行为表征方法，一般会对视频中的行为进行时空兴趣点检测，或者进行兴趣区域采样，然后提取局部特征进行行为的分类或识别；二是基于全局特征的行为表征方法，一般首先进行前景背景分割、运动检测、行为主体的检测或跟踪等，然后提取全局特征进行行为的分类或识别。

9.1.2.2 经典多模态数据表征算法

尽管在图像或文本的学习表征方面已经取得了重大进展，但仅使用单模态数据对人类概念进行建模是不够的。例如，一幅“美丽的图画”是建立在视觉表现的基础上的，因此很难用自然语言或其他非视觉的方法来描述这个概念。因此，学习联合嵌入以利用多模态数据的互补性来更准确地表示这些概念是非常重要的。

1. **无监督训练方法**

多模态数据的联合嵌入可以通过使用多个深 Boltzmann 机器流或具有共享层作为共享表示空间的自动编码器重构原始输入来学习。或者，基于单一模态方法的发展，可以通过将所涉及的单个模态的预先训练的表示空间映射到公共空间来构建共享的表示空间。例如，深度多模态相似模型（Deep Multimodal Similarity Model，DMSM）作为文本模态 DSSM 的扩展，以学习文本和图像在统一向量空间中的嵌入表示。文字和图像嵌入的简单融合是通过加法或串联实现的。我们也可以通过训练来提高文本嵌入和视觉嵌入之间的相似性。最近的一些研究表明，不同模态的嵌入之间的相关性和交互信息可以被最大化。类似地，词嵌入之间的距离可以根据其视觉实例化之间的相似性进行修改，这是通过以无监督的方式对抽象场景进行聚类来确定的。

2. **监督训练方法**

监督训练可以用来改善多模态表征的学习。表征可以分解为两组独立的因素：监督训练的多模态判别因素和非监督训练的模态内生成因素。区分性因素在所有模式中都是共享的，并且对于区分性任务是有用的，而生成性因素可以用来重建缺失的模式。基于详细的文本注释，一些研究者提出在考虑自然场景图像或图像区域时，从视觉共现（visual co-occurrences，ViCo）中学习单词嵌入。ViCo 的概念是对 GloVe 文本嵌入的补充，因为它更准确地表示了视觉概念之间的相似性和差异，而这些概念很难单独从文本语料库中获得。多个有监督的训练任务已经应用到视觉语言编码器的不同层次上。

3. **Zero-Shot 学习方法**

Zero-Shot 学习通常应用于视觉相关任务的基础上，难以获得足够的标记图像训练所有可能的对象类别。然而，并非所有类型的多模态表示都适用于 Zero-Shot 学习，因为某些表示可能需要同时来自不同模态的成对数据。基于深度学习的 Zero-Shot 学习首先在不同的预训练嵌入之间建立一个线性映射层，利用 skip-gram 文本嵌入和 AlexNet 视觉特征构建了深层视觉语义嵌入模型。这个模型允许通过线性映射层进行两种类型的预训练模型的联合训练。对该模型进行了 1 000 个已知类和 2 000 个未知类的大规模测试。当使用相关的自动编码器重建每个模态的表示时，单次和多次图像检索可以获得更好的表示。最近，使用与目标类相关和不相关的单词标签，从预先训练的 VGG 网络中提取视觉嵌入，作为正视觉先验和负视觉先验，作为另一个模型的输入，以实现训练集中看不到的新对象类的语义图像分割。

4. **基于 Transformer 的方法**

Transformer 是一种流行的基于序列的编解码器模型，它是由多个前馈层的块与 multi-head self-attention 模型叠加而成的，这些模型的参数在时间上是共享的。与基于 RNN 的编码器 - 解码器模型相比，这种模型在消除 RNN 上的一阶 Markovian 假设的基础上，可以在长序列上提供更好的性能。BERT 是在一个大型文本语料库上作为 masked LM 预先训练的转换器的编码器组件，是用于下游任务的文本嵌入的标准选择。

因此，将纯文本的 BERT 推广到覆盖图像并导出预训练的双模态嵌入是很自然的。将单模态 BERT 扩展到多模态应用的一种简单方法是包含新的标记来指示视觉特征输入。此外，可以通过为视觉特征引入额外的编码器或注意力结构来修改 Transformer 模型。此外，最近的自然语言处理研究表明，多任务学习可以提高 BERT 表示的泛化能力。因此，上述基于 BERT 的双峰模型大多采用多任务训练来提高其在 VQA、数据检索与推荐等下游任务上的性能。

9.2 数据的高效检索和推荐

9.2.1 数据的智能化检索

智能化检索作为目前信息检索领域的研究热点，指的是通过将检索与人工智能巧妙结合，从而实现具有更高更快的查全率和查准率的检索技术，其能够全方位服务检索者。通过研究人脑的各种思维活动，如感知、记忆、学习、计算、判断等，人工智能用机器模仿这些活动，使得机器能够像专家一样处理一些复杂有难度的问题。人工智能实质上是围绕模仿人脑展开，其解决思路离不开前期建立完整健全的推理系统，对获取到的内容进行合理的利用。人工智能在数据的智能化检索中有着广阔的应用前景，主要表现在两个方面：一是如何模仿人脑进行知识获取、处理、应用等，二是如何处理不规律知识，这些知识往往模糊随机，处理难度较大。

数据的智能化检索的工作原理可以概括为，首先通过对输入关键词拆分、重新搭配、与元数据串联等操作，检索系统实现对关键词的延伸义、实义的理解，之后再添加模糊检索功能，并允许拼音检索、首字母检索等，提升检索效率。在进行智能化检索时，检索系统可以自动过滤数据，并结合用户以往数据查询记录，筛选出有用的数据，有效提高准确性。此外，检索系统还能够实现发送邮件的功能，将用户已看或感兴趣的信息地址发送到用户邮箱内，方便用户进行快速查找。

相比于传统的信息检索，智能化检索实现了巨大的跨越，其特征可以概括为以下几点。

一是检索对象明确。任何信息检索的检索对象均为用户所需要了解的信息，正是有了用户对该信息的需求才有了检索，因此，检索本身就是一种用户为了满足自己对信息的需求而寻找到的有效方法。过去人们通过广泛查阅各种各样的书籍进行检索，此时的信息数量少、质量优，用户比较容易理解掌握。之后随着因特网的发明，各种科学技术的迅速发展，信息数量急剧增长，质量也开始良莠不齐，用户也越来越难以理解掌握所获取到的信息。然而从根本上来说，无论科技如何发展、信息如何增长变换，信息始终是信息，并没有转变成其他物质。因此，即使是智能化检索，其针对的检索对象依旧很明确，与传统信息检索一致，即信息。

二是检索目的明确。任何信息检索的目的均围绕用户展开，即用户希望用最短的时间从庞大的数据库中提取到自己所需要的信息，因此无论何种信息检索，其本质上都是一种查询手段。

三是智能性。智能性是智能信息检索与传统信息检索最大的不同之处，所谓的智能性是指使用人工智能技术进行信息检索，克服了传统信息检索仅凭借准确的检索词才能准确查找的缺点，通过转换技术实现媒体信息的转换，通过拆分、重新组合检索词等方法获取到检索词的引申义、本义等。此外，还可以融入模糊检索功能，根据检索词、检索历史等信息，结合大数据分析工具，及时推送用户可能需要的某类信息，更高级地扩展了信息检索的功能。

基于这三个特点，数据的智能化检索涉及机器学习、知识发现、自然语言理解及基于图表的知识推理等多项人工智能技术，现对这些技术逐一进行简单介绍。

1. **机器学习技术**

机器学习是实现智能化信息检索的基础技术，是人工智能技术的核心。它通过模仿人脑进行知识学习与积累，进而自动提取和转换为信息，并保存到信息库中。机器学习一般经过理论假设和归纳推理两个步骤，通过计算机学习到环境中的知识内容，不断充实信息库。总的来说，机器学习技术通过记忆、传授、归纳、类比等学习策略，根据初始化的知识去理解环境提供的信息，形成假设，再不断学习，进而产生新的知识，扩大和补充了信息库。

2. **知识发现技术**

随着计算机技术的大力发展，数据库规模越来越大，人们对于数据也不仅仅只限于简单的查询与检索，而转向了对数据库内容的深度挖掘与充分利用，实现数据的智能化处理。基于这样的现实背景，知识发现技术应运而生。

3. **自然语言理解技术**

自然语言理解可以简单地理解为让计算机模仿人类的语言（如汉语、日语等），能够理解语言，进而生成语言，像人一样地说话，从而建立起人与机器之间的友好关系，它是一种高难度的信息传递。

4. **基于词表的知识推理技术**

基于词表的知识推理技术根据词表间的关系建立知识，模拟专家进行推理，从而实现数据的智能化检索。它能够根据自然语言的概念和关系，推理出词表中并未提到的概念或关系。叙词表是一种典型的用语信息检索的词表，它通过同义关系、上位关系、下位关系、相关关系和分类关系等反映词表间的关系。

9.2.2　数据的智能化推荐

智能推荐系统存在于日常生活的方方面面中，比如购物网站会给用户推荐喜爱的商品，视频网站会给用户推荐喜爱的视频等。而这些功能的实现基于数据的智能化推荐，首先需要对数据进行选择，然后使用一些推荐算法进行推荐。

9.2.2.1　数据选择

1. 挖掘用户行为数据

数据是一切推荐系统的基础。显而易见，在推荐系统中最主要的数据是用户和待推荐物品的基础信息。除此之外，也要获取到网站上用户的行为数据，比如买商品、鼠标点击某物品、长时间浏览某物品等，这些用户的行为往往可以反映出当前用户的一些偏好与习惯，那么获取到此部分数据，将更有利于推荐给用户一些更为准确的所需物品。

用户行为数据，又可细分为两部分，一部分是显式反馈数据，另一部分是隐式反馈数据。所谓显式反馈数据，是指能够清晰表达出用户喜好的行为数据，如用户购买、评价某一产品等。而隐性反馈数据则是指不可以直接反映用户兴趣爱好的行为数据，比如用户对某物品的点击、浏览、停留、跳转等一系列在网站上的特殊行为。尽管挖掘显式反馈数据可以更为清晰地把握用户偏好，但在许多应用程序中，显式反馈数据往往非常稀疏，导致对用户偏好的挖掘不够深入，从而无法精确地做出推荐用户真正的所需物品。而对于新进入市场的应用，或者不太受欢迎的物品，情况尤其如此。在这样的情景之下，用户隐式反馈数据的获取是非常重要且必要的。

2. 使用时间因素

用户的行为通常存在比较强的时间规律。在许多推荐场景中，利用此时间规律，将大大有助于提高推荐效果。

在用户行为日志中，通常都会记录行为发生的时间戳。可以根据用户和待推荐物品分别比对来分析此时间戳。从用户的角度来看，用户的兴趣爱好通常会随着时间的变化而产生一些变化，几年前的兴趣和当前的兴趣可能会有所不同，这是很容易理解的；另一方面，用户的行为一般存在一定的规律。例如，在工作日，用户的行为一般是相似的，但是在周末，用户的行为会发生很大的变化，因为周末有更多的时间去做不同的事情，而在同一天的早上和晚上，用户的行为和偏好也会有不同的规律。从待推荐物品的角度来看，随着时间的演进，其受欢迎程度也会有规律地波动，比如在情人节这天，鲜花的受欢迎程度往往要明显高于其他时间。通过不断挖掘用户与物品在一定时间内的行为记录，一般都可以发现相应的规律，通过充分把握这些规律，我们能够预测用户后续时刻的行为，从而提高推荐的精度。

3. **考虑地域特征**

有些推荐场景与用户的位置有着很大的相关程度。典型的像一些 LBS 和 O2O 应用，如果去掉了位置特征，这些应用的智能推荐效果就会大打折扣。例如，当向用户推荐一家餐厅时，如果不考虑地域特征，即获取用户当前的位置所在，即使所推荐的餐厅与当前用户的口味高度匹配，但距离非常遥远，那么推荐将会毫无价值。因此在基于位置信息的应用程序中，就要更智能地挖掘出用户对地区的偏好关系，比如在基于用户的协同过滤中，可以根据类似地区用户的行为进行推荐，因为某些用户的活动区域较为相似，很有可能他们之间会有着相同的偏好。

4. **大数据挖掘和性能优化**

近些年来，随着分布式计算的大规模应用，大数据挖掘逐渐变成一个研究热点。随着系统处理数据规模的增大，离线数据挖掘能力的增强，对大量用户行为数据的处理与分析变得越来越方便。然而，在推荐数据的挖掘之中，系统所能提供的计算能力与实际所需要的计算能力之间总是存在着矛盾。因此，如何有效且高效地对计算资源进行分配就变得尤为重要。一般对于一些关键用户或关键的待推荐物品，比如一些 VIP 用户，可以为他们分配更多的资源，从而进行更深层次的挖掘。对于用户和待推荐物品的基础信息也需要合理进行分析，主要是更详细地分析哪些是高质量的数据，而低价值的数据就可以只进行简单的分析。

对于大数据的挖掘与分析，一般也可以通过使用倒排索引、利用缓存机制等方法对推荐系统的性能进行优化。

9.2.2.2 主流的推荐算法简介

当获取了数据之后，需要使用一些推荐算法将待推荐物品推荐给用户，主流的推荐算法有以下几种：

1. **基于人口统计学的推荐**

这种推荐算法较为简单，它主要是利用用户的一些基本信息找出用户之间的相关性，接着向当前用户推荐一些相似用户所喜欢的物品。此方法一般用于推荐系统的冷启动，在历史数据较少而不能支撑用户兴趣爱好的情况下，可以通过使用用户的一些人口统计信息来对用户进行相关推荐。

系统将首先对用户的一些属性进行建模，包含用户的年龄、性别、兴趣爱好等。根据这些特征计算用户之间的相似度。例如，通过计算，如果发现用户 A 和用户 B 之间较为相似，那么就会向用户 B 推荐用户 A 所喜爱的物品或者向用户 A 推荐用户 B 所喜爱的物品。这种推荐方法的优点是对用户历史数据没有要求，不存在冷启动问题，并且不依赖于待推荐物品的属性。缺点是此算法过于简单，没有充分地考虑问题的复杂性，从而效果并不够理想，一般只能用于简单的推荐。

2. **基于内容的推荐**

这种推荐算法类似于基于人口统计学的方法，主要变化在于关注的焦点不再是用户本身，而是待推荐物品，进一步来说，就是不再使用用户之间的相似度，而是使用物品之间的相似度实行相关推荐。

系统首先对物品的一些属性进行建模。举例来说，假设某用户喜欢物品 X，而通过相似度计算，发现物品 Y 和 X 非常类似，于是我们就能够认为此用户对物品 Y 也具有兴趣的可能性较大，那么就可以将物品 Y 推荐给此用户。该推荐方法的优点在于能够很好地模拟用户的爱好，通过增加更多物品的属性，便可以获得更好的推荐结果。但其缺点是待推荐物品的属性有限，因而会存在些许片面性，且需要用户提供历史相关数据，会存在冷启动问题。

3. **协同过滤推荐**

协同过滤是智能推荐中最常用且最经典的算法之一，一般分为两种，其一为基于用户的协同过滤，其二为基于物品的协同过滤，下面将对这两种推荐方式分别进行介绍。

基于用户的协同过滤推荐方式类似于基于人口统计学的推荐方式，二者都会对用户之间的相关程度进行计算，不同之处在于所采用的方法。根据人口统计学的推荐方式仅仅在意用户的特点，而基于用户协同过滤的推荐方式在对用户数据进行相关程度计算的同时还会在意用户的历史数据，其依据是如果某些用户喜欢同一类商品，那么这些用户很有可能具有较为相似的品味与偏爱。

基于物品的协同过滤推荐机制类似于基于内容的推荐机制，二者都是利用物品之间的相关程度而给予推荐，只不过二者对于相关程度计算采取的方法有所差别，前一种会利用用户的历史爱好数据进行推荐，而后一种主要是利用物品固有的属性信息给予推荐。

协同过滤推荐的优点在于其对用户或者待推荐物品的建模不做非常严苛的要求，并且对于物品的表达信息并不要求被机器所明白，因此它是领域独立的，即与领域无关。同时，该方法计算出的推荐是非常开放的，能够共享所有人的经验，从而可以准确地将其潜在的爱好者发现出来。但它的缺点是其核心基于历史的偏好数据，因此对于新的用户和新的物品都存在着“冷启动”问题。而且，推荐的效果取决于用户历史的爱好数据数量，不能对一些有独特品味的用户做出很好的推荐。

4. 混合推荐算法

上面详细介绍了推荐领域最常见的几种算法。但是可以看出，每个方法都不是完美的。因此在实际生活应用中，一般需要混合使用这些推荐算法，取长补短，从而达到一个更优解。

9.3 数据的跨模态信息检索

9.3.1 跨模态的数据表征

随着社交媒体的流行，人们每天在各大社交网络平台上分享自己的生活使得多模态类型数据包括文本、图像、视频、音频等在互联网上飞速增长。这些多模态数据从多个不同的角度描述着同一个事件，其中的互补信息使人们对事件的认知更加全面。为了更好地利用多模态数据，人们尝试对多模态数据进行建模处理，各种行之有效的多模态学习算法随之被提出，并涌现出了很多热门的多模态数据研究领域，比如跨模态检索等。

图像和文本是多模态数据中两种主要的数据形式，跨模态检索就是要实现通过图像搜索与其高层语义信息相近的文本，或者利用文本信息搜索能够贴近文档主要内容的相关图像。众所周知，图像和文本的数据形式是不同的，其特征表示也具有很大的差异性，无法实现不同数据形式的直接检索。如何克服这种不同模态数据表示的异构性实现不同数据形式的直接检索是目前跨模态检索领域面临的主要难题。

文本数据是信息最常用的数据形式，广泛应用于各个领域，如文本分类应用到图书内容识别、报纸分类、主题监测、垃圾邮件过滤、作者识别，还有网页分类等，文本聚类则应用到诸如自然语言处理、多文档自动文摘、搜索引擎、用户兴趣模式挖掘、数字图书馆、文件自动归档等领域。由于文本数据中包含着大量的信息，因此，对文本数据的分析要比对结构化数据分析更具有应用价值。文本分析的任务主要是从无结构的、杂乱的文本数据中抽取有价值的信息或知识。文本挖掘分析流程如图 9－3 所示。

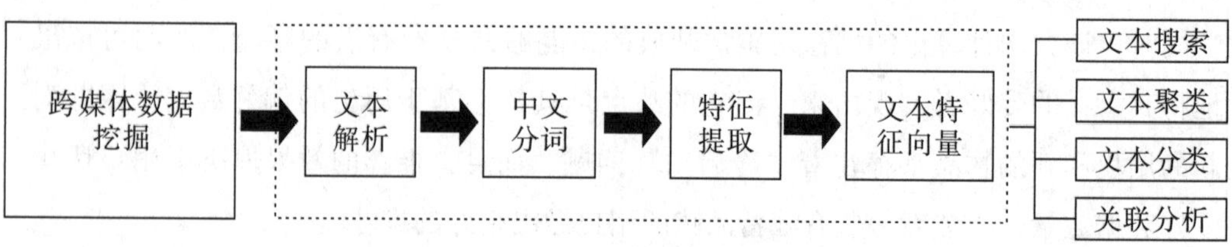

图 9－3　文本挖掘分析流程

文本挖掘分析是交叉学科研究领域，涵盖了多种技术，其中包括统计数据分析、线性几何、概率理论、数据挖掘技术、信息抽取、信息检索、机器学习、自然语言处理、图论等。国内外已有大量的研究工作在文本挖掘分析研究领域发表。20 世纪 50 年代末，基于词频统计进行文本自动分类的思想被首次提出，这象征着文本挖掘研究的开始。随后，众多学者投入到文本挖掘研究领域并开展了大量的研究工作，推动了文本挖掘分析的快速发展。然而由于文本是一种典型的非结构化数据，传统数据挖掘技术无法直接应用于文本数据。需要对文本的特征进行提取，将文本数据转换成可进行计算的数字形式，首先要对文本进行分词，不同语言的分词技术差异性较大，涉及不同语言的自然语言理解，这方面的研究是前些年的重点，大量的研究工作都基于词库、语法规则和各领域的本体库等，大量的人力物力花费在这些语料库的组建上，然而效率低下。通过分词可将文本生成词向量，向量的特征值可通过多种技术生成，如常用的词频法、文档频次法、互信息法、期望交叉熵法、信息增益法、卡方统计量法、模拟退火法、主成分分析法等，不同方法生成的文本向量也不同，适合于不同的应用场景。经过特征提取生成的文本特征维度通常与词库的维度相同，通常是几千维甚至上万维，这导致接下来的文本分类、文本聚类任务计算量非常大，甚至产生维数灾难。文本特征选择是文本分析的重要一环，因为生成的文本特征向量中大部分的特征在文本分析中几乎不起作用，并且会带来噪音。

经过特征提取后的文本主要进行之后的下游任务，其中包括文本分类、文本聚类、文本检索等，并且针对不同的任务特征选择是不同的。针对分类问题的特征选择是在有类标签的前提下进行选择，可通过有监督的方式实现，而对于聚类问题，是在无标签的前提下进行特征选择，这是一种无监督的方式，通常情况下，无监督的特征选择难度更大，目前还没有有效的通用方法，大部分的研究工作主要集中在有监督的特征选择方面，即针对文本分类的特征选择。针对文本分类的常用方法有 BP 神经网络、支持向量机、线性最小平方拟合、KNN 等，在很多领域均有应用。

在过去的十几年中，人工设计特征极大地促进了图像内容理解的发展。但随着图像数量的急剧增加以及图像本身复杂度的提升，人工设计特征已经成为图像分类任务的瓶颈。究其原因，主要是底层特征和高层语义理解之间的差异，即语义鸿沟（Semantic Gap），也就是人工设计的视觉特征并不能完全反映和匹配图像的高层语义信息。基于 CNN 的图像特征，本质上是一种学习出的特征表示，它通常以图像所反映的语义内容为监督信息，以图像的原始像素为输入，以一种端到端的形式能够表示图像高层语义的特征。CNN 最早是由纽约大学提出，并最早应用于手写体识别任务。然而，由于受制于计算机的计算能力和图像的标注样本，CNN 在当时并没有引起广泛关注。

2006 年之后，随着深度学习的提出和计算能力的提升，神经网络重新回归人们的视野。2012 年，文献提出的 CNN 架构（如图 9－4 所示），在 1000 类的 ILSVRC 竞赛中取得了巨大的成功。其中，该方法所产生的错误率相比基于传统特征的第二名下降了十个百分点。图 9－5 给出了近些年由 Google 反映出的深度学习的发展趋势（Trend）。一般情况下，CNN 模型主要包含了三种基本操作：卷积（Convolution），池化（Pooling）和非线性变换（No-linear）。这些层的基本操作如下：

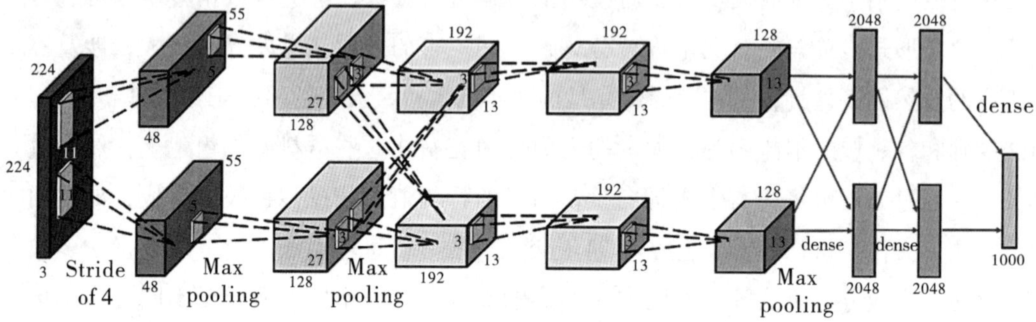

图 9－4　特征提取网络结构示意图

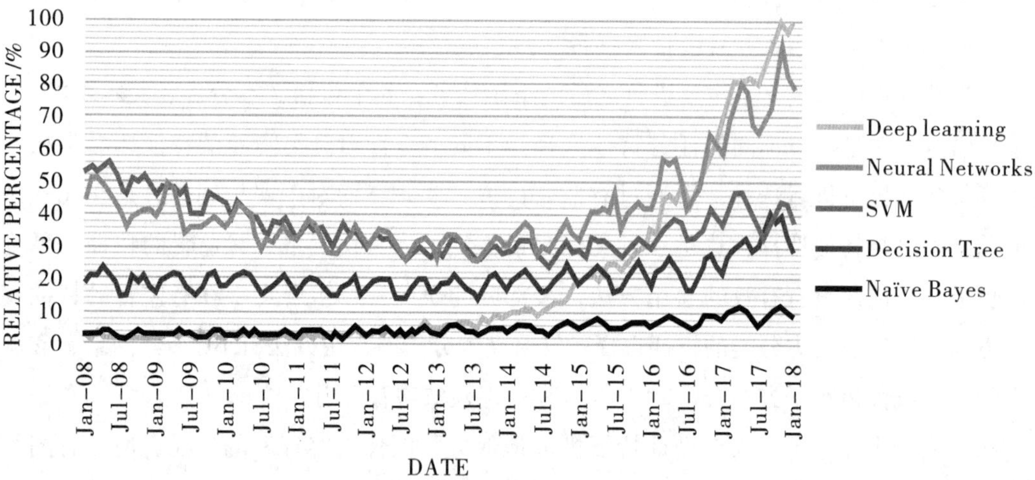

图 9－5　2008—2018 年深度学习热度趋势

（1）卷积层：CNN 的卷积层依赖于上一层的输出或原始图像作为输入，并通过预先设定大小的卷积核计算出该层的输出。具体地，参数化的卷积核按照某个预先设定的步长在输入的特征图上进行滑动。卷积核内的参数通过和特征图上对应位置数值的内积运算，计算出该位置在输出特征图上值。卷积核内的参数可以通过损失函数层传回的梯度值进行更新。每个卷积的卷积核数量是被预先定义的，其决定了输出特征图的通道数量。而输出特征图的大小则是由输入特征图的大小、滑动步长以及卷积核的大小决定。

（2）池化层：池化本质上是对特征图的一种降采样过程。CNN 本身通过多层卷积的堆叠有效地学出了图像的特征表示并用于分类。池化是一种无参操作。其基于某个固定的窗口大小（如 2×2）和步长，通过平均或最大化操作，将窗口中的数值映射到输出的特征图上。池化操作在有效降低特征图的大小的同时，又保证了特征图本身所包含的信息。因此，池化可以有效地提升深度 CNN 的训练效率。

（3）非线性变换层：CNN 对特征图采用某种操作（如卷积或全连接）之后，往往再将输出的特征图进行一种非线性变换。目前，CNN 中经常采用的非线性函数主要包括 Sigmoid，Tanh 和 ReLu。其中 ReLu 最为普遍，该非线性函数加速网络的收敛，即在较低训练时间的情况下获得更好的分类性能。

AlexNet 开启了图像内容理解的新时代，在此之后多种 CNN 模型被提出。大量的研究人员继续从事网络结构的研究，并提出一些新的模型，如 ResNet 的 DenseNet。这些网络结构进一步降低了网络的错误率，提高了图像识别的精度。

9.3.2　跨模态的信息检索算法简介

近年来，随着移动互联网和智能终端设备的发展和普及，多媒体数据，特别是文本和图像数据，呈现海量增长的趋势。为满足多样化的用户需求和网络信息的多媒体特性，跨媒体信息检索研究应运而生。然而，多模态数据之间天然的语义鸿沟为实现有效跨模态信息检索带来了巨大的挑战。跨媒体信息检索中，图文检索是当前跨模态检索领域的研究热点。图文检索目的是根据一段文本描述，检索出带有相同语义信息的图像数据，或者根据一幅图像，检索出带有相同语义信息的文本描述。图文检索的核心科学问题是如何准确地发现图像和文本之间潜在的语义对应关系，并计算图像和文本的语义相似度，进而实现跨模态的精准检索。

当前主流图文检索方法是利用多模态数据语义信息的一致性来指导多模态信息在共嵌空间的特征学习。该类方法首先将两种模态的向量化表征映射到同一特征空间，之后通过在共嵌空间中对多模态数据相似度的有效度量来解决跨模态的检索问题。早期代表性方法比如典型相关分析（Canonical Correlation Analysis，CCA）是通过最大化不同模态间数据的成对相关性来学习共同空间下的向量化表征。因为多模态数据相关性复杂多样，仅通过线性投影无法实现跨模态数据在共嵌空间下的一致性表征，所以研究人员提出了一系列基于核函数的方法，但这些方法本质上仍然没有脱离相关分析的范式。因此，基于核函数的跨模态信息映射能力仍然有限。近年来，随着深度神经网络理论的发展，大量深度学习方法被提出用于解决跨模态信息表征问题。Jiang 等人利用深度卷积网络，并使用标签信息学习不同模态数据在共嵌空间下的表征。Yang 等人提出将跨模态的分类信息用于学习模态类内特征和语义空间特征映射。Guo 等人提出了新的交叉型生成对抗跨模态网络来学习不同模态在共嵌空间下的向量化表征。以上方法多专注于构建跨模态数据在共嵌空间下的特征学习网络，实现跨模态数据在共嵌空间下表征的一致性，而忽略了不同模态数据在共嵌空间下信息表征的完整性。

针对上述问题，如图 9-6 所示，提出了一种基于循环生成对抗网络的跨模态信息检索算法。该模型包含两个紧密相关的生成对抗网络，分别用来处理文本到图像、图像到文本的模态映射。该算法引入了对抗网络判决机制，实现了跨模态数据在独立空间下语义的一致性约束。同时，提出了循环交叉熵损失函数，实现跨模态数据在独立空间下表征的一致性，进而通过图像和文本在独立空间下表征的一致性来引导跨模态数据在共嵌空间下的特征学习，确保信息表征的完整性。此外，通过构建相关损失函数，对多模态数据在共嵌空间下的表征进行一致性约束，进一步消除跨模态数据的语义鸿沟，实现跨模态数据的精准检索。

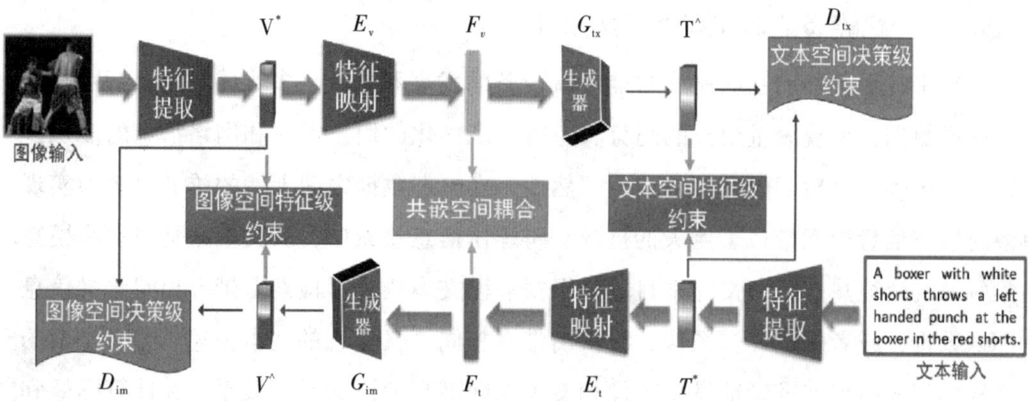

图 9-6　循环生成对抗网络模型

9.3.2.1　数据预处理

该网络模型输入分别为文本信息和图像信息，提取句子中 N 个单词的特征，并使用单词级特征作为文本特征 $T=[t_1, \cdots, t_N] \in R^{d\times N}$，同时提取图像中 R 个区域的区域级特征作为视觉特征 $V=[v_1, \cdots, v_R] \in R^{d\times R}$。区域信息的提取有利于描述视觉的局部信息，保证视觉信息的完整性。然后，采用注意力机制分别实现视觉区域特征和文本特征的融合。具体来说，当给定初始图像的区域特征 V 和文本局部特征 T，通过线性映射和分类归一化计算注意力权重，如式（1）所示，用求得的权重来融合区域特征，进而得到视觉和文本的融合特征表示。

$$a_{\mathrm{v}} = \mathrm{soft}_{\max}\left(\frac{W_{\mathrm{v}}V}{\sqrt{d}}\right)^{T} \quad V^{*} = Va_{v}$$
$$a_{\mathrm{t}} = \mathrm{soft}_{\max}\left(\frac{W_{\mathrm{t}}T}{\sqrt{d}}\right)^{T} \quad T^{*} = Ta_{t} \tag{1}$$

其中 W_{v}，$W_{\mathrm{t}} \in R^{1\times d}$代表了可学习的线性映射参数，$a_{\mathrm{v}} \in R^{R}$代表了 R 个区域可视化特征的注意力权重，$a_{\mathrm{t}} \in R^{N}$代表了 N 个单词文本特征的注意力权重。$V^{*} \in R^{d}$代表了 V 的融合特征，$T^{*} \in R^{d}$代表了 T 的融合特征。注意力机制的运用，可以有效去除图像和文本的冗余信息，提高信息表征的鲁棒性。这里需要注意的是，对于文本和图像数据，本文采用预训练的模式，与整体模型分开进行训练，这样可以保证图像和文本数据表征（V^{*} 和 T^{*}）的有效性和完整性，有利于指导跨模态数据在共嵌空间下的特征学习。

9.3.2.2 模型构建

为了保证共嵌空间下图像和文本数据表征的有效性和完整性，引入了生成器 G_{im} 和 G_{tx}。G_{im}实现文本共嵌特征到图像特征的转换，G_{tx}实现图像共嵌特征到文本特征的转换，通过交叉监督来确保转换信息的一致性，引导跨模态数据在共嵌空间下特征学习的完整性。

G_{im}两个映射函数 E_{t} 和 E_{v} 的学习使图像和文本信息可以映射到同一特征空间，从而实现图像和文本数据匹配。其中 E_{t}：$T^{*} \to F_{t}$，E_{v}：$V^{*} \to F_{v}$。F_{v}为共嵌空间下的图像特征，F_{t}为共嵌空间下的文本像特征。为了保证 E_{t} 和 E_{v} 能生成相近的特征并使 G_{im} 和 G_{tx} 可以生成相对完整的模态信息，本文在共嵌空间和原始特征空间分别提出了三种约束机制，以下将进行逐一介绍。

9.3.2.3 共嵌空间一致性约束

为了保证特征 F_{v} 和 F_{t} 在共嵌空间中的距离分别小于 F_{v} 和文本负样本 F_{t}' 以及 F_{t} 和图像负样本 F_{v}' 之间的距离，消除两个特征 F_{v} 和 F_{t} 间的差异，通过引入三元组损失函数（Triple Loss）对其一致性进行约束：

$$\ell_{\mathrm{triple}}(F_{\mathrm{v}}, F_{\mathrm{t}}) = \sum_{F_{\mathrm{t}}'}[\sigma - s(F_{\mathrm{v}}, F_{\mathrm{t}}) + s(F_{\mathrm{v}}, F_{\mathrm{t}}')]_{+} + \sum_{F_{\mathrm{v}}'}[\sigma - s(F_{\mathrm{v}}, F_{\mathrm{t}}) + s(F_{\mathrm{v}}', F_{\mathrm{t}})]_{+} \tag{2}$$

其中 σ 为边界阈值；$s(.)$ 为特征相似度度量函数，本书采用欧氏距离来计算两两特征的距离，计算公式如下：

$$s(F_{\mathrm{v}}, F_{\mathrm{t}}) = 1/\|F_{\mathrm{v}} - F_{\mathrm{t}}\|_{2} \tag{3}$$

但仅仅使用共嵌空间中跨模态特征相似度损失，易导致特征映射过程中各模态特性信息的损失。为了保证信息的完整性，本书引入 G_{im}和 G_{tx}两个生成模型，在独立空间下对跨模态数据的特征学习进行进一步的约束。

9.3.2.4 决策级一致性约束

为了进一步实现跨模态数据在独立空间下语义表征的一致性，设计了判别器 D_{im}和 D_{tx}，其中 D_{im}致性，D_{tx}用来约束文本特征 T^* 和生成文本特征 $T^\wedge$语义的一致性。具体的损失函数如下所示：

$$\begin{aligned}&\ell_{gan}^{v}(G_{im}, D_{im}, V^*, F_t) = \\ &E[\log D_{im}(V^*)] + E[\log(1 - D_{im}(G_{im}(F_t)))]\end{aligned} \quad (4)$$

其中 G_{im}所生成的图像特征 $V^\wedge$应该近似于初始图像特征 V^*，因为二者有相似的语义信息。在这个损失函数中，训练生成器 G_{im}的最小化损失函数，训练判别器 D_{im}的最大化损失函数，即 $\min_{G_{im}}\max_{D_{im}}\ell_{gan}^{v}(G_{im}, D_{im}, V^*, F_t)$。对于生成器 G_{tx}以及判别器 D_{tx}，损失函数如下所示：

$$\begin{aligned}&\ell_{gan}^{t}(G_{tx}, D_{tx}, T^*, F_v) = \\ &E[\log D_{tx}(T^*)] + E[\log(1 - D_{tx}(G_{tx}(F_v)))]\end{aligned} \quad (5)$$

其中 G_{tx}所生成的文本特征 $T^\wedge$应该近似于初始文本表示 T^*，原因与前者一致。训练生成器 G_{tx}的最小化损失函数，训练判别器 D_{tx}的最大化损失函数，即 $\min_{G_{tx}}\max_{D_{tx}}\ell_{gan}^{t}(G_{tx}, D_{tx}, T^*, F_v)$。

9.3.2.5 特征级一致性约束

为了进一步保证跨模态数据表征在独立空间的一致性，设计了特征级一致性约束。当图像特征被 G_{tx}生成模型转换到文本模态空间 $T^\wedge$，应与原始输入的文本特征保持一致性，确保语义信息一致。同理，当文本特征被 G_{im}生成模型转换到视觉模态空间 $V^\wedge$，应该与原始输入的图像特征保持一致性。特征映射过程可以表示为：① E_v：$V^* \to F_v$和 G_{tx}：$F_v \to T^\wedge$；② E_t：$T^* \to F_t$和 G_{im}：$F_t \to V^\wedge$。因为 T^* 和 V^* 有相同的语义信息，因此 $T^\wedge$和 $V^\wedge$在特征上与前者具有一致性。损失函数如下：

$$\begin{aligned}&\ell_x^t(V^*, T^*) = E[\| G_{tx}(E_v(V^*)) - T^* \|_2] \\ &\ell_x^v(V^*, T^*) = E[\| G_{im}(E_t(T^*)) - V^* \|_2]\end{aligned} \quad (6)$$

综合上述分析，所提出循环交叉对抗网络模型的损失函数为：

$$\ell_{all} = \ell_{triple} + \alpha(\ell_{gan}^{v} + \ell_{gan}^{t}) + \beta(\ell_x^v + \ell_x^t) \quad (7)$$

其中，训练两个生成器和两个映射函数使用自适应矩估计优化器，训练两个判别器使用随机梯度下降优化器。具体训练方法如算法 1 所示：

算法 1：模型训练方法

输入：输入文本和图像的原始特征 T^* 和 V^*；

输出：生成器：G_{im}和 G_{tx}，判别器：D_{im}和 D_{tx}，特征映射矩阵 E_v，E_t。

（1）首先，初始化 E_v，E_t，G_{im}和 G_{tx}，D_{im}和 D_{tx}的参数；

（2）固定 E_v，E_t和 D_{im}，D_{tx}的模型参数，基于公式 4、5 和 6 分别优化生成器 G_{im}和 G_{tx}的模型参数；

（3）固定 E_v，E_t和 G_{im}，G_{tx}的模型参数，基于公式 4、5 和 6 分别优化判别器 D_{im}和 D_{tx}的模型参数；

（4）固定 G_{im}，G_{tx}，D_{im}和 D_{tx}模型参数，基于公式 2 优化 E_v和 E_t参数；

（5）重复（2）~（4）的步骤，优化公式 7；

（6）返回 E_v，E_t，G_{im}和 G_{tx}，D_{im}和 D_{tx}。

9.4　数字产权的智能化管理

9.4.1　基于信息隐藏的数字版权保护机制

随着互联网的普及以及发展，数字媒体的传输逐渐引起了一些问题，总体来说分为两个方面。一是在未获得版权拥有者授权的情况时，随意地复制和传播数字媒体。二是使用者很难知道数字媒体的版权拥有者，因此没有办法获得对版权的使用许可。这些原因都使得版权保护渐渐成为研究的关注部分。

数字版权的保护指的是提高复制时的困难度，即通过一些手段来使得数字内容的部分难以复制，对数字内容的部分的版权进行保护，迫使使用者最后需要得到原作者的允许后才能够去对其数字内容进行使用。通过使用一些计算方法，完成诸如音视频、电子类书籍（eBook）、图片等数字类型的材料，这是数字版权保护技术 DRM（Digital Rights Management）的主要作用。当前盗版制品相对较多，加密技术已经很难对版权进行保护，相反还起着盗版的作用。其原因有两方面：第一是由于我们通常是在通信的信道中使用对信息的加密，所以在破解之后，这些加密的数据几乎变成公开，可以说当使用者得到这些加密的数字材料后，加密技术的保护作用就会毫无用处。第二，当使用者得到了原作者的使用许可后再对数字内容进行不合法的使用与传播，此时这些加密的措施都会无用。通过使用加密的方法对数字媒体进行保护有很多弱点，其认证机制必须保证不能有一个比特的失真，但多媒体的认证是可以允许小范围内的失真。所以在如今这个信息繁荣的时代，使用密码学已经没有办法完全满足对数据的保护，特别是对数字内容进行保护。这个时候，信息隐藏相对更加适合对数字内容进行保护，其通过使用某种特殊的算法对重要部分的信息进行处理，将其加入到普通数据内，以此来保护数据版权。

信息隐藏（Information Hiding）常用来实现版权的保护以及隐藏等功能，它是在不对所要保护的数据造成很大影响的条件下将额外的内容加入到数字内容中。信息隐藏可分为数字水印（Digital Watermarking）、密写（Steganography）、匿名等分支，前两项相对来说使用较多，比较重要。关于信息安全及其相关技术的关系可以见图9－7。

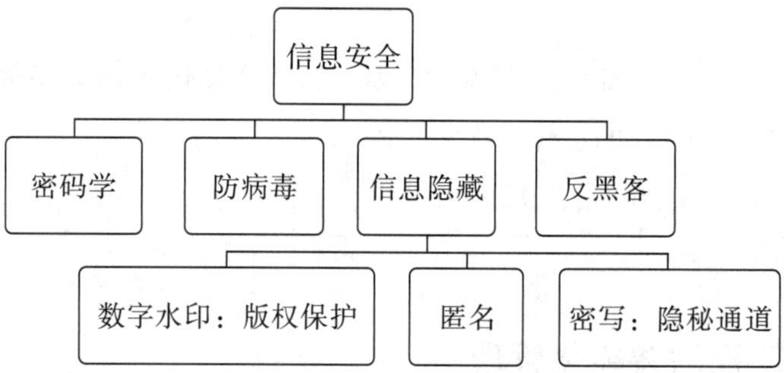

图9－7　信息安全与信息隐藏

数字水印技术通过某种算法，将所保护的数字媒体的相关信息，如原作者、拥有者、发行者、发行时间、授权者等信息，加入到相应的载体中，以此来实现保护的作用。对于加入的水印，要注意不能过多地干扰载体信息的商业价值，此外还要保证加入的水印可以被检测或提出，注意加入水印主要是为了使得相应数据不被非法使用。如果数字产品中的水印信息与持有者的水印信息不一样，则可以判定该数字产品侵权，属于不合法的复制，此时，持有者可以判定其损害了原作者的知识产权。数字水印的技术主要是为了帮助判断哪些产品是不合法的，依然没有办法去对这一不合法的行为进行制止。数字指纹（Digital Fingerprint）技术能够在使用者使用时，将其相关的一些信息变为水印，加入到所要保护的数据中，以便对于不合法的使用人员进行法律责任的追究。最后，水印技术还可以去判断数据是否被非法改动。

另一种常用的方法为密写，其原理是将重要的信息隐蔽在所要保护的数据中，相对来说更加注意信息的隐秘性，在发出去时，尽可能地减少第三方对于相关信息的注意，主要还是为了降低隐蔽在数据中相关信息的暴露程度。当使用者发现其中所包含的隐藏信息时，就算是使用者无法破解其中的信息，但此时，密写也已经失去其存在的意义。密写分析（Steganalysis）是一种用来发现数字媒体中所包含加密信息的手段。此外还有主动攻击，其主要是在不对数据产生很大影响的条件下，对相应数据进行一些干扰，破解者并不会去关心是否含有加密的信息，主要是让被发送的信息无法被接收。

以上这两种方法之间有着一些联系，有些只需对其中的相关算法进行一些改动，就可以变通使用，其主要的一些参照指标有稳健性、隐蔽性以及嵌入量。但是，当应用于不同的具体任务时，其中还是有一定的差异，主要体现在对于参照指标的重视程度不同，例如，当使用数字水印时，稳健性会更加重要，因为这标志着所加入的水印是否能经受住外界恶意的干扰，这是数字水印是否起作用的关键；在投入到商业使用时，隐蔽性相对来说会更加重要；最后对于嵌入量来说，其主要是用来去标记一些信息，所以不会有过多的要求。在使用密写来进行保护时，最重要的是其隐蔽性，因为这表示检查的人很难发现其中的加密信息；由于隐秘传输时需要传送率相对较高，特殊情况下还需要实时的进行传送，所以嵌入也相对重要，而稳健性最低。

在实际的使用中，对于信息隐藏技术来说，是否安全地传递和使用数据依然是最重要的，安全性就不言而喻了。在使用数字水印来保护数据时，安全性有着其特别的重要性。举例来说，非法人员不去攻击所加入的水印，而是使用方法在所保护的对象中加入额外的水印以此来扰乱信息。当使用密写时，安全性还指在统计上是否容易被发现，即是否有更高的隐蔽性。此外，对于特殊情况下的使用，也有不同的要求。

信息隐藏及其相关的技术属于新兴的前沿技术，与传统的版权保护技术都有着很密切的联系。随着互联网技术的快速发展，与数字版权保护相关的这些新兴的技术也会与新的技术快速结合，迅速发展，共同构建一个版权保护更加完善的行业环境。

9.4.2　基于区块链的数字版权机制

互联网的普及加快了数字资源的流通，数字资源版权管理问题突出，区块链技术的应用对于数字资源版权管理问题的解决具有突出的意义。在互联网环境下，具有数字版权的内容很容易被复制再通过其他平台进行分发。这种侵权行为存在隐蔽、难以被发现，发现后又证据采集困难、难以确定侵权主体等特点，对数字版权保护造成极大困扰。传统的数字版权登记渠道在维权过程中不仅费时费财，还难以跟上互联网内容更新迭代的步伐，进一步加剧了数字版权保护的困难。

区块链技术作为比特币的底层技术被大众所关注。区块链技术是多种技术综合起来创新应用的结果，它包括P2P网络协议、分布式一致性算法（共识机制）、加密签名算法、账户与存储模型和智能合约等关键技术。这些技术的应用使得区块链具有去中心化、不可篡改、时间戳唯一等特点。这些特点正是数字版权保护所需要的，去中心化和智能合约可降低数字版权登记管理成本，时间戳的功能给侵权取证带来便利、父哈希可以进行版权溯源。

基于以上分析，本文研究了区块链技术去中心化、不可篡改、时间戳唯一等特点在数字版权保护上的应用，选取公有链和联盟链两种不同的区块链类型，从“确权—用权—维权”三个维度出发，分别从架构到流程，设计了具体的基于区块链技术的数字版权保护平台，并对两种类型的区块链保护平台做了优劣势对比分析。同时也指出区块链技术不是万能的，对于数字版权的保护也不能完全覆盖，并且存在潜在的技术风险。

当前互联网多为中心化的服务体系，具有中心服务器，每个中心都有自己的独立运行系统，有价值的信息分布在各个中心，不同中心的沟通需要很高的业务成本，所以，各中心之间很难信息共享。同时，因为数据被集中在中心化的机构中，有很强的遭受攻击的可能性，也容易出现数据泄露的风险，近两年出现了多起用户数据泄露的案例，为了预防被攻击，中心化机构需要投入很高的运营成本。

区块链具有去中心化和非对称加密的特点，各节点可独立保存自己的隐私数据，若应用区块链技术，将版权内容信息转化成链上的数据，而不用托管在中心化机构，节点可直接地信息交互并不需要中心化的机构做中介，一个区块链系统内两个交易的节点会及时广播至区块链全网，但交易具体内容不会被泄露，并且，可以在区块链系统中引入版权登记中心这样的权威机构，对交易内的合法合规性进行必要监督。区块链系统内可以多个节点同时进行大量信息传递而不会出现宕机问题。由此可以看出，区块链技术可以同时解决实现保证信息安全，实现规模交易，降低中心化系统业务成本，提高运行效率这些中心化系统存在的问题。

将一个有数字版权的作品以极低的成本复制后，再重新发布到其他网络平台上，这种行为是侵犯数字版权的，但是在数字化信息爆炸和信息极其冗余的网络环境中，却很难被发现，给权利人造成损失。区块链去中心化且不可被篡改的特性正好可以运用在此，某个节点若有意侵犯或篡改数字版权内容，则需要经过全网其他节点的同意，这极大提高了侵权成本。

区块链领域的智能合约与我们日常所指的有法律意义的合约不同，它指的是具有自我执行、自我验证特征的计算机协议。只有当写入的约定条件满足时，智能合约才能生效。在具有智能合约的区块链中，用户按照要求上传自己的数字作品内容后，经验证交易有效，即可获得数字版权登记证书。相对于传统版权登记高成本、审批流程长的缺点来说，区块链上进行版权注册成本极低、速度很快，而且数字版权内容可以作为数字资产存储在区块链上。

在区块链上上传的数字版权内容被打包成数据区块后，每个数据区块一般包含区块头（Header）和区块体（Body）两部分。区块头封装了当前的版号、父哈希（Hash）值、时间戳、随机数、当前区块的哈希值（Hash）、梅克尔根值等信息。每个区块头会被加盖上时间戳，这些时间戳可以用来证明版权内容的写入时间，因为在互联网上数字版权内容发布时间是可以人为设定的，所以传统数字版权侵权举证难度很大，但是在区块链上，若两个节点上传的数字版权内容相同或相似，就可以断定其中的一个节点存在侵权行为，那么怎么判定哪个节点侵权呢？这就可以利用时间戳来做判定，写入时间晚的节点，可能存在侵权行为。同时，因为区块链数据存储是链式结构，每个区块串联在一起，区块头中有父区块的哈希值，这就为版权溯源提供了可能。

智能合约可以达成版权所有者和消费者的点对点直接交易，同时，智能合约约定条件并不是一成不变的，在需求或者商业环境发生变化时，智能合约可以在原有链上分叉出新链。但是该行为需要经过所有节点的同意，链上的原有交易仍然存在于旧链上，没有一方的利益受到损害。

当前数字版权交易市场活力明显不足，很多版权内容作者并不是靠版权来获得收益，而是靠互联网广告。区块链技术可以使版权内容生产者在链上得到应有的版权收益，并且智能合约可以丰富版权交易的类型，比如可以在区块链上对抢手的作家进行约稿，作家可以在区块链上从有写作灵感开始记录直到形成独立作品；在区块链上还可以对自己版权内容进行叫价，当有卖家对价格满意，就可以快速完成一次版权交易。

利用智能合约进行的交易是完全依赖交易双方的，第三方中心机构不会在这个过程中介入，包含交易内容的新的区块会在版权交易完成后产生，新区块收到全网其他节点的共同认证，交易的有效性得到了保证。

9.5　智能化的分析应用

9.5.1　基于图谱技术的智能化推荐

随着网络技术与深度学习算法的不断发展，人们获取信息的方式变得越来越多样化，获取的信息内容也在激增。我们每天接收信息的方式已经开始从主动浏览转变为被动接收，与此同时，出现了诸如信息质量不平衡和大量无意义的信息推送之类的问题，人们陷入信息泛滥的漩涡中。这时，人工智能（AI）的出现就像是雪中送炭，AI 技术的智能建议催生了新一轮的信息革命，给过去的信息特征带来了翻天覆地的变化。

AI 建议下的信息通过展示高质量、个性化和准确的特征，隐藏了用户的偏好，并且过滤后的信息开始受到许多人的喜爱。

传统推荐系统主要基于聚类、最近邻和矩阵分解等方法。但是，近年来，从图像识别到自然语言处理，深度学习在许多领域都非常成功。由于深度学习技术的成功，推荐系统也取得了长足的进步。实际上，诸如 Youtube 和 Amazon 之类的当今先进的推荐系统都是由复杂的深度学习系统而非传统方法驱动的。

现代智能模型主要依靠隐式反馈。在构建智能推荐模型之前，重要的是要了解隐式和显式反馈之间的区别，以及为什么现代推荐系统是基于隐式反馈构建的。

在推荐系统中，基于显式反馈的系统操作原理是直接从用户那里收集定量数据。例如，亚马逊的购物网站允许用户对购买的 1 到 10 件商品进行评分。这些评分由用户直接提供，亚马逊可以根据评分标准量化用户的偏好。另一个显式反馈的例子是常见的视频网站上的“赞/踩”按钮，通过收集喜欢的次数，以捕获用户对特定视频的明确偏好（即喜欢或不喜欢）。但是，明确的反馈也存在某些问题。最值得注意的是，数据源很少。在这一点上，读者可以回想一下他们上一次单击视频网站上的“赞”按钮或评估在线购物订单的时间。大多数情况下用户在视频网站和购物平台所进行评价的次数要远远少过他们所浏览的内容数目。

隐式反馈是从用户与推荐系统之间的交互中间接进行数据的收集，隐式反馈可以看成是用户偏好的代理。举例说明，即使用户没有明确地给视频打分，用户在视频网站上观看的视频也被用作隐式反馈，在大多数情况下，由隐式反馈生成的推荐数据是自定义内容。另一个应用隐式反馈的例子是购物网站上的商品推荐系统，当用户浏览过一些商品后，这些商品后续被用来为用户推荐其他类似的项目。隐性反馈的优点在于它的数据来源是非常丰富的。通过隐式反馈构建，智能推荐系统让用户可以通过每次单击或操作实时生成自定义的智能推荐。如今，在线智能推荐系统具有隐式反馈，这使得系统在用户交互时能够实时调整所做的推荐。

实际上，智能化推荐背后有很多算法。基于内容的推荐算法、基于协作过滤的算法和基于关联规则的算法是智能化推荐的主要来源。基于深度学习的智能推荐系统可以分为两种：基于多层感知内存的推荐系统和基于自动编码器的推荐系统。多层感知器是一种简单有效的模型，广泛应用于许多领域，特别是工业领域。事实证明，多层前馈网络能够以任意精度近似可预测的功能，并且是许多高级模型的基础。通过自动编码器模型可以学习突出的特征，然后把这些特征用于推荐系统。这些听起来可能很远，但实际上非常贴近生活。诸如百度新闻提要、淘宝产品推销和抖音等视频推荐都是算法在其背后起作用。

在智能推荐开始“起作用”之前，每个人都被标记，每个标记具有不同的关注重点。通过收集这些数据，自然可以实现对用户的准确和基于兴趣的推送。在信息零散的时代，更个性化和准确的建议可以节省用户时间，允许用户过滤掉不需要的信息，并使信息检索这一过程更加有效。

如前所述，在智能化推荐过程中，每个人都有一个标签。也就是说，每个人都有对应的属性表达式。简而言之，如果将该对象标记为程序员，那么可能他就会有熬夜、看书、编程等属性，还有一些不太重要的属性，例如打游戏和体育运动。这些属性具有不同的权重，并且这些权重可以大也可以小。当前，推荐引擎算法优先考虑相对较大百分比的属性的提升。这增加了最初相对重要的属性的曝光率，并最终增加了相对重要的属性的比例。小比重属性的百分比经过长时间的忽略后，逐渐接近零。

以现今热门的内容类应用程序“今日头条”为例，它通过引入基于用户兴趣的应用程序智能推荐算法迅速积累了一批忠实用户，并以此为基础开始了新的信息流广告形式，实现了点对点匹配，进一步提升了广告投放的准确性。“今日头条”的成功也使得智能化的推荐迅速成为大数据时代背景下内容平台的首选技术。麦克卢汉曾说：“我们塑造了工具，反过来工具也在塑造我们。”随着智能化的推荐越来越能够对用户喜好进行精准的把控，用户慢慢开始陷入了一个缺乏思考宽度和深度的漩涡中，智能化推荐的负面影响给用户砌起了一座高墙，用户被推荐浏览到的永远是用户最初经常浏览的感兴趣的事物、话题，然而对于其他未被浏览到的新鲜事物用户只能稍稍摸到一些皮毛。当前的智能推荐算法还需要解决如何通过多个维度来挖掘用户的长期和短期兴趣状况的问题，以及如何通过几种逆向推荐算法来增加推荐的多样性和新颖性的问题，这些都是智能化推荐亟待解决的问题。

9.5.2　主题分析及跟踪

9.5.2.1　文本主题分析

目前，互联网上不论网页、博客、邮件、即时信息还是微博，仍然是以文本信息为主，因此文本挖掘仍然是主题分析的重要手段。主题发现与追踪（Topic Detection and Tracking，TDT）是以大规模的文本语料为研究对象，通过分析文本内容所描述的主题，来发现新的主题内容，或者对属于原有主题的新的相关内容进行跟踪，最后组织涉及某个主题的内容并以一定方式将这个内容展示出来。主题发现与跟踪技术和传统的信息检索技术相比，更关注对新主题（如新事件和新话题）的发现，并且对新信息与特定主题之间的相关性更为重视。目前该领域的研究工作包括：主题发现与跟踪模型的研究，包括向量空间模型、相关模型、概率模型、语言模型等多个方面；有研究将信息检索和机器学习技术相结合，用于主题发现与追踪，并在跨语言主题发现与追踪上取得了较好的结果。随着互联网的应用，人们更多地通过论坛来交换信息和观点，因此网络论坛上的主题挖掘开始出现，最初是挖掘单个讨论的主题，后来发展为若干个讨论的主题。目前，社会网络服务的发展使主题分析的研究开始将社会关系引入进来，Victor Cheng 等人提出了一种基于用户关系的主题挖掘模型，Mingliang Zhu 等人将词的相关性与用户相关性结合起来挖掘网络论坛上的话题。但是，主题分析领域面临的困难主要是如何建立主题信息的特征表示和相关性度量模型，特别是基于语义方法和考虑时空等情境变化的分析手段。

主题信息的宏观态势分析关注关键信息点的量化分析与评价、主题信息在时间维度与空间维度上的发展态势分析与预测等。内容包括文本主题的涌现态势发现（Emerging Trend Detection，ETD）和时序挖掘（Temporal Text Mining，TTM）。ETD 主要发现在一个时间范围内逐渐引起人们兴趣，并被越来越多的人使用、表达和传播的事件、概念等。ETD 有全自动方式和半自动方式之分。全自动系统方法的代表性工作包括罗格斯大学 William M. Pottenger 等提出的 HDDI，马萨诸塞大学 Russell Swan 提出的 TimeMines。半自动系统方法的代表性工作包括理海大学 Glenn Blank 等人实现的 CIMEL（Constructive，Collaborative Inquiry-based Multimedia E-Learning）、Battelle Pacific Northwest Division 开发的 ThemeRiver 等。

研究人员对 Web 2.0 应用中用户发布的文本信息内容进行了研究，发现不同用户发布的信息在语言模型、词语分布等方面表现出了多样的特征。这些内容往往是依赖于特定的情境的，单从信息内容本身进行挖掘难以全面准确地获得有用的知识。此时必须利用各种情境数据，如时间、空间、用户及其社会关系等，甚至通过进一步推理来发现不同情境下的特征并建立相应的语言模型。

在自然语言理解的研究中，上下文作为一种情境被用于有监督学习，来扩展特征空间，进行实体抽取、标记等，也通过局部上下文的比较来进行语义消歧或实现词语聚类等。但主要问题是缺乏对更具一般性的情境挖掘方法的研究。常见的文本挖掘采用文本生成模型的方法，其核心思想是建立概率模型来描述观察到的文本数据的生成过程，这种文本数据的概率模型称为语言模型，常常被用来挖掘文本中的模式（例如主题模式），以便于实现文本检索、分类、聚类或文本摘要等任务。传统的文本挖掘方法假定整个文本集只具有一个统一的语言模型，因此忽略了情境变化对语言模型的影响。有研究注意到这一问题，揭示了一个重要的统计信息，发现文本的统计信息（如词频）中不同风格类型和体裁的文档和文档之间是有区别的，通过进一步研究，认为好的文本集应能够混合多样化的情境因素，因此认为混合泊松分布比标准的泊松分布模型更适合文本数据，但是这些研究仅停留在文本集合级的建模，不能更为深入地理解情境的内容以及对特定情境进行建模。如何定义文本中的情境并将其特征进行描述，如何获得情境所产生的影响，如何利用情境信息解决各种主题分析任务仍然是留待解决的关键问题。

混合情境建模的最新进展是概率主题模型的研究，它的基本假设是文本数据通常覆盖了多个主题，因此可以通过混合概率模型建模，每个概率模型对应一个主题，同时一个主题也可以基于相应的概率模型进行特征描述。但是，这种方法缺乏对主题以外的其他情境信息建模的能力，且还无法将先验知识引入主题模型，并且无法确定其他情境对主题本身的影响。最近一部分研究已经尝试将其他情境信息，如作者和时间等集成到主题模型中，但还都难以扩展到其他情境上来。这其中主要的问题是缺乏一个一般性的框架，定义情境和建模的一般方法，无法根据情境对数据内容进行比较并从中发现情境模式。

9.5.2.2　跨媒体主题分析

随着多媒体数据逐渐成为网络信息的主要载体，尤其是各类热点主题事件进程中网络上大量出现的图像、视频信息，使基于文本的主题分析方法越来越难以全面、准确地挖掘相关主题内容及其影响范围和深度，研究融合各类媒体信息的跨媒体主题分析方法已经成为亟待解决的关键科学问题。

多媒体信息拥有非结构化数据格式、数据量巨大以及内容理解的主观性与多义性的特点，这使得多媒体信息数据的分析与理解面临较大困难。近些年来，以内容为基础的多媒体分析、自动标注、索引构建和相似检索等研究一般是基于底层的视觉特征（如颜色、纹理、形状、运动、镜头等）和听觉特征（频谱分布和变化规律、节奏、韵律、话音、说话人特征等），但这些底层特征并不能直接表示突发事件所蕴含的语义概念，因此，关键是要将这些底层特征与高层语义对应起来。

虽然对于图像的研究中也有一些基于视觉特征的聚类工作，但是由于难以抽出图像的基本语义单元，所以无法对图像进行语义分类。目前的基本对策有两个，第一种对策是对图像相关的文本信息加以利用，将图像检索、分类问题转化为文本检索、分类问题，但缺点是完全舍弃了图像自身所包含的丰富信息，同时会受到文本处理能力的制约。第二种对策即图像自动语义标注，试图借助机器学习的方法，根据图像自身的视觉特征，建立关键词与可视语义对象之间的概率意义上的某种关联以缩小语义鸿沟，这在本质上是一个大规模多分类问题。在过去几年中相关研究获得了广泛关注，取得了一定成绩，主要采取了同现模型、层次混合聚类模型、生成关联模型、翻译模型、潜层空间模型、SVM 分类器等。由于关键词集合可以代表一组主题语义概念，因此这项工作也可以视作对图像进行主题语义分类，但其性能会受到限制。

针对跨媒体数据挖掘领域的多模态特征融合等问题，已经有学者提出了一系列解决方法。采用谱聚类方法分别建立了视觉表示空间和文本表示空间的二部图，为了保证聚类结果的一致性，将两个单独聚类形式任务转化为一个多目标约束优化任务。还有方法分别定义同一类型数据和不同类型数据之间的关系，将不同空间的相似度相互传播直到收敛，然后在更新了相似性度量的视觉空间中利用谱聚类算法聚类。还有一种算法采用 Boosting 算法对图像分类进行了研究，建立了自然图像分类系统，并且通过提取人文、山川、植物、水域四维特征并结合相关数据，实现了跨媒体信息导航。

近年来发展起来的翻译学习技术，实现了不同模态异构数据间的特征映射，如采用文本训练数据解决图像数据的认知学习问题，为解决跨媒体数据挖掘的语义鸿沟问题提供了一种新的途径。但是作为一种新兴的学习策略，目前翻译学习仅在较小的标注规模上有显著效果，因此需要设计一种高效的翻译学习算法以尽可能降低算法的计算复杂性。同时为了实现跨媒体挖掘，算法能力也有待进一步提高，以便将来自其他特征空间的有用特征映射到目标特征空间，改进目标特征空间的学习效果。

9.5.3 智能化的信息匹配

大数据时代，信息采集设备与信息传播技术迅速发展，信息传输媒介与获取渠道越来越丰富。用户所能够接触到的信息量有了质的飞跃。然而，在海量的数据中，真正符合用户检索需求的信息往往只占一小部分，这增大了用户获取信息的成本。特别是在信息智能化的大背景下，如何实现高效、精准的信息匹配，是海量数据与用户需求对接的关键。按信息媒介的不同，可以将信息匹配分为图像匹配、文本匹配、语音匹配、三维模型匹配等多个种类，本节主要介绍智能化的图像匹配与文本匹配。

9.5.3.1 智能化的图像匹配

图像匹配技术是计算机视觉领域最为重要的技术手段之一。传统的图像匹配技术，根据算法通常被分为基于灰度与基于特征两类。这两种算法都存在着先天性的不足。基于灰度的算法具有准确率高、易于实现的优点，但容易受到实际应用环境中光照条件、天气变化等因素的影响，导致使用局限性较大；在基于特征匹配算法中，由于对特征的选择及提取的方法、算法结构复杂，匹配定位不够准确，实现难度大。21 世纪以来，神经网络技术受到越来越广泛的关注。神经网络是一种模拟人类神经结构的算法模型。在快速、大量的信息处理任务上展现出远超传统方法的优越性能，在图像匹配领域也得到了研究人员的高度重视。2015 年 Han X 等人提出的 MatchNet 是神经网络应用于图像匹配领域的代表性方法之一。与 SIFT 等传统方法利用欧氏距离进行距离计算的方式不同，该网络从图像块中提取特征，并利用全连接层，通过学习到的特征度量来表示两个描述符之间的相似性。MatchNet包括两个特征提取网络与一个测度网络。先从两张待匹配的图像中提取图像块并分别采样，输入特征提取网络，然后将网络输出通过瓶颈层降维并串联起来，经过两层全连接层之后，通过softmax函数输出值为1或0的匹配结果，分别代表匹配或者不匹配，然后将此结果输出到交叉熵计算损失，从而完成整个网络的训练。在UBC数据集上的对比实验结果显示，MatchNet的图像匹配性能远远超过以SIFT为代表的传统匹配算法。

9.5.3.2 智能化的文本匹配

自然语言处理领域中的各种任务都可以抽象地视为文本匹配问题。文本检索可抽象为关键词和文本的匹配，问答系统可以抽象为提问和答案的匹配，对话系统可以归结为对话和回复的匹配。如何根据不同应用需求的特点设计匹配算法从而提高匹配性能，是自然语言处理领域的重要任务。

传统的文本匹配技术有BoW、VSM、TF-IDF、BM25、Jaccord、SimHash等算法。BM25算法通过数据对输入字段的词汇一致程度计算得分，得分越高则相似度越高。但这类匹配算法有很大的局限性，原因包括：

词义局限：“电脑”和“计算机”虽然在词汇层面不同，但实际意义一致；而“猫”在不同的语境下分别代表一种动物或调制解调器。

结构局限：“保安公司”和“公司保安”的词汇组成虽然一致，但分别指提供安保服务的公司和公司里负责安保工作的人员，实际意义完全不同。

知识局限：“小明身高二十米”虽然在语法上正确，但在知识层面是错误的。

可以看出，简单的词汇匹配不足以满足文本匹配的应用要求，要实现人工智能意义上的文本匹配，必须在语义层面取得突破。

神经网络技术在计算机视觉领域的优异表现，获得了自然语言处理领域研究者的高度重视。近年来，出现了应用神经网络技术的深度文本匹配算法。这类算法模型根据语义表达的不同，主要分为基于单语义文档表达与基于多语义文档表达两类。

9.5.3.3 基于单语义文档表达的深度学习模型

这类算法将两段文本分别映射为向量，将其通过神经网络，输出是否匹配的二分类结果。代表性的方法为DSSM（Deep Structured Semantic Model），其核心思想是把文本数据以及用户的点击历史记录映射到一个相同维度的语义空间，通过度量两个空间的余弦相似度，实现文本匹配。网络结构包括输入层、表示层和匹配层。高维的文本向量通过一个词汇哈希层以及数个隐藏层，得到低维的语义向量，对其通过余弦距离计算相似性，通过softmax函数转化为后验概率。DSSM使用字向量作为输入可以减少对分词的依赖，提高模型的泛化能力，采用有监督训练提高了模型的准确率。

9.5.3.4 基于多语义文档表达的深度学习模型

这类算法将待匹配文档的语义序列进行交互计算。通过相似性分数得出匹配结果。代表性的方法为MV-LSTM。该方法采用双向长短期记忆人工神经网络（LSTM）处理待匹配的两个句子，对隐藏层的输出进行两两计算匹配度，考察每个单词在不同语境下的含义。用双向LSTM处理文本可以在不同颗粒度下考察文本。基于多语义文档表达的匹配算法能够考虑文本时序关系，减轻权重偏移，强化语义表示，匹配准确率高，且对抽象信息的表达能力较强，是这一领域未来最具潜力的研究方向。

第10章　数据资产管理

10.1　华润风电建设项目电子档案数据管理案例

10.1.1　背景介绍

随着中国的信息化发展逐步深入，在企事业单位中，都已经配置了各类的信息化系统，所有日常的管理数据都已经通过电子化的方式存储在各类电子设备中。但是对于档案管理来讲，通常将纸张作为主要归档媒介，这就造成了众多企业需要为了制造档案文件而使用“双套制”，将已经形成的数据，再打印出来，补充签字进行归档操作，实际上这已经不是真正意义上的“原始记录”，所产生的信息也不容易再利用。档案作为数据资产管理的其中一环，应当能够仅以电子数据的形式进行归档保存，这样才有助于其他信息系统的建设。当代的电子档案管理系统，应当对企事业单位所产生的海量电子数据进行鉴定、保存、利用，承担数据资产管理的责任。

国家档案局在2015年发布了《企业电子文件归档和电子档案管理指南》，2016年发布了《建设项目电子文件归档和电子档案管理暂行办法》。基于数据管理的切实需要，国家档案局推动了数个批次的试点工作，各行业具有代表性的企业参与了仅以电子文件形式归档和电子档案的试点项目。在电子档案的法律效力层面，《中华人民共和国档案法（2020年修订）》明确了电子档案的法律效力，并鼓励机关、团体、企事业单位按照相关规定推进电子档案管理信息系统建设。

华润电力控股有限公司在风电建设项目管理过程中，对于数据资产的管理以及电子档案的应用，都有着迫切的需求，因此参与了国家档案局第二个批次的试点工作。希望通过试点工作，搭建全新的风电建设项目电子档案管理系统，以此解决日常工作中所产生的以下问题：

在施工过程中使用的文件不统一，导致采集数据也不统一，无法形成统一的文件与数据标准。

通过纸质文件进行归档，浪费了大量的纸张资源，不符合当前信息化、无纸化的技术发展方向。标准不统一，导致时间与物料的浪费加剧。如果填入错误的基础信息导致文件作废，则需要重新打印、重新签章。

签字审批过程漫长，项目部、施工现场、甲方公司总部，有时候这几点之间距离很远，签字等操作困难。

资料整理人员很难在上千种施工文件中，准确地找到自己需要的一份文件。很难形成一份精准的文件清单。

档案数据的完整性检查及验收工作耗费大量精力：档案产生的过程无法监控、档案整理工作需要专业度、档案归档前需要仔细核查。

数据利用效率低下，希望将非结构化数据向结构化进行转变，进行数据的直接归档，对数据资产进行有效的管理与利用。

10.1.2 项目实施

风力发电厂建设过程中，会产生大量的文件，一个风电厂建设完成，会产生数万份文件。使用传统方式进行管理，将产生数十卷的纸质档案，数字化扫描后产生十几个G大小的扫描件。风电厂建设的特点是周期短，往往是项目都已经结束了，整理这些纸质档案的工作还未结束，档案整理工作可能还要再持续数月。其中施工过程文件中，每一个文件需要填写几十项到上百项数据，这些数据以往都直接填写在纸质文件中，没有进行结构化管理，无法在未来产生有效的分析利用价值。

基于国家电子档案的相关要求，以及华润电力自身的需求，系统经过了需求调研、系统设计、系统开发、系统测试、系统交付等阶段，下面针对一些重点的数据资产管理阶段，进行说明。

1. 数据梳理

项目开展初期，首先对风电建设过程中产生的数据进行了梳理。按照不同的维度，将电子文件进行分类标记。以便了解各个阶段的文件特点，按照业务的属性对文件进行管理，方便各阶段人员调用。

按照风电项目建设阶段划分文件种类清单，见表10-1。

表10-1 文件种类清单

项目开发	筹建在建	施工过程	监理文件	生产准备	风电场运营	合计
50种	103种	627种	51种	24种	20种	875种

在梳理过程中，对各个类型的文件进行分析，确认其是否能够结构化，能否直接产生电子文件数据。其中部分文件因为由其他组织机构产生，提供的原始资料就是纸质文件，只能采用原有方式管理。

单轨制：仅以电子化文件或者数据的形式存在。

双轨制：纸质文件存在，扫描后的数字化版本同时管理。

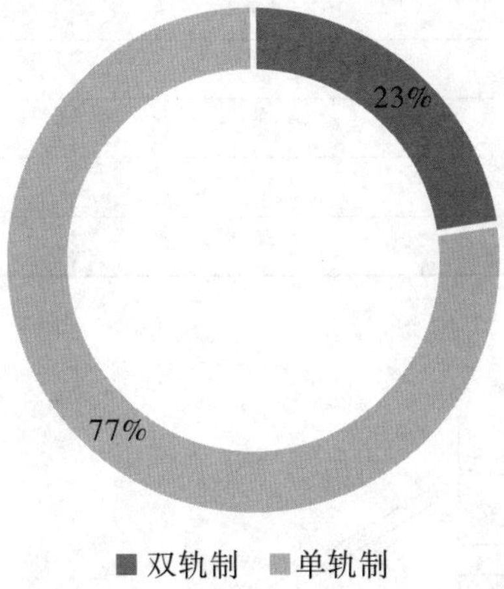

图10-1 双轨制和单轨制文件比例

建设项目过程中产生的数据，涉及生产安全管控，需要十分重视审批过程，对数据进行确认的人负有法律责任。所以对数据的流转审批进行了细致的梳理，确认了责任关系。共设计了109套审批流程。

2. **数据规范**

在调研和指定方案的过程中，发现有大量业务数据并没有很好地进行统一规范，主要原因是参考的国家标准不统一，各个分支机构的管理制度不统一，对制度的解释有歧义等。通过本系统的梳理，将一些数据的规范进行了梳理，保证未来使用过程中的规范性，数据统计的一致性。

在数据录入方面，系统对于需要强制统一的数据内容进行了统一规范，对项目名称、项目代码、标段名称、单位工程名称、各参建单位名称等20余项数据进行了强制引用，在项目开始时配置到系统中。系统内用户进行数据填报时，可以自动引用这些数据。

在用户岗位方面，因为参考的标准不一致，个人习惯不一致，导致对于参与生产的人员岗位叫法不统一，在工作流程上产生很多的歧义，造成了很多理解困难。通过梳理，将用户岗位统一，规范了数据与流程。

梳理前后数据对比见表 10－2。

表 10－2　梳理前后数据对比

组织类型	梳理前岗位名称/个	梳理后规范岗位名称/个
施工单位	60	9
监理单位	9	2
建设单位	13	3
设计单位	5	1
勘查单位	2	1
调试单位	3	2
设备厂家	3	1
试验检测单位	4	1

梳理对照示例见图 10－2。

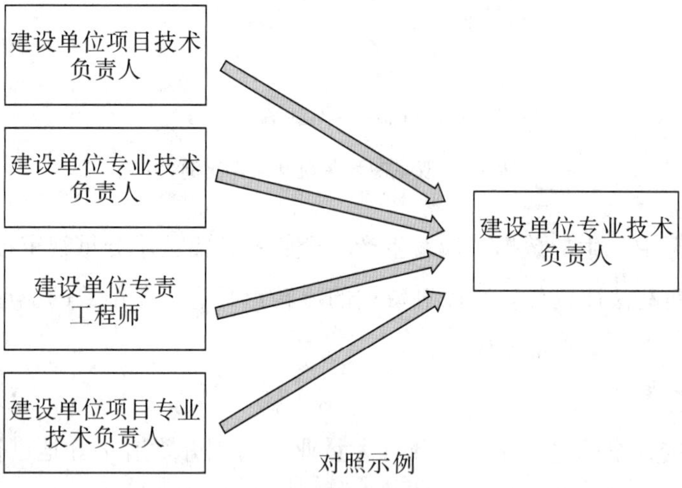

图 10－2　梳理对照示例

对系统内需要自动编号的位置，进行了自动编号处理，避免了人为对表单进行编号可能产生的错误，提升了数据的质量。

表号自动编制示例：

格式包括三部分：　××××　—　□□□□　—　□□□

公司代码　　项目代码　　表号代码

公司代码：通过系统参数获取公司代码。

项目代码：项目简称代码，通过项目属性信息自动获取。

表号代码：通过填写的表单信息自动获取表号代码。

3．**结构化数据**

将表单中的数据进行结构化处理，每一种业务表单都有对应的结构化数据表。这样才能在使用过程中精准地产生数据，在未来的使用过程中提供方便、可靠的数据分析。

通过可视化的窗口展现，实施人员和企业管理人员可以自定义表单。将需要填写的各个单元格进行结构化处理，指定其字段名，并约定其填充方式，可以是自动引用标准数据，或者按照规则选择数据等，保证用户能正确录入数据信息。

图10－3　**可视化窗口**

通过这种方式，系统实施过程中共自动建立了600余张数据库结构表，数万个结构化字段，完成了大部分施工管理数据向结构化转换。在这个过程中，还利用了信息化系统的优势，将结构化数据之间的关联进行了管理，基于数据关联进行穿透查询。表单不再是一张张独立的打印出来的纸质文件，而是通过装订的方式联系在一起。

钢筋加工工程检验批质量验收记录

工程编号：2-FJ-005-00-01-03-03-01-005　　电土验表：5.10.7

单位（子单位）工程名称	5号风力发电机组		分部（子分部）工程	风机基础工程	
分项工程名称	混凝土灌注桩钢筋		验收部位	NF5风机基础	
施工单位	中国电建集团河南工程有限公司	项目经理	牛健康	项目技术负责人	丁宁波
施工执行标准名称及编号	1、企业标准：/ 2、施工技术规范：《混凝土结构工程施工质量验收规范》（GB 50204-2015）				
分包单位	/	分包项目经理	/	施工班组长	/

类别	序号	检查项目	质量标准	单位	施工单位自检记录	监理（建设）单位验收记录
	1	原材料抽检	钢筋进场时，应按国家现行相关标准的规定抽取试件进行作力学性能试验和重量偏差检验，检验结果必须符合/有关标准的规定		钢筋力学性能工艺强度检验报告：BG2019-784-33-0001 BG2019-784-33-0007	符合要求
			对有抗震设防要求的框架结构，其纵向受力钢筋的性能应满足设计要求；对一级、二级、三级抗震等级设计的框架和斜撑构架（含梯段）中的纵向受力钢筋用采用HRB335E、HRB400E、HRB500E、HRF335			

华润电力内黄县润电20MW分散式风电项目
工程材料报审表

表号：CRNE—NHRH—A18　　编号：HNGC-A18-002

工程名称	华润电力内黄县润电20MW分散式风电项目
致河北鸿泰融华润电力内黄县润电20MW分散式风电项目监理部 我方于2019-10-22进场的钢筋数量如下（见附件）。现将质量证明文件及自检结果报上，拟用于下述部位:风机及线路工程请予以审核 附件：1、数量清单 2、质量证明文件 3、自检结果 4、复试报告 （章） 项目经理： 2019-10-22	
项目监理机构审查意见：	

图 10－4　结构化表单

10.1.3　项目成果

1. 标准文件清单

通过对风电建设项目过程的不断梳理总结，构建了完整的风电项目文件清单。结合风电建设项目的特点，可以快速创建新项目的所需文件。将管理要求通过数据列表的模式固化到应用系统中，使得各级管理人员、各个参建单位人员，能够以最低的时间成本理解管理要求，准确地提交所有项目过程中产生的数据，提高整个工程的安全管控效率。

图 10－5　电子文件分类管理

针对其中最复杂的施工过程数据，按照施工过程中使用的项目划分表来组织文件清单，使得参建单位技术人员能快速定位文件，且了解文件整体的填报进度。

图 10－6　文件清单

2. 数据资产防篡改

档案数据需要具有不可篡改的特性，这也是数据资产必须具备的一个保障。在建设项目工程管理过程中产生的数据，更是关系到整个项目的安全，所有数据还承担着安全问题溯源的责任，所以保证所有数据被认可、无篡改是十分重要的。

通过结合电子签章和区块链技术，系统最大限度地保障了数据资产的安全性，既可以验证数据的结果不可篡改，也能够追溯数据产生的过程。

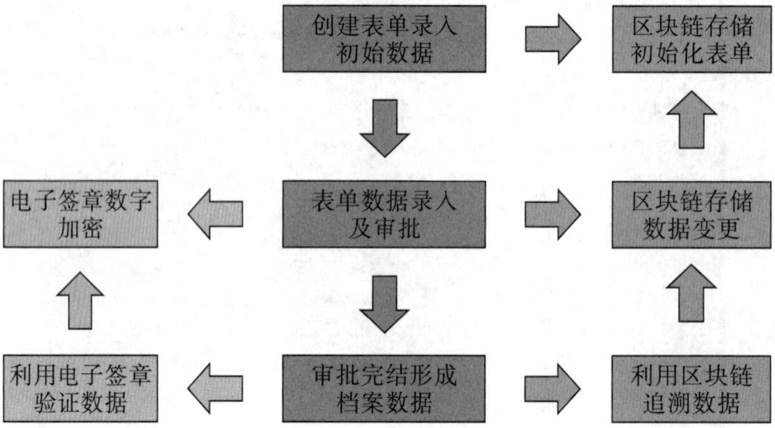

图 10-7　数据产生过程

3. **自动化归档管理**

通过标准文件清单的建立，在填报文件之前，就已经知道该文件如何进行归档处理，通过预设的参数，可以自动完成数据组卷归档。通过这种方式节省了大量的档案指导工作，同时将档案的管理工作前置，在过程中即可进行档案管理，而不是到结束时候才查缺补漏。推进了档案与业务的一体化，数据的一体化进程。

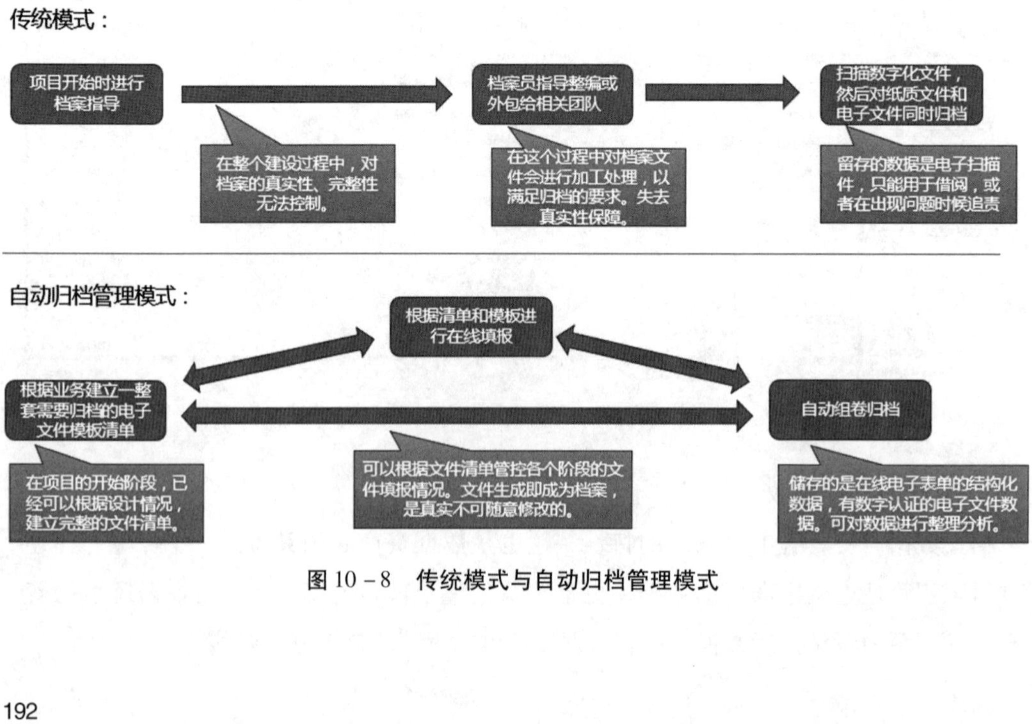

图 10-8　传统模式与自动归档管理模式

4．项目电子文件全生命周期

通过一系列技术手段和管理方法，实现了档案仅以电子数据的形式进行保存，实现了电子文件的全生命周期管理，保障了数据的真实性、完整性、可用性、安全性，达到了国家试点的要求，也解决了企业生产过程中遇到的很多问题。帮助下游各个施工单位节省了大量管理成本，每个采用电子档案系统进行全过程管理的项目，都可以节省数万纸张资源，让管理者节省了大量跑腿的时间。

目前国家大力推动电子签章，无纸化信息传递。项目建设符合当前整体信息化趋势，使得数据在企业内部的传递更加畅通无阻，数据可以流转至电子档案系统，电子档案系统也可以为其他系统提供数据支撑。

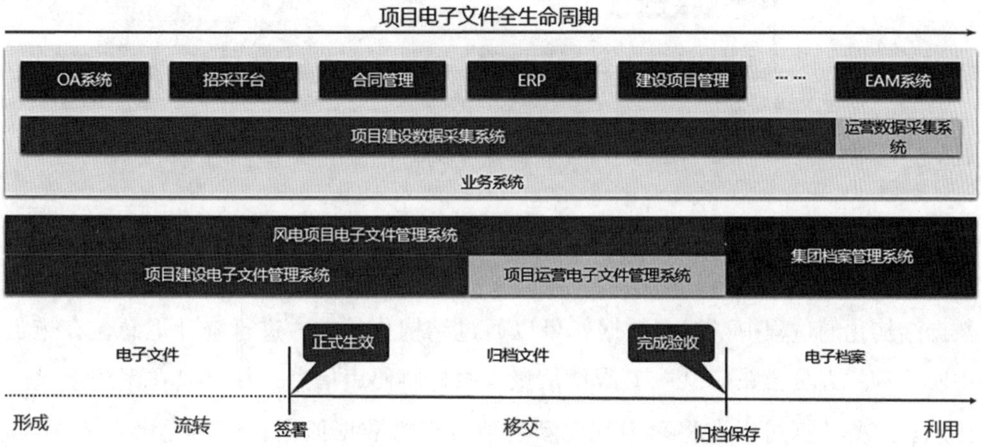

图10－9　项目电子文件全生命周期

5．在线档案验收

档案管理工作通过全流程的线上处理，还解决了因风电建设项目分散在全国各地，导致管理人员需要到处奔波的问题。项目文件归档完成后，系统通过验收申请、专家配置、在线调卷、问题反馈、整改闭环、验收确认等，形成整个项目文件的闭环。这种方式在新冠肺炎疫情严重期间，以及解决海外项目管理的问题上，起到了巨大的经济效益，可以说是对以往管理方式的颠覆，充分发挥了电子化档案的优势。

图 10－10　在线档案验收

6. 数据自动汇总

数据结构化的过程中，很多数据就可以通过结构化的方式进行统计汇总，在施工项目中所管理的人员台账信息、工器具信息、原材料使用信息，都可以在系统中完成数据汇总。这些数据可以在将来为其他新建项目提供数据依据，例如优化人员配置、节约材料使用等方面。

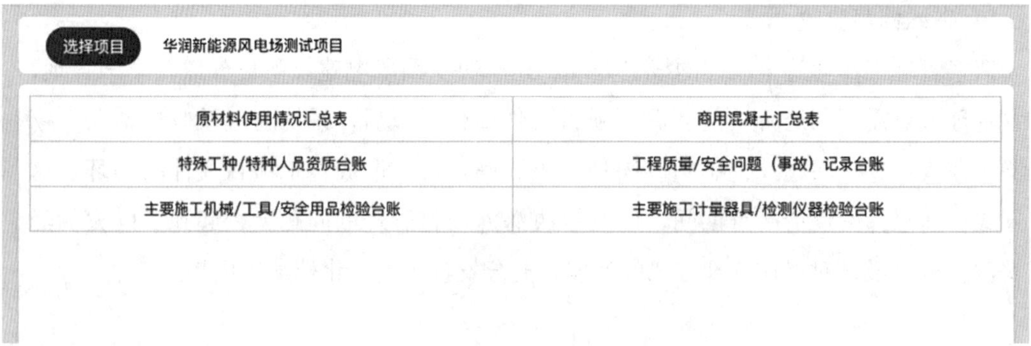

图 10－11　数据自动汇总

详情

特殊工种/特种人员资质台账

名	性别	专业/工种	年龄	从事本专业、工种年限	资格证、上岗证名称及编号	附件
德建	男	特种作业	28	4	特种作业、T53210119920416121	杨德建.pdf
兴猛	男	特种作业	48	10	特种作业、T53012219720909001	李兴猛.pdf
辉	男	特种作业	29	4	特种作业、T53038119910318151	王辉.pdf
云东	男	电工作业	57	12	电工作业、T5301221963030300	非云东.pdf
云忠	男	焊接与热切割作业	48	15	焊接与热切割作业、T5301221972	非云忠.pdf
健宁	男	电工作业、高处作业	37	5	电工作业、高处作业、T53012219	李建宁.pdf
光飞	男	电工作业	44	10	电工作业、T53012219760502001	李光飞.pdf
杰	男	电工作业	26	5	电工作业、T53012219940204061	王杰.pdf
青刚	男	电工作业	43	8	电工作业、T53012219770307001	朱青刚.pdf
远明	男	电工作业	48	6	电工作业、T5301221972040400	肖远明.pdf
建	男	电工作业	34	8	电工作业、T5301221986021200	武建.pdf
述兆	男	高处作业	44	9	高处作业、T5129231976082667	陈述兆.pdf
茂贵	男	高处作业	49	7	高处作业、T5129231971071867	陈茂贵.pdf
冬平	男	高处作业	51	10	高处作业、T5129281969112004	李冬平.pdf
代国	男	高处作业	53	12	高处作业、T51292319670228671	李代国.pdf

共：51条

图 10－12　人员台账信息

7. 数据可视化展现

通过对数据的梳理，可以实时监控项目进度等管理信息，将电子档案系统所存储的数据，加以巧妙运用，为管理提供依据。

通过数据填报，可以了解在全国范围内分布的风力发电建设项目进展情况。可以知道项目所处阶段，以及其产生的电子文件数量。

可以根据项目的整体进度图，了解各个节点的信息，了解关键节点推进的情况。

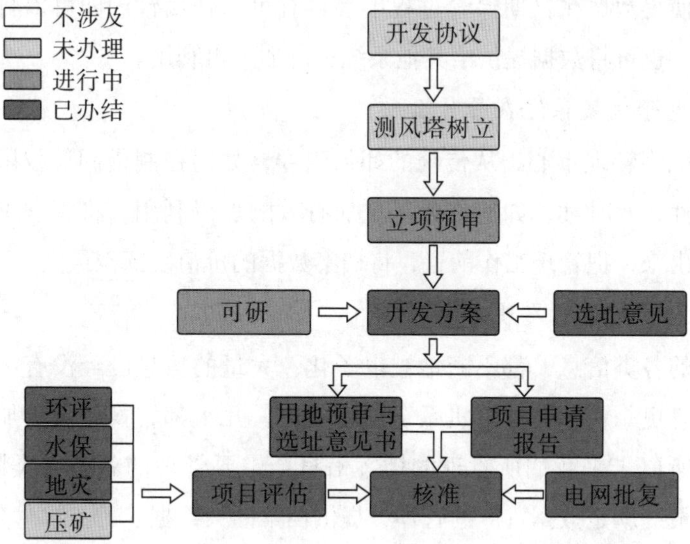

图 10－13　项目进度图

将数据填报情况与施工进度情况相结合，了解施工现场每一个单位工程的具体进度情况。

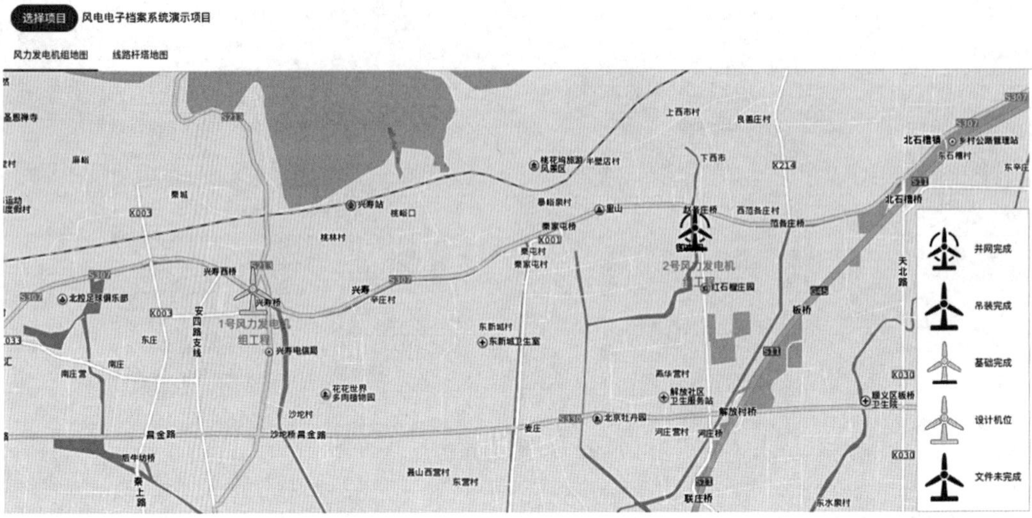

图 10－14　施工进度图

10.1.4　洞察总结

10.1.4.1　什么是电子档案系统

电子档案系统有别于传统档案系统，不仅仅是将文件扫描数字化，而是能够直接归档电子数据，将电子数据视为安全可控的电子档案信息。通过一些技术手段保证数据的不可篡改，使得数据在长期保管过程中都具有可信任属性。即可以将数据用便于理解的方式展现，也可将数据提供给其他系统进行加工再利用。

10.1.4.2　电子档案系统在管什么

电子档案系统将管理重心，从传统的如何组卷，如何控制借阅等权限，转移到如何保证数据真实性、及时性，如何将数据更加有效的加以利用。将管理工作从日常的繁杂事务中解脱出来，把管理工作前置，将档案数据的价值发挥至最大。

10.1.4.3　电子档案的发展方向

我们生活中的各类信息，都不断地被电子化，大量的信息已经没有纸质的传递媒介。工作中的信息更是在各类计算机系统的驱动下，几乎都转换成了更加易于管理利用的电子数据。所以未来我们所管理的档案信息，主要管理的就是各类的电子数据。电子档案的管理最终就是数据资产的管理，提供档案的大数据。

10.2　中能融合能源工业互联网平台项目

10.2.1　项目背景

10.2.1.1　数据资产管理重要性

数据是指对客观事件进行记录并可以鉴别的符号，是对客观事物的性质、状态以及相互关系等进行记载的物理符号或这些物理符号的组合。在信息化大发展的当今社会，各行各业都在产生海量的数据，全球已经进入数字经济时代，中国更是如此。根据IDC预计，2021年一半以上的全球GDP均会是数字化的，中国数字经济所占的比重会更高，甚至达到55%以上。数据已经成为一种全新的资产类别，在如此高速增长的背景下，数据资产的安全管理和有效利用的重要性不言而喻。

从定义上来看，数据资产是指由企业所拥有或控制的，能够为企业带来未来经济利益的，以物理或电子的方式记录的数据资源，如文件资料、电子数据等。在企业中，并非所有的数据都构成数据资产，数据资产是能够为企业产生价值的数据资源。数据资产管理是对数据管理、数据治理及数据资产化的管理过程。

数据作为越来越重要的生产要素，将成为比土地、石油、煤矿等更为核心的生产资源，如何加工利用数据，释放数据价值，实现企业的数字化转型，是各企业面临的重要课题。

10.2.1.2　数据资产管理现状

近年来，国家大数据政策密集出台为大数据产业发展带来新动能，大数据产业发展进入快车道，大数据产业发展环境进一步优化。政策层面为大数据产业发展提供了前所未有的机遇。

我国数据资产管理市场发展的主要推动来自于政府和互联网企业。一方面，政府部门以政务信息和政府数据管理为切入口，由上至下地推动数据资产管理，受政策环境的利好影响，数据资产管理市场一直处于增长的态势。另一方面，大型互联网企业产生的数据无论从总量还是价值上来说，都具有举足轻重的影响。互联网企业通过与各类行业数据交叉融合产生新价值，从原始数据加工处理、衍生指标分析应用、数据流通共享开放、营销推荐数据服务中获得收益。

从目前数据资产管理的现状来看，政务、电信、金融、医疗等行业数据资产管理发展较快，技术架构和管理方案相对较为成熟；制造业、农业、交通、教育等行业次之；而能源、电力行业的数据资产管理目前尚未形成规模，行业内对数据资产的管理和应用往往还处于摸索阶段，数据资产管理面临诸多挑战。

一方面，能源行业数据基础相对薄弱，存在的问题包括：数据标准混乱、数据质量参差不齐、数据孤岛化严重等，一定程度上阻碍了数据信息的共享。另一方面，数据规模不够大和数据源种类不够丰富，大部分企业的数据应用集中在风险防控、舆情监控、精准营销等有限的场景，深度和广度都不够，亟待开拓应用的空间。由于数据资产的实际价值很难量化评估，企业难以评估数据管理的成本以及数据对业务的贡献，难以像运营有形资产一样进行数据资产的管理。

10.2.1.3 本项目简介

2020 年 9 月 22 日，习近平总书记在第七十五届联合国大会上提出，中国将力争在 2030 年前实现碳达峰、2060 年前实现碳中和。“双碳”目标是党中央做出的重大战略决策，为实现“双碳”目标，需要构建清洁低碳安全高效的能源体系，控制化石能源总量，着力提高利用效能，实施可再生能源替代行动，深化电力体制改革，构建以新能源为主体的新型电力系统。

能源行业是关系到国计民生的基础行业，能源行业的数据资产管理、数据安全、数据有效利用尤为重要。能源领域包括能源生产和能源消费，涵盖传统能源生产、新能源开发、能源供应、能源输送、能源使用、能效管理、节约和综合利用、环境影响（雾霾、生态、低碳）、能源安全和可持续性等等。智慧领域包括自动控制、智能系统、通讯、监控、互联网、大数据、人工智能以及有关的软硬件开发和应用等。

要实现能源行业数据资产管理，需要全面融合“云、大、物、移、智”等先进技术，建设一套高可用、高可靠、高弹性的能源工业互联网平台，通过汇聚能源安全、生产、经济、消费等全行业全领域数据资产信息，形成能源行业大数据中心。以大数据驱动能源产业数字化转型，促进能源央企横向协同与合作，共同推动行业典型工业智能应用的研发和推广，持续支撑能源行业“提质降本增效”。能源行业大数据资产的高效利用，可以助推“双碳”目标的实现。通过对各类数据的实时自动采集和汇集，可以绘制出“碳排放”实景画像；借助于区块链等技术，可以构建出碳市场检测报告核查系统；能源电力数据的资产化，可以服务于碳交易决策系统、配套碳金融，促进碳相关产业的孵化等。同时通过打造开放共享的生态体系，不断探索和创新能源行业数据资产整合与创新交易模式以及能源金融综合服务模式，发展成为国家级能源行业数据资产管理示范基地。

中能融合智慧科技有限公司（以下简称中能融合）作为国有资本控股、市场机制运作的国家智慧能源平台公司，通过推进互联网、大数据、人工智能同实体经济深度融合，以促进能源产业智慧升级，推动能源高质量发展，保障能源安全，提升我国在世界能源领域的话语权，推进“一带一路”倡议实施，助推以实现“双碳”目标为企业使命。

中能融合在能源工业互联网平台的建设过程中，完成了对国内数千家发电厂站的数据采集工作，所搭建的平台中汇聚了能源行业的生产、经济、消费、安全等四大类数据。在对发电厂站海量数据资产的采集、数据资产的管理、数据资产相关应用的开发过程中，形成了一套比较成熟的模式，以此解决能源行业数据资产管理中存在的以下痛点问题：

（1）缺少统一的数据标准。能源行业数据的等级盘点流程缺乏统一的数据标准，无法有效避免数据混乱冲突，存在一数多源等问题。需要建立统一的标准，解决数据的关联能力问题，确保数据信息交互、沟通的顺畅性。

（2）数据安全缺乏有效的监管机制。数据安全问题形势严峻，比如某风电场存在上传风机的生产数据，包括风机的型号、类型、转速等多项数据的情况；某火电厂II区违规连接互联网并外传数据；等等。

（3）数据处理效率较低。部分单位仍存在人工统计数据等现象，数据采集、处理的工作量大，效率低。亟须提升数据采集能力，为数据资产的开发利用提供条件和基础。

（4）数据质量参差不齐。各单位在生产过程中，由于设备种类繁多，设备厂家各异，没有统一的数据标准，导致生产数据存在冗余、缺失、冲突等现象，且不能被及时发现。大量的历史数据无法被有效识别利用，占用存储空间，浪费资源。

（5）数据价值难以评估。数据价值评估体系及数据资产化尚处于起步阶段，数据资产保值增值以及数据估值问题需要解决，数据资产变现问题需要进一步深入研究。

10.2.2 项目实施

能源工业互联网平台主要采集生产、经济、消费、安全等四大类数据，构建一个可感、可知、可视、可控的数字化平台，支撑不同的能源设备、系统、厂站、企业、区域间实时安全感知与协同交互的应用场景，以及常态化平台运营管理、数据共享交易和生态链协同等活动。

数据管理平台的建设在遵循统一的建设原则和顶层架构设计基础上，界定清楚平台与周边环境的信息资源汇聚共享和服务边界，明确了不同阶段的建设思路、目标和内容，实现了数据资源、链路资源、平台资源的有效整合，切实提升数据资产有效利用，以形成标准统一、整体联动、业务协同的“大数据、大平台、大服务”格局。

10.2.2.1 数据资产类型

根据各单位数据获取的不同场景，可以将数据资产分为以下几种类型：

（1）安全类数据。安全类数据包括网络流量、日志信息等等。全流量主要包括生产控制区的主机与控制系统或者设备之间的原始交互流量，以及其他区各系统的原始流量。主机日志信息应包含主机登录信息、操作信息、运行状态、移动存储、设备接入、网络外联等。网络设备和安全设备日志信息包含设备运行信息、网络连接信息、操作信息、安全事件和配置信息等，以及其他各区各个系统的原始网络流量。

（2）生产类数据。生产过程中，发电设备及相关辅助设备所产生的数据记录信息，包括 DCS 和 SCADA 等系统的控制信息、模拟量信号、状态数据、运行参数等等。包含设备的基础数据、缺陷数据、检修数据、可靠性统计数据以及设备的实时运行参数等。

（3）经济类数据。能源领域生产企业，基本职能是提供质量合格稳定的能源供给，与之相关的发电量、上网电量、采气量、采油量、设备利用小时数等等。

（4）消费类数据。消费类数据主要指用电量、用煤量、用气量、用油量等数据，此部分数据需要结合各企业实际情况、各业务系统实际情况进行综合采集分析计算。

10.2.2.2 数据采集

数据是通过在各单位部署数据采集装置或采集软件进行采集，并通过专网进行上传。

数据采集方式有三种，即自动采集、企业上报、平台计算。自动采集指与各业务系统对接，通过标准数据传输协议、数据库等方式实现，在不影响原业务系统正常运行的前提下进行；企业上报指各企业通过平台终端页面直接填报；平台计算指通过自动采集和企业上报的数据进行计算获取的结果数据，由平台后台实现。

10.2.2.3 数据处理和存储

安全类数据通过数据去重、数据清洗、数据分类、数据填充、数据标签等方式进行预处理后，存储到事件库、日志库、全流量库、基线库、威胁情报库、资产库、知识库、漏洞库等。

生产类、经济类、消费类数据通过数据清洗、数据分类、分布式存储/运算、时序数据存储/运算、流式计算、底层算法库等进行数据预处理后，存储到实时数据库、历史数据库、知识库等。

10.2.2.4 数据分析

安全类数据通过数据统计、数据关联、数据建模、全库查询、机器学习、深度学习等数据分析技术，进行深度数据分析，形成安全事件、安全基线、资产画像、安全策略、异常协议、恶意文件等分析结果。

生产类、经济类、消费类数据通过统计分析（依据已知知识、统计数据、分析问题）、问题扫描（定义规则、扫描数据、探索规律）、机器学习（设计和训练模型、从海量数据中发现知识）等手段进行深度分析处理，可以实现智能报表、自动报告、数据可视化等功能。

10.2.2.5 数据资产业务开发

安全类数据，根据数据分析层产生的分析结果，按照业务类型在态势感知子平台、监测预警子平台、安全分析子平台、安全运维子平台、通报处置子平台、集团分中心集群进行展示。

对于生产类、经济类、消费类数据，基于平台的海量数据、大数据分析能力，挖掘能源行业具体问题，开发出智慧能源相关的应用，进而实现生产、经营和管理的数字化部署，真正实现安全生产业务过程留痕，生产状况可知、可视、可控。

10.2.3 项目成果

10.2.3.1 数据资产类型标准体系建设

参考两部委发布的《工业互联网综合标准化体系建设指南》，建立能源行业工业互联网标准体系，遵循“共性先立，急性先行”的原则重点建设以下四类标准：平台及数据标准、应用开发标准、平台安全标准和平台运维标准。

能源工业互联网平台标准是定义平台总体支撑的标准，包括网络接入管理、云平台管理、工业微服务标准、应用开发环境标准，以及平台与场站边缘侧、企业私有云之间互通适配标准等。能源大数据标准是定义能源行业大数据采集、数据分类分级、数据治理、数据交换、大数据服务等相关标准，推动大数据标准化建设。

应用开发标准用于制定能源工业互联网的工业 APP 和应用开发标准规范，为内、外部开发者提供统一的数据开发、业务开发、集成开发、APP 开发、微服务开发等应用开发标准，配合平台上、边缘侧标准化的开发和运行环境，实现应用全生命周期管理。

平台安全标准参考了安全等级保护要求等行业标准，用于制定能源工业互联网的总体安全策略，建立安全管理体系、安全技术体系、安全运维体系，打造统一的资源与安全管理中台。

平台运维标准是能源工业互联网平台统一运维的运营标准，用于建立运维组织和资源保障体系，制定平台租户管理、资源管理、配额管理、监控审计、自动化运维、DevOps 交付管理等运维运营体系化管理标准，保证平台的稳定运营和高效运维。

10.2.3.2 发电行业安全态势感知系统

安全态势感知系统是对安全类数据资产最重要的应用。

本项目利用大数据采集、存储、分析技术，收集多种安全类数据，并将各类安全数据进行关联分析，再利用可视化技术，将各种威胁事件行为、系统脆弱性进行可视化展示。实现对系统安全的整体展示、态势感知、攻击事件溯源及对潜在威胁的预警功能。

安全态势感知系统通过实时感知关键设施的安全态势，发现恶意攻击，为能源企业及相关主管部门提供应急措施和专家支持，有效阻止网络攻击，保障全国能源系统安全运行，满足国家相关部委、集团、能源行业网络安全需求。

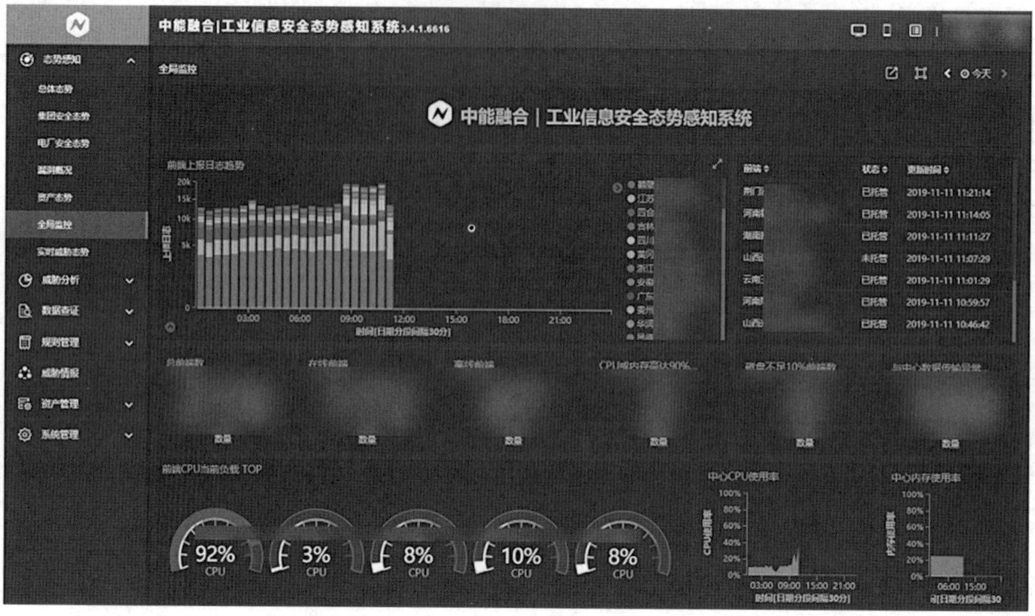

图 10－15　安全态势感知系统

10.2.3.3　数据可视化展示

数据资产管理的战略意义不仅仅包括掌握了海量的大数据信息，还包括对含有各种意义的数据资产进行的专业化处理，并将海量的信息数据在经过数据挖掘处理后，将数据成果进行可视化展示。数据可视化展示主要借助于图形化手段，清晰有效地传达与沟通信息。

能源工业互联网平台根据数据资产信息及其内在模式和相互联系，利用计算机系统的图像功能，进一步获得深入认知，将数据信息进行分析处理后，按照功能需求进行提炼，集中进行可视化展示。

10.2.3.4　能源行业安全“一张图”

能源行业安全“一张图”，基于能源工业互联网平台整体技术构架，集成安全预警、安全分析、安全管理、自动控制等各个子系统，建立数据库，建立能源安全各个方面的安全态势评价指标体系及安全风险分析预测模型，对能源行业安全进行科学、全面、动态的安全风险预警和评价，实现不同子系统之间的联动展示、信息推送和联动控制，为能源行业的安全管理、调度指挥等提供全面综合安全智能管理解决方案。

10.2.3.5　火电智慧能源应用系统

智慧能源应用系统主要是对数据资产中的生产类、经济类数据的开发应用。通过利用5G、云计算、区块链、人工智能、数字孪生、北斗通信等新一代信息技术，打造和汇聚能源行业优秀的APP，在保证能源安全以及满足未来用户个性化需求的前提下，挖掘数据资源潜力，提高能源利用效率和能源生产水平，优化资源配置，促进能源行业绿色低碳发展。

火电智慧运行系统是智慧能源应用的典型代表，其通过大数据分析技术、人工智能和机器学习算法，对火电厂生产数据进行分析、预测，并将结果整合成一根量化的健康曲线，系统将异常结果进行呈现，变传统运行的事后处理为事前模型分析、偏离预计、提前防范。提高运行人员监盘效率，降低劳动强度，提升机组运行的安全性和经济性，在发电行业具有良好的推广前景。

10.2.3.6　生产经营分析系统

生产经营分析系统可以帮助各能源集团企业完成大数据中心平台的建设，实现集团内的生产、经营和管理的综合运营监控、综合经营指标分析，帮助能源集团实现数字化管理、智能化生产调优，真正实现全集团安全生产业务过程留痕，安全生产状况可知、可视、可控，最终形成一个完整的虚拟化、数字化的能源集团企业。

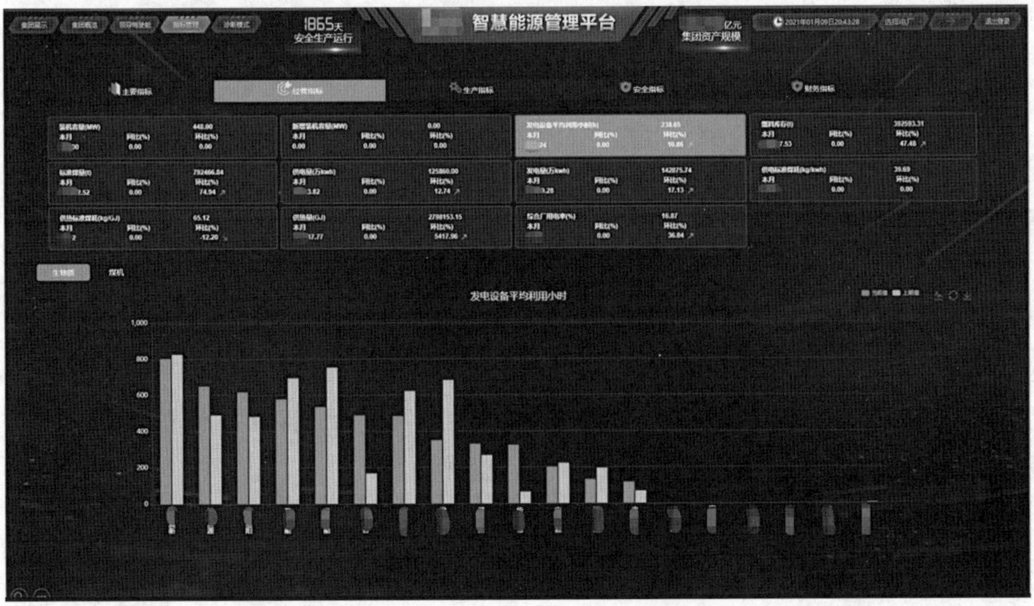

图10－16　生产经营分析系统

10.2.3.7　能源大数据服务

能源工业互联网平台持续汇聚能源行业的生产、经济、安全和消费等四类数据，旨在解决能源企业数据孤岛问题，对能源关键数据进行统一管理、分析、统计和挖掘。并在此基础上，进一步提供能源撮合交易，推动大数据增值服务，帮助能源行业提质增效和节能减排，满足部委监管和中央决策需求。

能源大数据服务的技术优势主要包括数据融合存储计算能力、全栈全景的大数据工厂、低代码和图形化开发模式、开放生态建设模式等。所能提供的服务类型包括大数据中心建设服务、云端大数据开发服务、行业数据安全访问 API、多方安全计算服务等。

10. 2. 4　项目展望

中能融合未来将充分发挥已汇聚的能源行业数据资产优势，拓宽数据应用渠道，全面建成能源工业互联网平台和能源工业互联网生态圈，构建"横向到边、纵向到底"的全国能源网络安全与智慧能源体系。把握"一主两翼"基本方向，以创新跨越发展为主线，既服务国家战略，又开拓市场化应用，探索国企体制机制创新的新路径，汇聚能源行业全类型数据资产，推进能源行业和相关产业提质增效，促进智能制造与能源产业转型升级。

10. 2. 4. 1　聚众创新服务平台

基于能源大数据建设综合创新服务平台，提供大数据双创和产业孵化等综合创新服务基础设施和云上环境，推动基于安全前提下的能源大数据交易盘活数据资产，打造产学研用全产业链聚众创新和产业资源整合对接服务平台，推动科技成果产业化。

10. 2. 4. 2　智慧能源交易中心

建设国家级智慧能源交易中心，提供各类能源相关撮合交易服务平台，整合对接已有垂直 B2B 电商资源，通过大数据、人工智能和区块链等先进技术支撑逐步实现能源智慧交易服务平台。

10. 2. 4. 3　产业金融服务平台

充分拓展数据资产价值，建设产业金融服务平台，向能源全产业链提供金融服务，包括基础金融服务和衍生金融服务，引导产业基金、投资机构聚焦智慧能源产业链，为新兴能源科技企业和"一带一路"项目搭建金融服务平台，探索技术研发、成果转化、产业孵化、资本结合和平台化发展的产业化新模式。

10. 3　国资国企网络信息安全在线监管平台项目

10. 3. 1　项目背景

金融、能源、电力、通信、交通等领域的关键信息基础设施是经济社会运行的神经中枢，是网络安全的重中之重，也是可能遭到重点攻击的目标。其中，由中央企业管理和运营的国家关键信息基础设施占 70% 以上。指导中央企业做好网络安全工作、守护好全国人民共同的资产安全，不仅是国资委作为中央企业出资人的内在要求，更是深入贯彻落实习近平总书记关于网络强国重要思想的政治使命。

为深入贯彻落实党中央、国务院关于增强国资国企抗风险能力和保障国家安全的决策部署，2020年8月，国资委正式开始推进国资国企网络信息安全在线监管平台（以下简称安全监管平台）建设，按照“数据为驱动、专网为承载、应用为支撑、标准为指引、机制为保障”的基本原则，在国资委和中央企业两个层面建成安全监管平台，推动国资央企网络安全态势感知和安全屏障全覆盖，通过国资国企一体化网络安全大数据体系建设，支撑统一高效的国资国企和国家有关重点领域网络安全风险报告、情报共享、研判处置协作机制，防范化解国资国企面临的重大网络安全风险。

10.3.2 项目准备

10.3.2.1 概念定义

清晰定义“数据”“数据资源”“数据资产”“数据资产管理”等概念，是构建数据资产管理体系、实施数据资产管理的基本前提。

数据：按照《中华人民共和国数据安全法》定义，数据是指任何以电子或者其他方式对信息的记录。

数据资源：作为数据的具体形态存在，表现为以物理或者电子方式记录的数据。

资产：按照《企业财务会计报告条例》（国务院第287号令）定义，资产是指过去的交易、事项形成并由企业拥有或者控制的资源，该资源预期会给企业带来经济利益。

数据资产：结合“数据”和“资产”的基本概念，项目将数据资产定义为企业及组织拥有或控制，能够给企业及组织带来预期经济利益的数据资源。

数据管理：按照国际数据管理协会制定的《DAMA数据管理知识体系指南（DAMA-DMBOK V3.0.2）》定义，数据管理即数据资源管理，致力于发展处理企业数据生命周期适当的建构、策略、实践和程序，具体包括十大活动——数据治理、数据架构管理、数据开发、数据操作管理、数据安全管理、参考数据和主数据管理、数据仓库和商务智能管理、文档和内容管理、元数据管理、数据质量管理。

数据资产管理：企业及组织采取的各类管理活动，用于保证数据资产的完整、合理配置和有效利用，从而提高数据资产带来的经济效益，保障和促进各项事业发展。

数据管理、数据资源管理、数据资产管理的层次关系如图10－17所示。

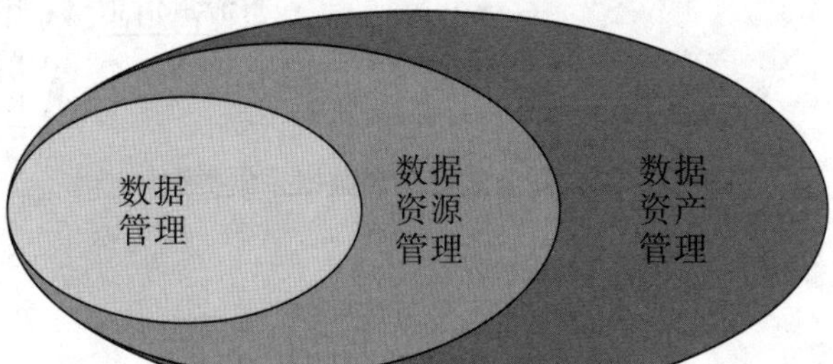

图10－17 三个概念之间关系

在本项目中，数据资产管理主要包括数据资产治理、数据资产应用、数据资产运营三个领域。

数据资产治理：管理数据资产的一套完备的机制，包括指导企业管理数据资产的政策、制度、流程、工具、组织、角色和责任。

数据资产应用：将数据资产适当加工，形成可供企业经营决策和管理控制、创造经济利益的过程。

数据资产运营：对数据资产的所有权、使用权等权益及相关活动进行管理的过程，包括产权登记、产权确定、资产购置、资产处置等，以及配套的评估、分析、统计、清查、监督等活动。

10.3.2.2 模型架构

1. 数据采集类型

安全监管平台数据采集范围主要为国资国企互联网应用的网络安全数据，主要涉及网络安全相关资产、漏洞、流量、主机、日志等方面的数据，如图 10－18 所示。

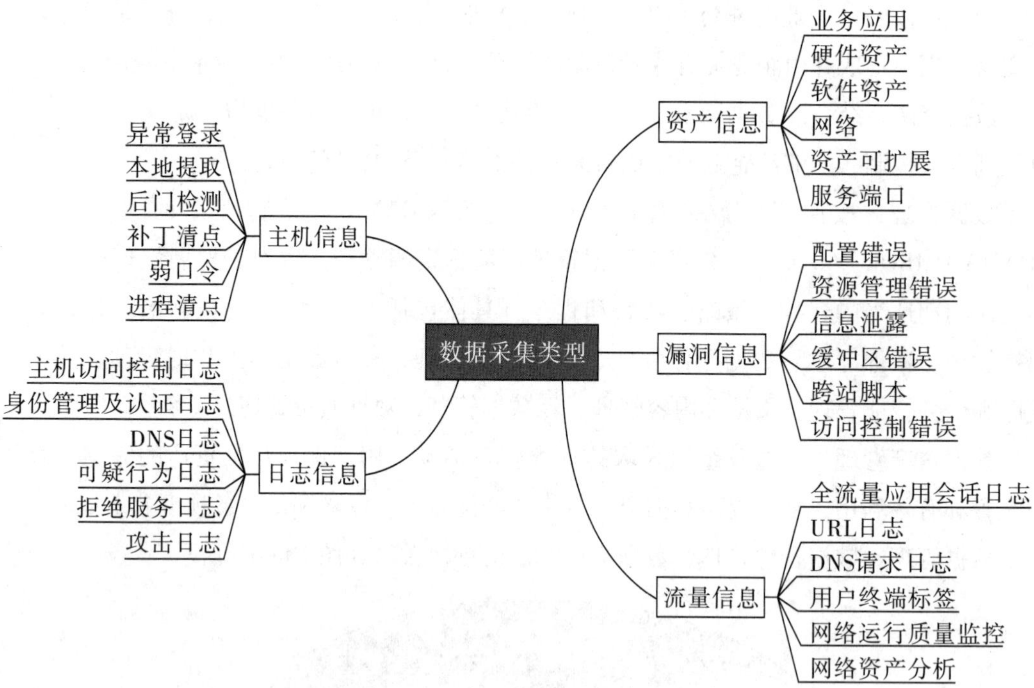

图 10－18　安全监管平台数据采集类型

2. 数据资产信息模型

数据采集到平台之后，必须开展管控治理才能形成数据资产，即数据资源的资产化处理。资产化的第一步是全面规划数据的信息模型，项目从数据基本信息、数据关系、相关角色、场景功能、日志信息和数据安全生命周期信息等对数据资产进行定义，以利于对整个数据资产体系建设进行治理和管控，如图 10－19 所示。

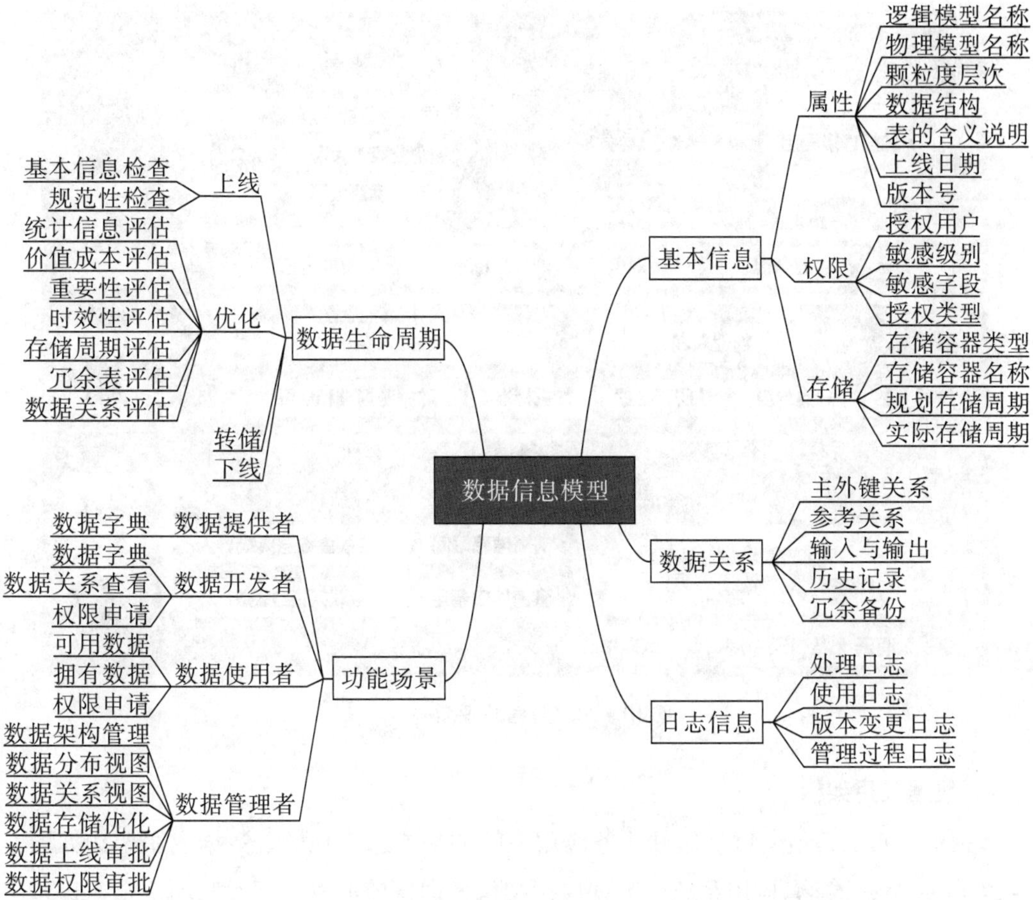

图 10－19　数据信息模型

3. **数据处理架构**

实施数据资源资产化处理过程，是按照以下架构进行处理的。数据资源首先通过统一的规范格式采集到数据湖，数据湖对数据进行分类分级标注，按照数据信息模型的统一描述存放到数据中台，通过持续的数据治理，形成可视化展示的知识，如图 10－20 所示。

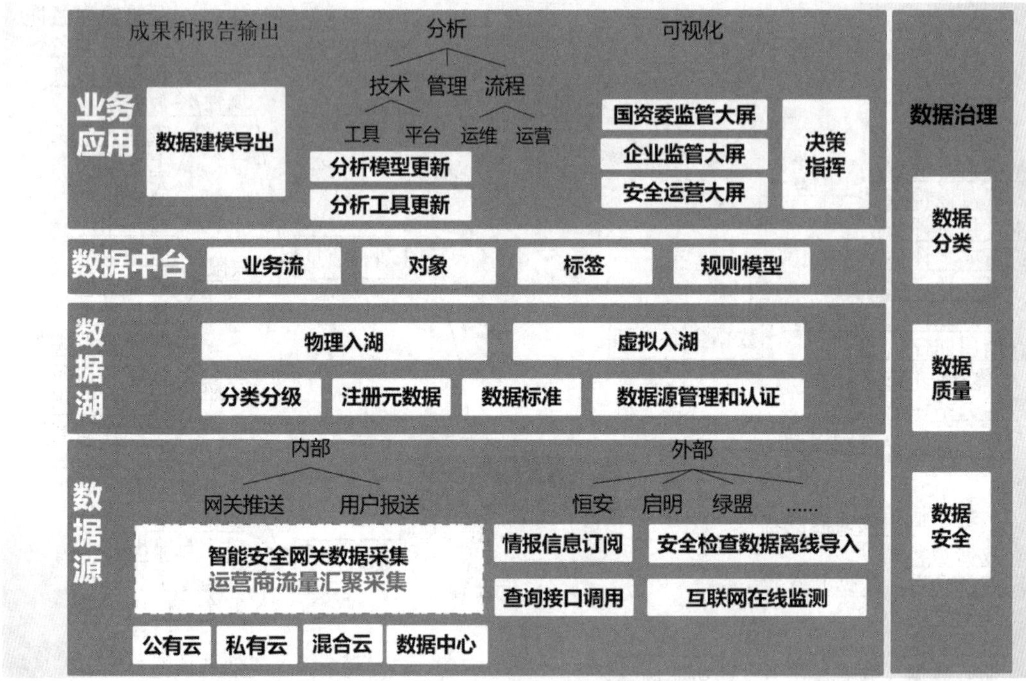

图 10－20　数据处理架构

4. **数据应用架构**

数据资产形成价值交付是通过业务应用系统的功能来实现的，数据应用架构如图 10－21 所示。安全运营应用系统的数据应用架构面向国资监管、部委联动、企业运营的需要，交付共性基础能力（如通信联络、系统指挥、计算分析、任务管理、情报共享、存储服务、流程引擎、监控服务等）。其他业务应用系统调用共性基础能力，实现更加具体的业务功能，例如：安全监管支撑平台（如企业画像、考核评估、决策支持、应急指挥、资源调度、风险报告等），企业服务平台（如分析研判、威胁情报、监测预警、人才育享、协同演练等）。

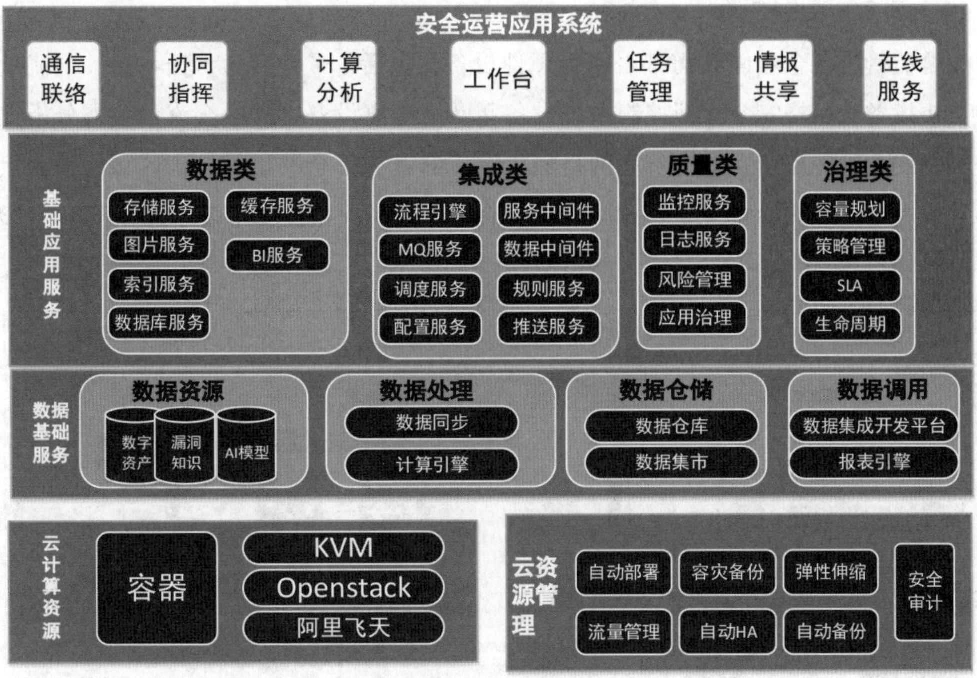

图 10－21　数据应用架构

10.3.3　项目实施

10.3.3.1　标准先行

通过制定统一的实施标准，规定好不同设备之间技术交互的统一交换格式和管理规范，形成规格统一、描述一致的数据资产。

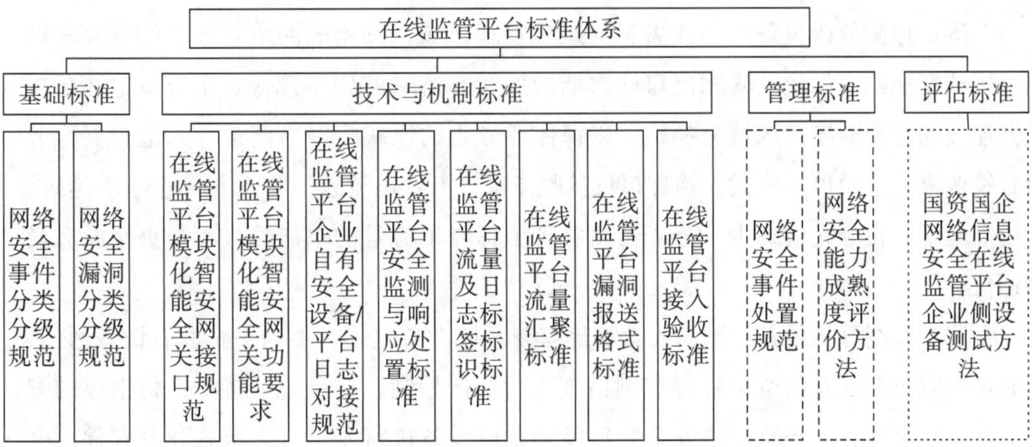

图 10－22　安全监管平台数据标准体系

10.3.3.2 设备部署

安全监管平台企业侧共需部署 4 台硬件设备，包括：平台接入认证设备、全流量检测分析设备、网络安全管理控制系统设备和网络隔离设备。其中全流量检测分析设备、网络安全管理控制系统设备和网络隔离设备部署在央企的运维管理区域，平台接入认证设备部署在央企的互联网出口区域。企业侧设备典型逻辑部署示意如图 10－23 所示。

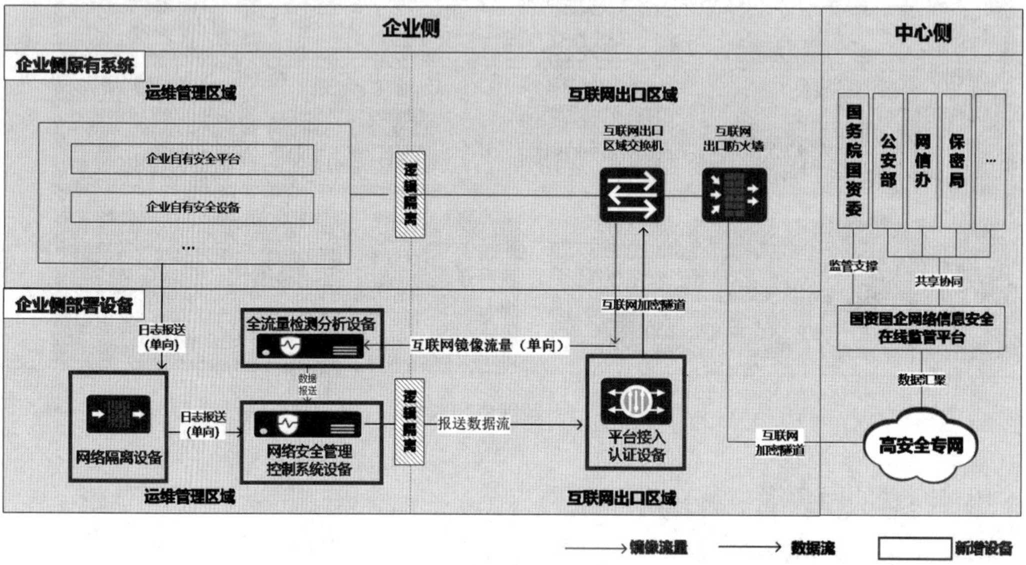

图 10－23 企业侧设备典型逻辑部署

1. 全流量检测分析设备

全流量检测分析设备工作在央企的运维管理区域，央企的网络管理员配置互联网出口区域交换机，创建互联网出口防火墙内的所有流量的副本镜像。全流量检测分析设备连接到互联网出口区域交换机，以镜像或分光的模式将网络流量导入进行安全分析，镜像模式采用单向模式，镜像口仅接收流量，不发送流量，并且不需进行 IP 地址、路由等配置。在分光模式中，分光器从物理上保障了流量的单向性。不与央企原有设备通信。

全流量检测分析设备与网络安全管理控制系统设备直连，不与央企原有设备通信，同时可按照央企现有的逻辑隔离控制措施进行访问控制。按照统一接口，将生成的安全分析结果文件，上报至网络安全管理控制系统设备进行安全日志范式化并存储。全流量检测分析设备逻辑部署示意如图 10－24 所示。

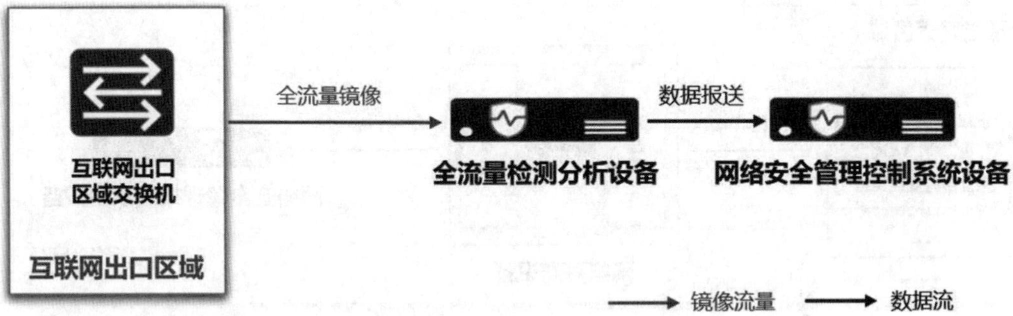

图 10－24　全流量检测分析设备逻辑部署示意图

2．网络安全管理控制系统设备

网络安全管理控制系统设备，通过网络隔离设备，采用协议转换、数据摆渡技术，被动单向接收央企自有安全设备和平台按照统一格式和接口报送的网络安全日志，无主动访问行为，实现安全跨网数据交换。

网络安全管理控制系统设备与平台接入认证设备直连，采用内部 IP，且设置固定路由，不与央企原有设备通信，同时可按照央企现有的逻辑隔离控制措施进行访问控制。数据经过加密隧道单向上报，进行信源加密。网络安全管理控制系统设备逻辑部署示意如图 10－25 所示。

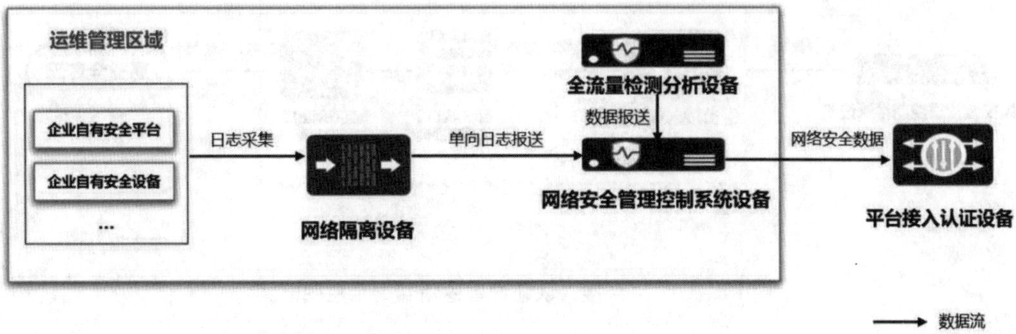

图 10－25　网络安全管理控制系统设备逻辑部署示意图

3．网络隔离设备

网络隔离设备接收企业自有安全设备和平台报送的安全日志，单向摆渡到网络安全管理控制系统设备，以实现互联网侧网络安全监管基础信息的全面收集。网络安全数据报送的内容包括安全日志、流量日志、文件数据等。网络隔离设备逻辑部署示意如图 10－26 所示。

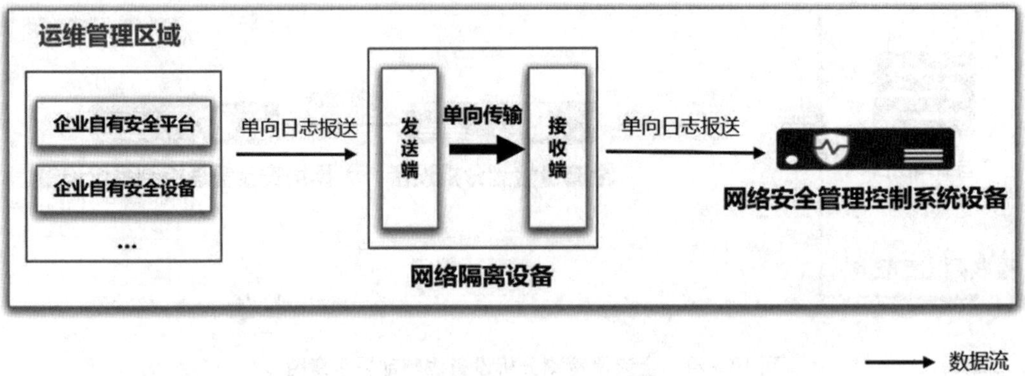

图 10－26　网络隔离设备逻辑部署示意图

4. **平台接入认证设备**

平台接入认证设备与互联网出口区域交换机连接，按照央企现有的逻辑隔离控制措施要求，使用央企原有互联网线路，与安全监管平台建立 SDWAN 网络加密隧道。仅对外提供加密隧道访问，用于高安全专网接入认证，负责提供监管数据上传、共享信息下发、运营门户访问的加密 SDWAN 隧道。平台接入认证设备逻辑部署示意如图 10－27所示。

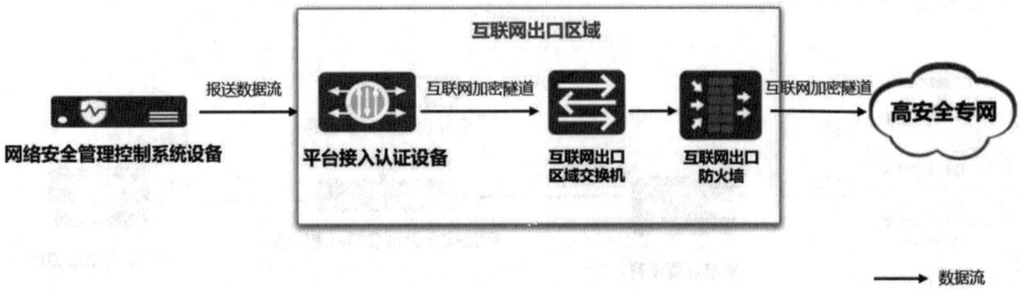

图 10－27　平台接入认证设备逻辑部署示意图

10.3.3.3　资产普查

数字资产普查数据报送内容包括数字资产的基础情况、数字资产运营建设背景情况、数字资产保护定级情况三部分内容。数字资产的基础情况主要包括系统名称、位置、网络环境、业务类型等；数字资产运营建设背景情况主要包括建设单位、运营单位、系统主要联系人、主要资产编号等；数字资产保护定级情况，主要包括系统国密改造完成情况、等保定级情况、关键基础设施申报情况等。

数字资产普查报送方式采用手动填报、主动探测、流量识别、数据对接四种方式。手动填报方式由各央企按照指定的格式标准，对本集团总部开展普查工作并进行上报；

主动探测方式是央企利用自有设备和工具对本单位暴露在互联网上的资产进行主动扫描探测，并将结果进行上报；流量识别方式是通过企业侧部署的模块化智能安全网关对采集的流量进行检测分析，完成资产识别并上报数据；数据对接是央企利用原有4A等具有资产管理功能的系统平台，按照信息资产普查内容与监管格式要求，完成与模块化智能安全网关的接口改造，进而实现数据信息报送。中央企业可根据自身实际情况选择报送方式，安全监管平台对央企报送数据进行初步整理，形成资产清单。中央企业配合对资产清单进行复核，数据经复核准确无误后，可确认完成数字资产普查报送工作。

10.3.3.4 漏洞清查

资产漏洞清查报送内容涉及漏洞信息描述及漏洞观点证明两部分内容。漏洞信息描述包括但不限于标识号、名称、发布时间、发布单位、类别、等级、影响系统、相关编号、利用方法、解决方案建议等；漏洞观点证明可根据企业自身实际情况选择性报送，内容包括但不限于标识号、名称、描述、发布时间、发布单位、影响系统、类型、POC创建日期、POC更新日期、涉及链接、检索语法、相关URL、POC关联的漏洞编号等。

中央企业可选择已部署的一体化智能安全网关进行漏洞探测，并报送漏洞清查结果，或通过采用已有漏扫工具扫描、购买安全服务等方式进行漏洞检测并完成结果上报。漏洞探测工作完成后，可通过人工填报和智能安全网关报送两种方式上报结果。其中人工填报为央企按照安全监管平台统一标准和格式，将已收集整理的漏洞数据进行上报。智能安全网关报送方式为央企通过智能安全网关执行漏洞清查并自动上报；或自行进行漏洞探测后，按照统一报送格式将漏洞数据人工导入智能安全网关指定接口，通过智能安全网关进行上报。

10.3.4 项目成果

10.3.4.1 形成中央企业总部完整安全态势

安全监管平台已实现中央企业集团总部全覆盖和部分二级单位共115个互联网出口节点接入，新核查和监测国有数字资产近10 000个，日均动态监测处置威胁告警3 000万条，收集高危漏洞3 105个，共享威胁情报400多万条，首次在中央企业集团形成完整安全态势。

10.3.4.2 支撑国资监管数字化智能化

通过对国有数字资产底数的全面清查，以大数据赋能国有资产监管，实时动态监测国资国企及海外分支机构信息系统的“后门”漏洞情况。平台聚集中央企业、高校科研院所、网络安全厂商共 173 家成员单位构建数据标准规范体系，共建统一高效的国资国企网络安全风险报告、情报共享、研判处置协作机制。

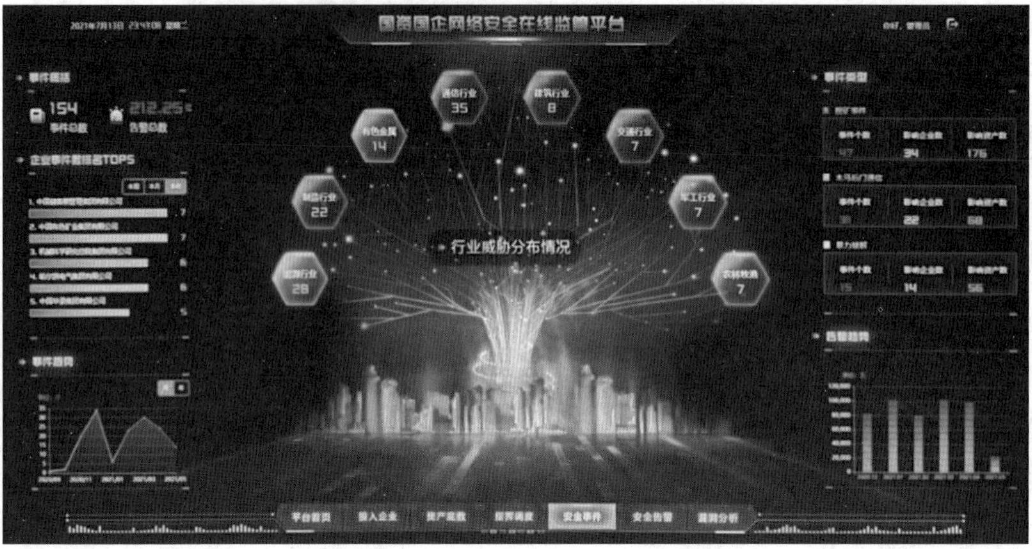

图 10－28　国资监管数字化智能化视图

10.3.4.3　提升中央企业联防联控效能

通过构建覆盖所有国资国企的网络安全大数据平台，汇聚数据、情报、人才和技术资源，不同于企业各自为战的方式，实现跨企业、跨行业、跨地域整体监测防护。通过构建统一规则、统一行动的网络安全威胁情报共享和协同处理机制，使某一企业出现的个体问题迅速转化为全网的行动，提升网络安全监测预警和应急处置效能。

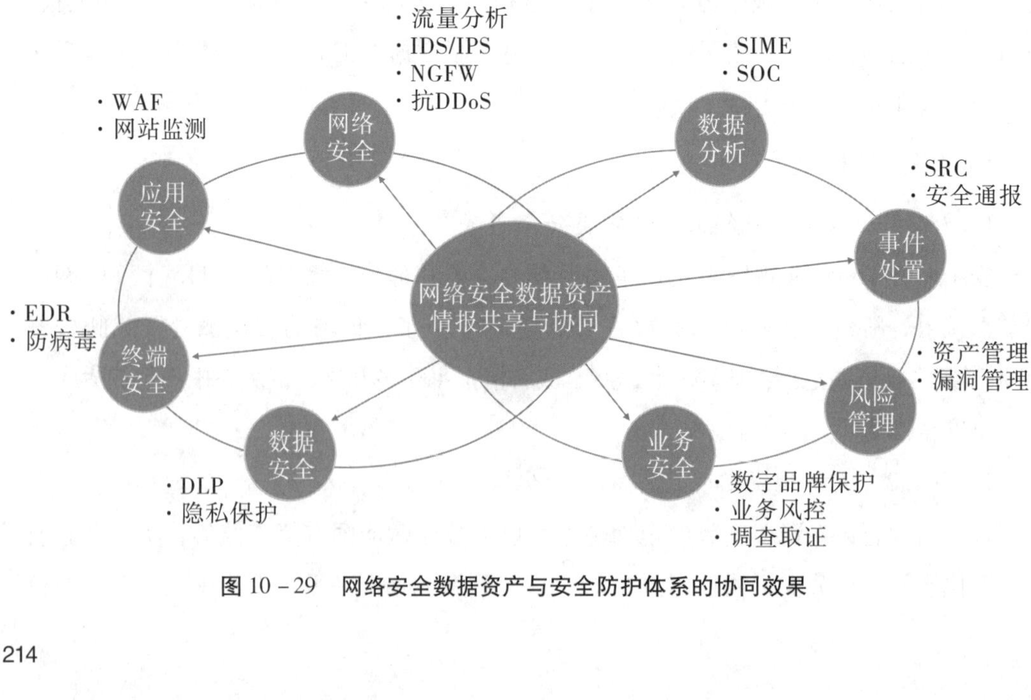

图 10－29　网络安全数据资产与安全防护体系的协同效果

10.3.5　项目展望

下一步，安全监管平台需要加快国资国企网络安全信息大数据体系建设。

一是在政策层面。大力推进网络信息安全在线监管平台实现国资国企及海外分支机构全覆盖，逐步建立政企联动、统一高效的网络安全信息大数据对接机制和共享交换机制，服务国家治理体系和治理能力现代化建设。

二是在能力层面。依托中国网络安全科技创新发展联盟和中国工业互联网研究院等生态力量，打造专业化的大数据工厂，强化数据收集、清洗、建模、处理、分析、呈现、验证与跟踪等方面的能力，构建数据资产技术支撑体系。

三是在价值层面。围绕数据建立相应的业务模式，加大数据资源开发力度，推动数据的深度分析挖掘，把隐藏在海量数据中的信息加工成服务商品，以合规的形式向社会发布，释放数据红利，实现国有资产保值增值。

10.4　深中通道电子文件归档和电子档案项目

10.4.1　项目背景

目前，越来越多的国家大型公路水运建设项目呈现出建设规模宏大、工程技术复杂、建设周期长、参建单位多、标段所在地分散等特点。然而，相应的建设项目档案管理大多仍采用传统管理模式，存在诸多问题，如部分控制数据和报表可被无序修改，大量数据无法及时或随时监控，追溯难度大，在规范、同步档案材料等方面难以实现有效监管，导致整体管理成本高、效率低、全面管控难度大，无法有效地保障档案数据的真实性、可用性、完整性和安全性，很大程度上制约着档案工作有效开展。

随着“中国制造+互联网”联合战略行动的深入发展，我国迈入智能建造新时代。大湾区，向海而发，勾勒经济腾飞壮阔版图。珠三角，依水而生，亲历日新月异经济巨变。作为粤港澳大湾区核心交通枢纽工程及国家“十三五”重大工程，深圳至中山跨江通道项目（简称深中通道项目）是粤港澳大湾区核心交通枢纽工程、《珠江三角洲地区改革发展规划纲要（2008—2020年）》重大交通基础设施建设项目、国家“十三五”重大工程[①]。深中通道将以24公里的里程和20分钟的高速，打通珠江东西两岸的经济动脉，路线起自广深沿江高速机场互通，向西跨越珠江口，以6.8公里的特长海底隧道穿越机场支航道及矾石水道，经西人工岛隧桥转换后，再以特大跨径桥梁跨越

① 李溁．广东高速公路建设项目电子档案管理实践［J］．中国档案，2019（11）：62－63．

伶仃西航道及横门东水道，最后登陆于中山市马鞍岛，项目总投资 446.9 亿元，预计于 2024 年建成通车。

深中通道项目是集“桥、岛、隧、地下互通”为一体的世界超级跨海通道，是当今世界上综合建设难度最大的跨海集群工程之一，也是我国交通行业中首次全面推行智能建造工作。其中，钢壳混凝土沉管隧道是世界首次使用双向八车道超宽钢壳混凝土沉管隧道，工程规模和技术难度前所未有，万吨沉管钢壳全面采用智能浇筑、智能涂装等智能建造工艺实施。面对项目建设规模宏大、工程技术复杂、建设周期长、参建单位多、标段所在地分散等难题，工程档案传统管理模式在规范、同步等方面难以实现有效监管，也将极大制约档案价值的发挥。在项目建设过程中，从文件材料形成到归档阶段的海量数据已无法用传统纸质档案记录。在这种背景下，如何在满足国家标准和行业标准要求的情况下对智能建造过程中采集或产生的数据进行签认、收集和归档？如何在不增加工作量的前提下改变传统的档案管理模式？要解答这些问题，电子文件归档和电子档案管理工作就需要从后端追溯到前端，实施全程管理。尤其是要探讨大型建设项目通过引入建筑信息建模（Building Information Modeling，BIM）技术，构建电子档案协同管理的新模式。

10.4.2 项目实施

在“互联网 + 智能建造”背景下，以全方位、全过程推行项目智能建造为契机，确保项目高质量建设。为推进工程管理信息化，项目采用 BIM 技术构建工程信息化管理平台。BIM 是一个从规划、设计、施工到管理各阶段统一协调的过程，以直观的三维图像、灵活的交互操作，将单个 BIM 组件添加到项目模型中，建立 BIM 组件与其他元素相互之间的关联，从而对大型建设项目进行仿真建模①。深中通道项目 BIM 信息化管理平台，通过统一编码关联设计、进度、安全隐患、质量隐患、质检、图纸和清单等工程信息，实现项目综合管控和业务数据的集成、加载与共享。平台支持设计和施工阶段 BIM 模型交付、审核与更新，并可对接运营阶段。平台对模型相关的 BIM 仿真视频建立映射关系，支持在线播放、三维形象进度展示和分析、现场质量和安全隐患管理、计划推演与进度模拟展示等功能。

项目利用 BIM、移动互联网、云计算、大数据等信息技术，实施工程建设与基建程序管理用表、质检文件、计量支付文件、日常公文等电子文件和电子档案管理工作同步，推进大型建设项目档案数据化、档案信息同步应用与电子档案协同管理新模式，

---

① 齐晓旭. BIM 技术在建设工程各实施阶段的应用概述 [J]. 建筑与预算，2021 (2)：11 - 13.

推动我国电子档案管理工作向智能化迈进。

10.4.2.1　制度规范保障的多单位协同推进

在项目建设过程中同步实施电子文件归档和电子档案协同管理，首先从体制机制上入手，及时成立档案工作领导小组，项目总工程师担任小组组长。将档案信息化工作要求分别纳入项目建设计划、招标要求、合同管理以及竣工验收等环节，通过合同约束和落地提供充足的资金支持与档案数据来源进行保障。实施必要的信息化系统软硬件建设，通过设备自动采集或各业务系统生成项目建设的原始数据，彻底改变项目参建单位传统的档案工作模式，不再形成纸质文件材料。

同时，为了确保电子档案协同管理与智能建造同步推进，项目组通过建章立制、统一标准、细化操作与规范应用，结合建设特点编制《大型建设项目档案工作规划》《大型建设项目文件形成整理及档案管理办法》等一系列制度规范，推动各参建单位协同配合实施。其中，《大型建设项目档案工作规划》以电子档案质量控制为核心，以智能建造为主轴，以协同应用为手段，采取线上指导线下的管理方式，提前部署电子文件归档范围和电子档案分类方案，实现在线虚拟预立卷。《大型建设项目文件形成整理及档案管理办法》详细阐述电子档案管理所涉及的文件格式、文件内容、文件用途与元数据特征等，确定项目实施过程中所有电子文件的归档范围、保管期限和电子档案分类体系，形成大型建设项目电子档案分类、归档范围及保管期限表等细化操作指南。此外，为实现有效激励，制定《项目档案考评办法》等制度，以奖优罚劣的原则对参建单位进行考核，实行“惩罚到单位，奖励到个人”制度。

10.4.2.2　电子签名认证的多方异地在线管理

电子签名是电子文件归档和电子档案管理的一个关键问题。深中通道项目参建单位的地理位置比较分散，其中项目建设管理中心驻地中山，而施工单位分布在广州、上海、武汉、深圳、珠海等多个城市。按照传统纸质档案管理方式，任何单位发起一个需要多方签字的文件审批流程，均需将该文件打印一式多份，并通过快递或专人经由多地运送才能完成签署流转，耗费不少人力、物力和财力。新修订的《中华人民共和国档案法》为新时代档案事业高质量发展提供较为充分的法律保障①。在此背景下，项目引入CA认证，要求所有施工、设计、监理、业主等参建单位和相关管理人员分别办理单位电子公章与个人数字证书。各参建单位严格按照国家相关要求提交申请材料，规范办理数字证书领用手续，由本人亲自签署数字证书使用责任承诺函并拍照存档，确保电子签名应用的规范性与合法性。

---

①　陆国强．为新时代档案事业高质量发展提供坚强法治保障［N］．中国档案报，2020-06-25（1）．

（1）基于电子签名的业务系统流程改造。电子签名的引入，需要对项目应用的进度管控系统、质量监督系统、计量支付系统、档案管理系统等已有业务系统进行电子签名流程优化与改造，分别引入数字证书认证和时间戳管理，完成电子签名应用部署。同时，要求所有电子文件均应符合电子档案长期保存的格式。所有业务系统形成、办结可归档的电子文件经电子签名后，直接推送到电子档案管理系统进行归档。电子档案管理系统通过对接收的归档文件进行四性检测、鉴定及电子签名，即可完成在线立卷和归档工作，减少档案管理工作人员的手工作业和重复性劳动，从而提高档案工作效率。

（2）线上申报与异地审批的实现。为了提升各参建单位的业务流程处理时效，项目通过 BIM 项目信息化管理平台，规范统一各单位的申报管理用表格式，提前设计并部署审核流程与权限。文件发起单位首先通过平台在线申报并分发流转，借助移动网络随时随地查询和跟进申报文件的处理进度与签署意见。随后，平台发送短信给相关审批单位，提醒审批单位负责人通过线上签署意见，进行电子签名并加盖电子公章。审核流程全部完成办结后，经多方签署的电子文件将被平台推送到电子档案管理系统，缩短文件的审批和归档时间。

10.4.2.3　电子档案驱动的多业务协同应用

基于 BIM 项目信息化管理平台，各业务系统通过电子档案与结构化数据建立关联。在项目业务基础上，以计量管控为目标和手段，通过电子签名，实现“档案管理—进度管控—质量监督—计量支付”在线协同管理与应用。如图 10 - 30 所示，系统以工程进度、质量检验和计量支付所形成的电子文件和电子档案为凭证，进行自动化地计量或扣款，保障电子文件同步产生、同步整理、同步收集和同步归档，驱动参建单位开展工程进度、计量支付、质量检验等核心工作流程，提升工程管理自动化水平，发挥电子档案在业务管理中的凭证、查询及科研支撑的信息价值。

（1）电子档案与进度管控协同。为高效地管控项目施工进度，将施工文件按分项工程划分，建立分项工程编号与 BIM 组件编码之间的映射，实现 BIM 组件与施工报验电子文件关联。当 BIM 组件对应的施工建设完毕，系统自动对需要归档的施工报验电子文件进行预警，保证施工进度与电子文件归档同步进行，保障档案工作的及时性与完备性。

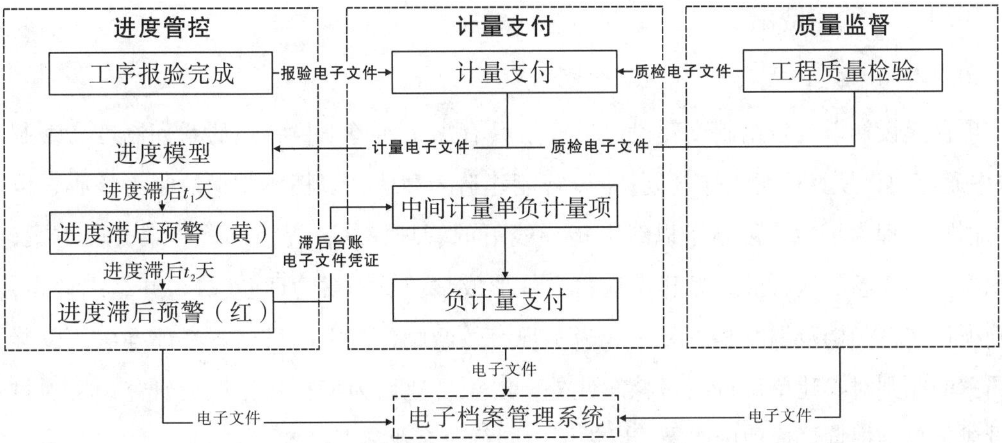

图 10－30 电子档案驱动的“档案—进度—质量—计量”协同管理

（2）电子档案与质量监督协同。质量监督管理中的大量质检表格是电子档案管理的重要组成部分，通过在质量文件的在线管理流程中进行电子签名，实现质量监督管理过程中质检电子文件的在线同步归档，电子档案管理与工程质量管理同步，加强档案过程管理，最大限度地减少档案后补现象。

（3）电子档案与计量支付协同。计量支付业务中大量的附件隶属于档案，通过电子签名，在质量监督管理业务电子文件同步归档时，将与计量电子文件资料同步导入计量支付系统，作为每期工程计量支付的重要支撑文件，实现档案利用价值的最大化。

10.4.2.4 BIM 平台支撑的档案信息资源共享

BIM 信息化管理平台基于互联网通信技术，将项目施工、设计、监理、业主等多方统筹协调，实现电子档案与项目进度管控、质量监督、计量支付等核心业务协同管理，业务数据采集和电子文件形成、流转、移交、归档等全流程在线前端控制，电子文件随时随地在线管理、随办随归，在国内首次实现大型建设项目管理业务全流程线上无纸化审批。

BIM 信息化管理平台通过仿真构建三维项目模型，将模型与 BIM 组件信息建立关联，以可视化形式，直观且实时地呈现项目工程起始节点状态、项目进度、质量状况、文件流转、档案检测等业务图景。在此基础上，平台为各参建单位提供权限访问机制对非保密电子文件进行在线查询与利用服务，及时了解项目建设过程中的进度、质量、支付及审计等情况，实现电子档案信息资源共享。

10.4.3 项目成果

10.4.3.1 理论成效

项目建设初期，强化制度建设，形成了具有深中通道项目特点的系列制度。编制《深中通道建设项目档案工作规划》，以智能建造为载体，以档案质量控制为核心，以电子档案管理为手段，创新了以线上指导线下的管理模式，提前部署档案分类方案，实现虚拟预立卷。编写《大型建设项目文件形成整理及档案管理办法》，并组织评审，明确项目文件归档范围及整理方法。为实现有效激励，制定项目档案考评办法，以奖优罚劣的原则对参建单位进行考核。此外，以项目建设为依托强化理论研究，将项目建设成果总结提炼形成理论成果，以供国内同行业企业参考借鉴。

10.4.3.2 实践成效

项目建设经验得到了国家档案局的肯定，2018 年 6 月，深中通道项目被国家档案局正式确定为建设项目电子文件归档和电子档案管理试点单位；11 月，在国家档案局经济科技档案业务指导司的牵头下，建设项目电子文件归档和电子档案管理试点单位到深中通道项目进行现场交流，会上各试点单位高度评价深中通道项目的试点研究工作；12 月，国家档案局经济科技档案业务指导司向广东省交通运输厅发出的感谢信中强调："广东省交通运输厅推荐的深圳至中山跨江通道项目被确定为试点单位，在试点过程中，试点单位根据要求，结合项目建设情况，编制了试点方案，对建设项目电子文件归档和电子档案管理制度和方法进行了研究，取得了阶段性成果，形成了年度结题报告，达到了预期目标。"此外，由广东省档案局推荐，广东省交通集团有限公司报送的《湾区纽带，智慧深中——深中通道项目档案管理工作纪实》在国家档案局组织的建设项目档案工作专题片评选中荣获三等奖。

10.4.3.3 经济成效

大型建设项目涉及工程管理、设计、施工、监理、质量、竣工等八大类文件资料，按照项目建设周期合计 50 余万件，其中每份文件平均约涉及 6 个审批节点。按照传统纸质档案管理方式，每份文件均需打印一式多份并在广州、深圳、珠海、中山等不同城市的多个参建单位之间流转，粗略估算每份纸质文件成本约 60 元。采用 BIM 技术的电子档案协同管理方式，从其直接效益方面分析，50 余万件电子文件将节省成本约 3 000万元；从其间接效益方面分析，每份文件的审批时间由平均 15 天降低为 3.5 天，审批时间大幅度缩短，还可减少因运送文件而引发的交通行为，减少纸张用量，不仅有巨大的环保价值，也最大限度地提高了经济效益。建设项目产生的海量纸质档案均需要安排单独的档案库房进行长期保存，由于库房的温度要求在 14～24℃，相对湿度要求在45%～60%，建设和维护的成本较高，同样以100公里高速公路为例，可节省150平方米库房面积、100立方米密集柜及相关配套设施。现在纸质档案平均每一页有4个手工签名，100公里的签名数达到1 000万个（250万页×4），应用电子签名后，上千万次的手工签名被电子签名所代替，降低了项目相关管理人员的工作量，节省了人力资源成本。

10.4.4 项目展望

深中通道项目以BIM三维模型为载体，把智能建造过程和电子档案协同管理统一集成，全程直观记录项目建设历程，服务项目全生命期管理，解决大型建设项目文件管理成本高、效率低、数据质量难以保证、全面管控与追溯难度大等问题，提升项目品质，探索出大型建设项目电子文件归档和电子档案协同管理的新模式。这种模式是档案工作融入企业数字转型整体发展战略的一次有益尝试，同时也将档案工作自身的数字转型推入到新的阶段，使档案管理工作向数据驱动迈进。

除了上述成果之外，该项目也面临着一些问题和挑战，需要在日后的实践中继续探索与解决。如：三维模型的归档与保管期限尚未有国家标准可参考，如何保证其长期可用存在困难；质量系统中部分单位数据信息缺失，补充完善需要重新数字签名，但是因人员变动难以完成等。这些均是带有普遍性和典型性的问题，问题的凸现可以进一步引起业界的关注，集中精力加以研究解决，为档案工作的数据化和电子化奠定坚实的基础。

第 11 章　数据资产管理未来展望

2020 年 4 月，中共中央、国务院发布《关于构建更加完善的要素市场化配置体制机制的意见》，首次将数据定义为新型生产要素，提出要推进政府数据开放共享、提升社会数据资源价值、加强数据资源整合和安全保护、引导培育大数据交易市场。工业和信息化部网络安全管理局高度重视数据资产管理工作，希望产业界进一步强化数据资产管理意识、提升数据资产管理能力、加强数据资源安全保障。

“数据之于本世纪，就像石油之于上世纪，它是发展和改变的动力。数据已经产生了新的基础设施、商业领域、垄断机构、政治理论，最关键的是，还产生了一种新经济。数据信息不像过去的其他资源，它采用不同的方式提取、加工、估值和交易。它改变了市场规则，要求使用新的管理方式。”信息时代万物数化，企业拥有数据的规模、活性以及收集、运用数据的能力，决定其核心竞争力。数据是企业的核心资产，掌控数据，就可以支配市场，意味着巨大的投资回报。数据作为日益重要的战略资源，需要更加完善的管理体系。数据资产管理知识体系涉及管理、技术、经济等多个学科，是一个非常复杂的系统工程，相关工作在国内刚刚起步，理论还不完善，也缺乏广泛的实践基础，仍需要业界各方紧密合作，争取在数据资产管理的理论和实践上不断取得新的进展。

11.1　聚焦核心，构建数据资产管理标准体系

11.1.1　完善标准规范，提供制度保障

与工业时代相比，大数据时代依托于万物互联带来的基础设施、海量数据形成的生产资料、算法演进焕发的生产力等变化都是全新的。企业推动数据资产管理需要立足大数据发展的特点，创新原有的政策体系，完善标准规范，提供制度保障，丰富数

据资产管理的政策工具箱，并注重数据标准化环节以保障信息体系不发生混乱，确保数据规范一致性。

大数据时代给“数据资产管理”赋予了新的内涵，也对数据资产标准化提出了更多的要求。数据标准是数据资产管理的基础，是对数据资产进行准确定义的过程。对于一个拥有大量数据资产的企业，或者是要实现数据资产交易管理的企业而言，构建数据标准是一件必须要做的事情。标准化的目的是解决数据的关联能力，保障信息的交互、流动、系统可访问，提高数据活化能力，保障信息体系不发生混乱，确保数据规范一致性——避免数据混乱、冲突、多样、一数多源。数据标准规范的制定要遵循数据标准管理工作，应遵循机制先行、贴近业务、循序渐进的实践原则。

（1）高层负责，机制先行。数据标准工作应得到高层重视，并指定公司高层负责数据管理和数据标准管理工作，组织制定数据标准相关管理办法。应在企业内部建立专门的数据标准管理机构或工作组，负责数据标准管理的日常工作，并赋予管理权限和资源，同时可制定数据标准管理工作的考核要求。

（2）贴近业务，切合实际。企业应把握数据资产标准与业务需求的关系，标准来源于业务，服务于业务，是对业务的高度提升和总结。企业应在分析业务现状、挖掘业务需求的基础上，引领业务部门广泛、深入参与其中，这样才更容易获得业务部门的认可。数据标准规范应以落地实施为目的，并在国家、行业标准规范的基础上，结合现有 IT 系统的现状，以对现有生产系统的影响最小为原则进行编制和落地标准，才能确保标准切实可用，让标准最终回归到业务中，发挥价值。

（3）循序渐进，成效说话。企业根据业务需求，结合系统改造和新建系统的契机，选择适当的数据标准落地范围和层次，对亟待解决的标准问题进行落地。同时，还需及时总结建立和实施数据标准对企业带来的价值和成效。

制度体系是确保对数据资产管理进行有效实施的认责制度，其中一些是数据资产管理职能的职责，也包括其他数据管理职能的职责。数据资产管理是最高层次的、规划性的数据管理制度活动。换句话说，数据资产管理是主要由数据管理人员和协调人员共同制定的高层次的数据资产管理制度决策。企业及其内部各部门开展制度建设，并非零星分散、各自为政的行为，而需要构建一个关联的、科学的制度体系。制度体系中各部分既各有分工、互不冲突又相互联系、协调配合，共同发挥作用。制度体系具体包括以下几点：

（1）规章制度。数据资产管理规章制度类似于企业的公司条例，用于阐明数据资产管理的主要目标、相关工作人员、职责、决策权利和度量标准。

（2）管控办法。管控办法是基于规章制度与工具的结合，是可落地、可操作的办法。

（3）考核机制。考核是保障制度落实的根本，建立明确的考核制度，实际操作中可根据不同企业的具体情况，建立相应的针对数据资产管理方面的考核办法，并与个人绩效挂钩。

（4）资源保障机制。资源保障是数据资产管理顺利实施的前提，企业要健全数据资源管理制度，建立一体化数据资产资源目录及动态管理机制，根据不同情况制定不同数据共享更新要求，明确数据资产资源提供和使用的主体。

（5）技术规范。技术规范是保障数据资产管理平台可持续管理的基础，随着数据量的增长、技术水平的发展，为更好地、可持续地实现数据资产的管理与应用，需要建立明确的技术规范。

此外，制度建设应当有明确、专门的主管部门。主管部门并不需要负责每项制度的具体起草和执行，亦不取代制度批准机构、制度起草机构的具体职能，但应负责整个制度工作的统筹、主导和推进，否则，制度建设工作将缺乏计划和协调，并难以落到实处。

11.1.2　明确长远目标，细化战略规划

“战略”是企业中长期发展的目标，指明了企业的发展方向，而“规划”是保障战略落地实施的基础[①]。战略规划管理是链接“战略”与“执行”的桥梁[②]。通过制定和执行规划来实施企业战略具有一定的优势，能够避免发生战略制定不合理和执行不彻底的问题。

数据资产管理战略是企业发展战略中的重要组成部分，是保持和提高数据质量、完整性、安全性和存取的计划，是指导企业进行数据资产管理的最高原则。企业数据资产管理战略规划要着眼于未来，立足于现在，从众多企业的数据资产管理实践来看，数据资产管理是一个长期和逐步见效的过程，是战略性的举措，期待一次性就能把数据资产管理工作做好是不现实的，必须以长期建设的心态来制定实施路线。在制定战略规划的实际过程中，必须坚持“自上而下”和“自下而上”相结合的原则。在制定的过程中，要遵循一条清晰的逻辑路线。

（1）分析企业的内外部环境。战略制定要考虑的外部环境包括数据资产管理的发

---

① 冯敬轩，张军贤．国有企业战略规划管理理论研究［J］．石油规划设计，2021，32（1）：32－36，40，66.

② 张军贤，张礼安，张震，等．中国石油集团战略规划管理体系创新与实践［J］．国际石油经济，2019，27（3）：81－89.

展情况与未来前景、国家政策方向等方面。市场的本质是竞争的，企业在进行数据资产管理过程中必然也逃脱不了这一法则，因此，企业战略外部环境的分析还要包括对竞争对手的分析。企业内部环境分析是基于对企业自身优势、劣势的了解，梳理以往的战略规划，盘点企业当前数据资产管理状况，结合外部环境分析对企业的数字资产管理能力进行定位。进行内外部环境分析的目的在于从环境变化中寻找机会，明确优势、去除劣势、把握机遇、规避威胁。

（2）明确愿景、使命和战略目标。数据资产管理战略规划要建立在对数据资产管理的愿景、使命和战略目标的分析之上。愿景解决的是数据资产管理长远发展目标，为数据资产管理未来发展指明前进方向。清晰、明确的愿景包括核心信仰和未来前景，它用以规定企业的基本价值观和存在的原因，是企业长期不变的信条，如同把组织聚合起来的黏合剂，核心信仰必须被组织成员共享，它的形成是企业自我认识的一个过程。核心价值观是一个企业最基本和持久的信仰，是组织内成员的共识。未来前景是数据资产管理未来10～30年欲实现的宏大愿景目标及对它的鲜活描述。使命是数据资产管理在企业发展中所应担当的角色和责任；使命不仅要回答数据资产管理是做什么的，还要回答为什么做，为目标的确立与战略的制定提供依据，一方面可以指导企业优化资源配置，另一方面可以使员工明确数据资产管理的真正意义，激发员工的工作积极性。战略目标是愿景的具体化，要进一步确认数据资产管理的目的，要具体设定企业数据资产管理所要达到的定性及定量目标。战略目标是数据资产管理整体发展的根本方向，作为一种长期性的目标，具有一定的内在稳定性，只有在内部、外部环境出现重大战略性改变后才可以进行修正①。

（3）规划业务组合。业务组合管理的目的是最大化利益相关者的价值，在愿景、使命和战略目标的指导下，管理者必须规划业务组合，组成数据资产管理的业务和产品的集合。公司业务组合规划涉及两个步骤：第一，公司必须分析当前业务组合，并决定哪些业务应该得到更多的支持，哪些业务应该减少投入或者不再投入，明确各项业务之间的协同效应，进而确定业务构成。第二，制定长期业务组合战略，以构建未来的业务组合。

（4）制定财务规划方案。在业务组合规划完成后，企业需要进行财务规划。财务规划是对企业财务活动的整体性决策，其着眼点不是当前，而是未来，是立足于长远的需要对企业财务活动的发展所做出的科学判断。它在日常财务活动中主要表现为几个特性：一是全局性。财务规划是以整个企业的筹资、投资和经营管理的全局性为对

① 戴剑，罗清亮．战略规划：企业持续成功的基因［M］．上海：上海财经大学出版社，2015．

象，根据企业长远发展需要而制定的。它是从财务的角度对企业总体发展战略理论所做的描述，是企业未来财务活动的行动纲领和蓝图，对企业的各项具体财务工作起着指导的作用。二是长期性。制定财务规划不是为了解决企业的当前问题，而是为了谋求企业未来的长远发展。因此，财务规划一经制定就会对企业未来相当长时期内的财务活动产生重大影响。三是风险性。由于企业的经营环境总是在不断变化，因此，企业的财务规划也伴随着有一定的风险。财务规划风险的大小，取决于财务决策者的知识、经验和判断能力。科学合理的财务规划一旦实现，会给企业带来勃勃生机，使企业得到迅速发展；反之，也会给企业造成一定的损失，使企业陷入财务困境。四是适应性。现代企业经营的本质，就是在复杂多变的环境中，促成企业外部环境、内部条件和经营目标三者之间的平衡关系。财务规划把企业与外部环境融为一体，通过分析、评估等手段尽最大可能避免企业财务管理中所出现的问题，增强企业对各种复杂因素的适应性。

（5）战略实施计划是指为保障战略目标的实现，对战略实施过程中的主要工作、人员职责及具体时间所进行的计划和安排。战略实施计划使战略的实施有一个总体控制的基础，确保战略规划得以实施；也可使企业中的各级管理层明了自身在企业战略目标实现过程中所充当的角色，并提供了对战略落实好坏表现进行考评的依据。

数据资产管理是否与企业发展战略相吻合也是衡量数据资产管理体系实施是否成熟、是否成功的重要标准。企业要在发展战略框架下，建立数据资产管理的战略规划，包括企业高层领导对数据资产管理的重视程度、所能提供的资源、重大问题的协调能力，以及对企业数据资产管理文化的宣传推广、培训教育等一系列措施。

11.2 夯实基石，健全数据资产管理组织架构

11.2.1 明确责权利标，优化管理组织

数据资产管理最重要的成功要素之一就是重视组织管理的作用，将责权利清晰化。数据资产管理是一个非常典型的业务部门和IT部门紧密结合的项目，其最大的挑战不是来自技术，而是理念和思路，这与企业的组织、人员、流程紧密相关，构建、执行一个有效的数据资产管理组织框架是成功的关键。数据资产管理的核心目的是有效综合运营数据以服务企业，让数据成为利润中心的一部分，这离不开组织管理。

数据资产管理的组织包括制度组织和服务组织。制度组织主要负责数据资产管理制度。这些组织是跨职能的，企业通常需要建立数据资产管理委员会、数据资产管理

制度团队等组织，负责整体数据战略、数据政策、数据管理度量指标等数据资产管理规程问题。比如成立“数据管理办公室”，将其作为数据资产管理的执行机构；建立数据管理的三层组织体系，包括决策层、管理层和执行层。与政府部门和机构一样，制度组织执行类似于行政部门的职责。数据服务组织主要是由数据资产管理的专业人员组成，包括数据架构师、数据质量分析师、元数据管理员等，主要执行数据资产管理各个领域的具体实施工作。数据资产管理组织要明确组织架构、组织层次和组织职责。

（1）组织架构。有效的组织架构是数据资产管理成功进行的有力保证，为了达到数据资产管理预期目标，在数据资产管理开始之前对于组织及其责任分工做出规划是非常必要的。数据资产管理设计的范围很广，牵涉到不同的业务部门和科技部门，是企业的全局大事，如何成立以及成立什么样的组织应该依据企业本身的发展战略和目标来确定。

（2）组织层次。建立由高层领导者组成的数据资产管理委员会，组织跨业务部门和 IT 部门的协调工作，规划数据资产管理的总体方向，并在其下设立不同的工作组，执行数据资产管理计划和监督数据管理工作。不同的组织层次应该发挥不同的职责职能，建立合理的组织层次有利于快速推动数据资产管理工作的开展。

（3）组织职责。根据数据资产管理工作的实际需要，在业务部门、技术管理部门和业务应用部门间要确定各个工作人员的职责。不同的组织负责的职责不尽相同，例如不同的业务部门应该明确各自业务开展对数据的具体要求和相关规则，而技术部门则会根据业务部门的需求负责具体的实施工作，包括将业务部门提出的要求转化成技术语言，用于事前的控制（如字段的约束）、事中的逻辑控制（例如控制不能为空）、事后的核查，以及具体的技术操作和编制定期的报告等。

11.2.2　重视人才管理，完善人才队伍

人力资源是一种战略性资源，是企业最主要的生产要素，人力资源管理是企业可持续发展的关键所在。面对新经济时代，人工智能、物联网、新一代移动通信、智能制造、空天一体化网络、量子计算、机器学习、深度学习、图像处理、自然语言处理、4k 高清、知识图谱、类脑计算、区块链、虚拟现实、增强现实等前沿技术正在大数据的推动下蓬勃发展，企业能否顺利开展数据资产管理，取决于企业如何创新人才管理机制和破解人力资源建设问题。建设一支适合企业数据资产管理需要的、发展的、素质高、数量多、复合型的高层次人才队伍已成为数据资产管理工作中刻不容缓的首要任务。

首先，在人才招聘方面，要创建层次丰富的招聘渠道。一是加强与高等院校建立

合作关系，推动“产、学、研”联合，建立产教融合、校企合作的引才模式；二是通过网上公开招聘、校园招聘和内部招聘等方式，通过多个渠道选拔优秀人才，满足企业对优秀的数据资产管理人才的渴求。

其次，在人才激励方面，要完善薪酬激励制度体系。根据个人贡献大小，适当拉开分配档次，不断完善奖励制度，确保内部公平；观察市场总体行情，确保员工所获报酬必须不低于劳动力市场上类似岗位的市场平均薪酬水平，提高薪酬水平的竞争性，吸引优秀人才。绩效是劳动者在特定时间内的可描述的工作行为和可衡量的工作结果，是员工激励的重要方法。针对数字资产管理领军人才，企业可设计年薪制、协议薪酬制、专项特殊奖励，探索实行股权激励、超额利润分享和岗位分红等原企业高管采用的绩效激励方式，体现对高素质技能人才的突出奖励倾向。

再次，在人才应用方面，岗位设置在企业数据资产管理中具有非常关键的作用，它不仅有利于优化人力资源配备，而且有利于企业的发展壮大。从岗位设置过程的角度来看，数据资产管理各岗位的形成是一个组织设计、再造、变革和发展的综合性过程。企业要按照“年轻化、知识化、现代化，公开招聘、竞聘上岗、择优聘用，能者上、庸者下”的用人制度进行岗位设置，根据人才队伍建设的实际情况，合理调整岗位的结构比例，对具有数据资产管理能力的人才，探索使用特设岗位予以聘用的方式来进行岗位设置，建立公平、公正、公开内部晋升机制，提供更多的发展空间，逐步建立起科学设岗、统筹管理和动态调整的岗位管理机制，逐步建立健全包括管理型人才和技术型人才的适应数据发展的人才结构，减少工作推进的阻碍。

最后，在人才培训方面，培训是指组织为开展业务及培育人才的需要，对员工进行有目的、有计划的培养和训练的管理活动。其目标是使员工不断地更新知识，开拓技能，改进员工的动机、态度和行为，适应新的要求，更好地胜任现职工作或担负更高级别职务，从而促进组织效率的提高和组织目标的实现。培训工作体制和机制好坏，对企业数据资产管理队伍建设具有根本性、全局性和长期性的影响。企业应从数据资产管理的总体战略出发，制定科学化的人才培养方案，建立系统的人才培训体系，不仅要经常性、长期性地开展培训教育工作，还应积极研究探索，把控好培训工作的时机；根据企业员工的具体情况以及具体特点，设定特定的人才培训内容，更有针对性地开展培训，对现有人员的数据资产管理能力做全面的培养提升；借助第三方行业组织和机构，开展人才培训，提高数据资产管理技术和业务人员总体水平。

数据资产管理不是一两个人的事情，它涉及企业全员团队。数据资产管理人才队伍建设的过程，本质上是一个数据思维培养的过程，是一个全员人才培养的过程。如果企业高层缺乏数据资产管理能力，就无法从战略的高度，理解数据资产管理的价值和意义，也将失去开拓数据资产管理战略新方向的能力；如果业务团队缺乏数据资产管理能力，就无法把错综复杂的业务问题，转换成为技术团队擅长的数据可分析问题；如果技术团队缺乏数据资产管理能力，就无法准确理解业务需求，无法设计正确的数据产品。企业各个岗位的员工、管理者都需要深谙数据资产管理之道，并在各自的业务实践中，自觉（甚至不自觉地）寻找可以彰显数据资产管理的业务机会，企业的全体员工团队，从上到下，都需要有数据资产管理的思维和能力。同时，企业要创造环境积极引进和培养数据资产管理人才，探索“不求所有、但为所用”的新型人才队伍建设模式。

11.3　明确需求，高效推动数据资产保值增值

11.3.1　着眼业务应用，建设统一平台

数据资产化进程给各类企业带来重生、颠覆和创新，企业应重点关注、顺势而为，建立起符合自身业务和数据特点的数据资产管理体系和能力。数据资产管理工作人员不能只陷于数据资产管理工作，还应紧密联系业务。数据资产管理离不开结合自身业务与应用。企业只有明确了前端业务需求，才能做到数据资产管理过程中的有的放矢，张弛有度，合理规划。对于覆盖多个业务领域的企业来说，统一各个业务领域的数据资产管理，有利于发挥企业业务之间的协同效应。数据资产具有跨业务、跨部门、共享多个业务环节、共享多个信息系统的特点①，数据资产的管理方式要结合企业业务管控的需要，着眼于企业业务应用的要求。

数据作为新的生产要素的重要性已成为行业共识，但企业的数据资产管理仍然普遍面临着重重困难：数据资源散落在多个业务系统中，企业主和业务人员无法及时感知到数据的分布与更新情况，也无法进一步开展对数据的加工工作；数据孤岛普遍存在导致业务系统之间的数据无法共享，资源利用率降低，降低了数据的的可得性。因此，为解决上述诸多问题，必须建设数据资产管理统一操作平台，健全数据管理体系，实现数据的统一、集中和规范管理，服务于企业一线业务人员、数据分析及决策人员、数据管理及运维人员，推动数据战略落地，赋能企业更高效运营。通过数据资产管理平台系统为企业提供完整的数据管理功能，实现数据编码、发布、清洗、整合、共享、治理等功能，并实现数据的创建、编辑、导入导出，与其他应用系统之间的数据集成

① 刘希俭，等. 企业主数据管理实务［M］北京：石油工业出版社，2017.

等功能协同起来，打破竖井，应用与平台解耦、与数据分离，提高数据开放能力，降低管理和运维难度。使用数据资产管理平台可以采用统一的规则和口径实现协同管控一体化，保证数据的实效性及准确性，自动化的获取整个企业的数据业务含义，帮助理解数据。提供标准编码管理体系，统一编码体系结构，规范编码的设置、审批、发布、维护工作程序，保证编码的方便性、完整性、有效性、正确性、适应性、可扩展性。

数据资产管理统一平台的建设与业务应用要相结合，避免出现重平台建设轻平台使用的现象。数据资产管理统一平台的运营体系相当复杂，平台建设的模式和路径没有固定模式，需要发挥主观能动性，因地制宜，挖掘优势，突出特色，为数据决策提供有力的支撑。

数据资产管理统一平台的建设与运营须有相应的配套保障机制，并充分发挥保障机制的导向作用和支撑作用，以确保平台规划建设协调一致和平台整体效能的实现。如建立数据资产管理机制，明确数据内容的归口管理部门、数据采集单位和共享开放方式；建立数据资产管理统一平台运行管理机制，明确平台使用中数据、流程、安全等各项内容和管理标准，保障平台持续稳定运行①。

最后，企业数据主管部门应制定平台长效运行机制和考评办法，建立完善的上报、检查、考评机制，设计量化考核内容和标准，加强平台数据质量管控，管好用好数据资产管理统一平台。加强对数据资产管理统一平台项目的后续评价和项目稽查，强化对数据资源建设以及数据共享开放、数据质量和安全的审计监督。科学构建数据资产管理统一平台综合评价指标体系，开展数据资产管理统一平台建设成效综合评价工作，引导数据资产管理统一平台建设工作，不断提升数据资产管理统一平台建设应用成效。

11.3.2 合理引进技术，释放数据价值

2021 年 3 月 11 日，《中华人民共和国国民经济和社会发展第十四个五年规划和 2035 年远景目标纲要》经第十三届全国人民代表大会第四次会议表决通过，正式发布。规划中明确提出要加强关键数字技术创新应用，聚焦高端芯片、操作系统、人工智能关键算法、传感器等关键领域，加快推进基础理论、基础算法、装备材料等研发突破与迭代应用。加强通用处理器、云计算系统和软件核心技术一体化研发。加快布局量子计算、量子通信、神经芯片、DNA 存储等前沿技术，加强信息科学与生命科学、材

① 中国信息通信研究院，CCSA TC601 大数据技术标准推进委员会. 城市大数据平台白皮书［EB/OL］.（2019-06-04）［2021-12-21］. http://www.caict.ac.cn/kxyj/qwfb/bps/201906/P020190604489340368704.pdf.

料等基础学科的交叉创新，支持数字技术开源社区等创新联合体发展，完善开源知识产权和法律体系，鼓励企业开放软件源代码、硬件设计和应用服务。

数据的价值体现在决策精准、敏锐洞察，数据资产管理能够使管理流程化、规范化，结合业务应用的数据资产管理不仅使数据保值增值，还将会给企业带来更加巨大的经济效益和社会效益，但其应用的成功与否还是要取决于企业数据资产管理的能力。以数据融合技术为战略资产的商业模式，可以决定企业未来。

数据在实现价值的过程中需要充分依托技术，帮助企业梳理数据内容，高效检索展示。数据资产管理的技术架构分为五个层级，底层是源数据，主要有互联网数据、系统日志数据和内部数据库；第二层则是数据采集环节，主要针对三大源数据有不同的采集技术；第三层是存储环节，包括结构化数据存储和非结构化数据存储技术；第四层则是数据处理技术，主要由数据挖掘技术和数据治理技术构成；第五层则是数据应用技术，包括商业智能分析、数据集成、可视化、营销变现等相关技术。企业在技术架构支撑下，实现贯穿于产品设计、生产、管理、仓储、物流、服务等全部流程和环节的数据采集、存储、管理和分析，实现数据的自动盘点，利用嵌入式工具完成对数据全生命周期的管理，从数据中挖掘出其中的隐含价值，达到提升生产效率、提高产品质量、增强管理能力、降低生产成本等目的，提升企业生产力、竞争力和创新力。

在实现数据资产管理的过程中，企业应根据自身实际情况，避免盲从，合理引进创新技术以提高数据挖掘准确性和挖掘效率，节省人力成本。从策略上看，数据资产管理既要兼顾长远目标又要兼顾短期效果，建议选择与有长期服务及数据资产管理能力的厂商持续合作，因为其能从产品、技术、咨询、实施等各角度提供全面的长期支持。

未来在数据资产管理过程中要加强对区块链、数据安全等技术的研究，采用AI、NLP、知识图谱等新技术，创新解决数据管理和数据应用的双重难题，帮助企业全局掌控自有在线及离线数据资产，实现数据资产的价值发挥；采取机器学习等自动化技术，将数据准备时间和交付项目的时间缩短，提升数据获取和服务效率，加快数据价值释放；采取标签体系和自然语言处理等智能化技术，在保证数据信息安全的前提下，积极拓展新技术实践和业务场景的应用，为实现数据资产价值化、资产化，释放数据赋能效应奠定基础。

11.4 细致谨慎，全面注重数据资产风险管控

11.4.1 规范管理流程，提高数据质量

数据质量直接影响数据的产出和数据价值的高低。因此，数据质量的管理对于企业决策、战略水平和业绩提升至关重要。低质量的数据对任何组织来说都是代价高昂的。尽管估计值不尽相同，但专家认为，企业在处理数据质量问题上的支出占收入的10%～30%。IBM 估计，2016 年美国低质量数据的成本为 3.1 万亿美元[①]。伴随着技术和商业的发展，大量出现的自动采集的数据进一步拓展了数据集的容量。数据量大，意味着数据结构更加复杂，数据中包含的特征和实例更多，更容易出现各种脏数据、缺失数据等，这无疑给构建高质量的数据集（数据库）带来更大的难度。用户在使用过程中，问题出现的概率会更大，这对数据质量的提升和管理提出了新的课题。而在企业中，数据质量相关问题很突出，容不得犹豫和拖延，所以在实施操作上，小步快跑、以点带面的短线操作更符合各企业现状。

第一，明确业务需求并从需求开始控制数据质量。要想真正解决数据质量问题，改进和提高数据质量，必须从产生数据的源头开始抓起，从需求开始。企业往往在定义清楚业务需求后忽略对数据质量的控制，而只对已经产生的数据做检查，然后再将错误数据剔除，这种方法治标不治本，不能从根本上解决问题。企业需要从数据源头提升控制数据质量，将数据质量的控制从需求开始集成到分析人员、模型设计人员与开发人员的工作环境中，让大家在日常的工作环境中自动控制数据质量，在数据的全生命周期中控制数据质量，从业务出发做问题定义，由工具自动、及时发现问题，明确问题责任人，通过邮件、短信等方式进行通知，保证问题及时通知到责任人；跟踪问题整改进度，保证数据质量问题全过程的管理。

第二，建立数据质量评价体系。按照数据质量维度对数据质量进行评估，通过建立数据质量评价体系，对整个流通链条上的数据质量进行量化指标输出，后续进行问题数据的预警，使得问题一出现就可以暴露出来，便于进行问题的定位和解决，最终可以实现在哪个环节出现就在哪个环节解决，避免了将问题数据带到后端及其质量问题扩大。

第三，落实数据质量信息监控与检核。数据质量问题检核是保证数据质量的关键，

① DAMA 国际. DAMA 数据管理知识体系指南：原书第 2 版［M］. DAMA 中国分会翻译组，译. 北京：机械工业出版社，2020.

前面两步梳理了业务需求，制定了数据质量评价体系，之后就要建立一套切实可行的数据质量监控体系，设计数据质量检核规则，形成覆盖数据生命周期的数据质量管理；在数据质量问题检核时，要将业务度量规则转换成 IT 系统可以执行的检核方法。通过调度检核任务，对生产数据进行检核，生成检核结果。数据质量的提升并不是一蹴而就的，不是做一次数据整改就能解决所有数据质量问题，而是需要通过数据标准和数据质量建立起完善的数据质量管控体系，在各个环节进行监控，定期检查数据质量，确定解决方案，并加以改进。

数据质量管理是企业数据资产管理一个重要的组成部分，企业数据资产管理的所有工作都是围绕提升数据质量目标而开展的。要做好数据质量的管理，应抓住影响数据质量的关键因素，设置质量管理点或质量控制点，从数据的源头抓起，从根本上解决数据质量问题。对于数据质量问题采用量化管理机制，分等级和优先级进行管理，严重的数据质量问题或数据质量事件可以升级为故障，并对故障进行定义、等级划分、预置处理方案和 Review。量化的数据质量使得我们可以通过统计过程控制对数据质量进行监测。一旦发现异常值或者数据质量的突然恶化，便根据数据产生的逻辑顺藤摸瓜找到产生数据的业务环节，对业务进行完善，真正地做到有的放矢①。

随着数据集成的深度和广度迅速加大，数据质量面临巨大挑战。但积极的一面是，尽管组织所处的环境在变化、遇到的新问题在涌现，但对应的研究也在继续，新的知识被发现，新的技术得以开发和应用。比如数据挖掘技术的不断深化和推广应用，尤其是在数据清洗和数据预准备环节中的数据处理技术，为改善数据质量和解决数据质量问题时都起到了很好的作用。

11.4.2 加强数据合规，及时风险防控

作为生产要素，数据的需求与应用日益广泛，数据要素价值的释放路径更加多元，但无论是组织内部的数据应用还是组织间的数据流通，数据面临的安全风险也随着其价值的逐步凸显而更加突出。一方面，数据应用的复杂性和数据分析挖掘的多样性增加了数据权属管理和抵御安全攻击的难度；另一方面，越来越多的跨组织间数据流通进一步加速了数据被盗用、误用、滥用的安全风险。近年来，数据安全事件的层出不穷使得数据资产管理中的数据安全问题成为各界无法忽视的焦点问题。

大数据时代，数据作为一种特殊的资产，能够在流通和使用过程中不断创造新的价值，数据生命周期由传统的单链条逐渐演变成为复杂多链条形态。因此，在大数据

① 石秀锋. 数据治理系列 5：浅谈数据质量管理［EB/OL］.（2019 - 08 - 10）［2021 - 12 - 21］. https://blog.csdn.net/kuangfeng88588/article/details/99085074.

应用场景下，数据流动是“常态”，数据静止存储才是“非常态”。同时，可以预见到，未来大数据业务环境将更加开放，业务生态将更加复杂，参与数据处理的角色将更多元，系统、业务、组织边界将进一步模糊，导致数据的产生、流动、处理等过程比以往更加丰富和多样。数据的频繁跨界流动，除可能导致传统的数据泄露风险外，还会引发新的安全风险。特别是在数据共享环节中，传统数据访问控制技术无法解决跨组织的数据授权管理和数据流向追踪问题，仅靠书面合同或协议难以实现对数据接收方的数据处理活动进行实时监控和审计，极易造成数据滥用的风险。数据应用场景和参与角色愈加多样，在复杂的应用环境下，保证企业机密数据以及用户个人隐私数据等敏感数据不发生外泄，是数据安全的首要需求①。

中国信息通信研究院的《2018—2019 年度金融科技安全分析报告》显示，针对客户资料与企业重要业务数据的安全事件是金融机构发生频率最高的风险事件，占比 44%。随着监管部门对数据安全和个人隐私保护日益重视，在强监管态势下，如何保障数据安全及合规使用，已成为当前亟须解决的问题。

2021 年 6 月 10 日，《中华人民共和国数据安全法》正式公布，将于 9 月 1 日开始实施。《数据安全法》强调了企业在保护数据安全中应承担的责任：企业需要制定相关制度来保障数据安全，采取补救措施消除数据安全风险，上报数据安全事件。所谓的风险防控，便是在发生风险的关键节点，设计出有效的控制方式，避免风险的实际发生，或将风险控制在可接受的范围内，以使企业持续、健康、稳定发展。企业在进行在数据资产管理的过程中，要综合考虑困难及挑战，并全面管控风险，要基于行业模型、行业标准等积累完整、准确的内外部数据以保证数据合规性，进而规避风险。数据资产管理是一项持之以恒的工作，不可能一蹴而就，需要一个循序渐进的过程分阶段进行，要做好充分地长期作战准备，加强数据合规操作，避免安全漏洞。

在数据资产管理过程中，要落实等级保护、安全测评、电子认证、应急管理等基础制度，建立数据采集、传输、存储、使用、开放等各环节的安全评估机制，明确数据安全的保护范围、主体、责任和措施；建立集中统一、高效权威的数据安全风险报告、信息共享、监测预警机制，加强数据安全风险信息的获取、分析、研判、预警工作；加强数据安全防护，数据安全防护是指数据资产管理为支撑数据流动安全所提供的安全功能，包括数据分类分级、元数据管理、质量管理、数据加密、数据隔离、防泄露、追踪溯源、数据销毁等内容；研究制定数据权利准则、数据利益分配机制、数

① 中国信息通信研究院，安全研究所. 大数据安全白皮书（2018 年）[EB/OL].（2018-07-12）[2021-12-21]. http://www.caict.ac.cn/kxyj/qwfb/bps/201807/P020180712523226672500.pdf.

据流通交易规则，明确数据责任主体，加大对技术专利、数字版权、数字内容产品、个人隐私等的保护力度；强化大数据安全技术研发与推广应用，提升网络安全风险防范和数据跨境流动监管水平；建立健全信息披露制度，研究制定数据应用违规惩戒机制，引进第三方专业机构开展数据应用合规性的监督和审计，加强流通环节的风险评估，加强对数据滥用、侵犯个人隐私等行为的管理和惩戒力度。建立面向企业的数据安全备案机制，提升数据安全事件应急解决能力，发生数据安全事件时，有关主管部门应当依法启动应急预案，采取相应的应急处置措施，防止危害扩大，消除安全隐患，并及时发布警示信息；设立数据跨境流动风险防控机制，加强跨境数据流动监测和业务协同监管；强化关键领域数字基础设施安全保障，切实加大自主安全产品采购推广力度，保护专利、数字版权、商业秘密、隐私数据。

11.5　以终为始，探索数据资产管理迭代优化

11.5.1　推进智能管理，创新管理模式

随着数据量的高速增长，大多企业数据逐渐以大规模、超大规模为主，大量的数据和复杂的系统为数据资产管理带来了挑战。数据来源和形式的多样化，意味着各种格式、标准的数据被高速获得，如何对这些数据进行高效管理，形成标准化、格式统一的高质量数据集（数据库）是大数据时代对数据质量管理的更高要求。

数据高速获取和使用，意味着需要更强大的计算机系统支撑数据采集、整理、储存和使用，高速运行的计算机系统会面临更大的系统崩溃、系统运行缓慢的问题；高速使用，意味着需要实时处理数据，例如高速的数据清理等特征工程手段的使用，需要更强大快速的 AI 算法的支撑。

智能化的数据资产管理模式通过对 IT 设备和数据资产的在线监控、管理，节省大量的时间、人力和费用，让企业更加专注于上层业务。在人工智能、云计算的快速发展下，部分管理平台如 DMaaS，将基础设施管理与 IT 设备管理集成，运用大数据分析和机器学习等算法可实现有效预测和防止数据资产管理发生的问题和故障，缓解资产管理效率低下和能力不足问题，提高数据资产管理质量。实现主动式分析与预警、精细化监测与管理、合理化规划与决策，为管理者数据资产管理优化提供有力依据。将机器学习、算法处理等智能化技术引入数据资产管理与运营中，提供了智能搜索、智能推荐等服务，降低了数据使用门槛，支撑业务个性化、场景化的业务创新。通过智能化算法进行分类，将行业模型和知识图谱应用到企业的数据发现过程中，自动盘点

数据，改善用户体验，真正实现数据资产管理一站式管理。

随着数据资产管理规模不断攀升，越来越多的基础设施设备需要日常维护和管理，传统做法是人工定期巡视，对于关键设备需有专人24小时值班巡检。人工投入大、成本高、效率低、可靠性差是众多企业数据资产管理面临的共同问题。智能运维机器人能24小时不间断地巡逻数据资产管理情况，收集环境数据的同时，还能实时读取主要设备的异常情况并自动报警，大大提升巡逻的可靠性和规范性，降低劳动强度、提高运营效率、降低运行维护成本。未来通过优化智能运维机器人智能巡检、深度学习的能力，将逐步实现以智能机器人辅助人工巡检甚至替代人工巡检，形成“智能化管理平台+智能机器人+专业工程师”的三道运维安全防线①。

因此，在未来的数据资产管理中要不断创新管理模式，依托人工智能和大数据技术，建立数据智能监测管理系统；运用统计学、模式识别、机器学习、数据抽象等数据分析工具，融合机器学习、大数据分析、文档加密、访问控制、关联分析、数据标识等技术，持续赋能企业实现数据资产管理智能化转型；研发大规模分布式计算、海量数据分布式存储和管理等技术，推动传统数据资产管理云化转型；整合数据管理工具和技术，实现多源异构数据的智能清洗与识别，建立海量数据的智能数据组织结构，从而实现多源异构数据的标准化和常态化，实现数据共享和流动；加快推进智能运维、智能管理等技术研发，提升数据资产管理智能化水平，降低运营成本；加强新一代信息技术对数据中心规模、建设模式以及处理能力影响的研究和预测，顺应新技术发展要求，合理引导承载新一代信息技术的云数据中心及边缘数据中心建设；加快对高密度数据中心、边缘数据中心以及新技术的研究，完善网络基础设施建设，做好下一代数据资产管理的规划布局，满足新一代信息技术对数据资产管理的新需求。

11.5.2 灵活适应变化，不断调整完善

当前，全球信息技术创新进入新一轮加速期，5G、人工智能、VR/AR等新一代信息技术和应用快速演进，对数据资产管理的各方面产生重要影响。从规模来看，5G和物联网将带动数据量爆炸式增长，引领数据数量猛增，带动数据资产管理规模持续高速增长。从性能来看，新型技术及应用需要海量计算、存储、分析以及灾备等能力，对数据资产管理提出更高要求，如高性能计算设备和GPU服务器的使用。随着三网融合、移动互联网、云计算、物联网的快速发展，数据的生产者、生产环节都在急速攀

① 中国信息通信研究院，开放数据中心委员会. 数据中心白皮书（2018年）[EB/OL].（2018-10-17）[2021-12-21]. http://www.caict.ac.cn/kxyj/qwfb/bps/201810/P020181017376178212777.pdf.

升，随之快速产生的数据呈指数级增长，一步到位建立一套完美的数据资产管理体系是很困难的。主要原因是业务需求会随着市场环境不断变化，技术手段也在不断革新，因此数据资产管理体系不是一劳永逸、一蹴而就的，需要建立一个小步迭代的数据资产管理循环模式。

在管理制度层面，需要制定有利于业务人员、技术人员积极为数据资产管理体系循环迭代完善建言献策的方法和制度，进而促使数据资产管理体系在实践中日趋成熟。

在技术平台方面，要借鉴 DevOps 的理念，促进开发、技术运营和质量保障部门之间的沟通、协作与整合，确保数据资产管理系统平台持续、健康地为数据资产管理体系服务。

当前在以数字化、网络化、智能化、云化为特征的信息文明时代，数据资产已经成为比石油和矿产价值更高的战略资源。在“云大物移”技术蓬勃发展的新形势下，数据资产管理的未来未知远大于已知，政府、行业、企业都仍在探索之中，后续还有更长的路要走。各方要在认真总结经验的基础上，更加坚定信心，继续努力推进数据资产管理建设和应用推广工作，为数字化战略实施做出应有的努力，为促进大数据与实体经济深度融合做出积极贡献。

参考文献

[1] 陈一. 我国大数据交易产权管理实践及政策进展研究 [J]. 现代情报，2019，39 (11)：159 - 167.

[2] 李克强. 2014 年政府工作报告 [R/OL]. (2014 - 03 - 05) [2021 - 09 - 21]. https://www.gov.cn/guowuyuan/2014zfgzbg.htm.

[3] 国家发展改革委办公厅. 关于组织实施促进大数据发展重大工程的通知 [EB/OL]. (2018 - 05 - 23) [2021 - 09 - 21]. https://cloud.tencent.com/developer/article/1134246.

[4] 中华人民共和国国民经济和社会发展第十三个五年（2016—2020 年）规划纲要 [EB/OL]. (2016 - 03 - 17) [2021 - 09 - 21]. https://www.gov.cn/xinwen/2016-03/17/content_5054992.htm.

[5] 工业和信息化部. 大数据产业发展规划（2016—2020 年）[EB/OL]. (2017 - 01 - 17) [2021 - 09 - 21]. https://www.miit.gov.cn/jgsj/xxjsfzs/rjcy/art/2020/art_268542a20cad4f0fa090af480599d019.html.

[6] 习近平. 决胜全面建成小康社会 夺取新时代中国特色社会主义伟大胜利：在中国共产党第十九次全国代表大会上的报告 [R/OL]. (2017 - 10 - 28) [2021 - 09 - 21]. http://jhsjk.people.cn/article/29613660.

[7] 中共中央关于坚持和完善中国特色社会主义制度 推进国家治理体系和治理能力现代化若干重大问题的决定 [EB/OL]. (2019 - 11 - 05) [2021 - 09 - 21]. https://www.gov.cn/xinwen/2019-11/05/content_5449023.htm.

[8] 黄璜，孙学智. 中国地方政府数据治理机构的初步研究：现状与模式 [J]. 中国行政管理，2018 (12)：31 - 36.

[9] 程学旗，靳小龙，杨婧，等. 大数据技术进展与发展趋势 [J]. 科技导报，2016，34 (14)：45 - 59.

[10] 彭宇，庞景月，刘大同，等. 大数据：内涵、技术体系与展望 [J]. 电子测量与仪器学报，2015，29 (4)：469 -482.

[11] UNIVERSITY OF GLASGOW. Data asset framework implementation guide [EB/OL]. (2017 -03 -20) [2021 -10 -21]. https://www.docin.com/p-1872262311.html.

[12] MIT CISR. Data value assessment: recognizing data as an enterprise asset [EB/OL]. (2015 -03 -01) [2021 -10 -21]. https://cisr.mit.edu/publication/2015_0301_DataAsset_WixomMarkus.

[13] 中国资产评估协会. 资产评估专家指引第 9 号：数据资产评估 [EB/OL]. (2020 -01 -09) [2021 -10 -21]. https://www.chinaacc.com/upload/resources/file/2020/01/09/351942.pdf.

[14] 国家市场监督管理总局，中国国家标准化管理委员会. 电子商务数据资产评价指标体系：GB/T 37550—2019 [S]. 北京：中国标准出版社，2019.

[15] 国务院. 关于印发促进大数据发展行动纲要的通知（国发〔2015〕50 号）[EB/OL]. (2015 -09 -05) [2021 -10 -21]. http://www.gov.cn/zhengce/content/2015 -09/05/content_10137.htm.

[16] 中国信息通信研究院. 大数据：发展现状与未来趋势 [J]. 中国经济报告，2020 (1)：38 -52.

[17] 中国信息通信研究院云计算与大数据研究所，CCSA TC601 大数据技术标准推进委员会. 数据资产管理实践白皮书（4.0 版） [EB/OL]. (2019 -06 -04) [2021 -10 -21]. http://www.caict.ac.cn/kxyj/qwfb/bps/201906/t20190604_200629.htm.

[18] 郑英豪. 大数据资产管理体系初探 [J]. 新会计，2015 (11)：34 -37.

[19] 康旗，韩勇，陈文静，等. 大数据资产化 [J]. 信息通信技术，2015，9 (6)：29 -37.

[20] 刘琦，童洋，魏永长，等. 市场法评估大数据资产的应用 [J]. 中国资产评估，2016 (11)：33 -37.

[21] 朱扬勇，叶雅珍. 从数据的属性看数据资产 [J]. 大数据，2018，4 (6)：65 -76.

[22] 叶雅珍，刘国华，朱扬勇. 数据资产相关概念综述 [J]. 计算机科学，2019，46 (11)：20 -24.

[23] 高伟. 数据资产管理：盘活大数据时代的隐形财富 [M]. 北京：机械工业出版社，2016.

[24] 朱扬勇，熊赟. 数据学 [M]. 上海：复旦大学出版社，2009.

[25] DAMA 国际. DAMA 数据管理知识体系指南：原书第 2 版 [M]. DAMA 中国分会翻译组，译. 北京：机械工业出版社，2020.

[26] 祝守宇，蔡春久. 数据治理：工业企业数字化转型之道 [M]. 北京：电子工业出版社，2020.

[27] 朱琳，赵涵菁，王永坤，等. 全局数据：大数据时代数据治理的新范式 [J]. 电子政务，2016 (1): 34-42.

[28] 许晓东，王锦华，卞良，等. 高等教育的数据治理研究 [J]. 高等工程教育研究，2015 (5): 25-30.

[29] 张宁，袁勤俭. 数据治理研究述评 [J]. 情报杂志，2017，36 (5): 129-134，163.

[30] 李雨霏，刘海燕，闫树. 面向价值实现的数据资产管理体系构建 [J]. 大数据，2020，6 (3): 45-56.

[31] 范佳佳. 政府数据资产可持续运营评估理论模型研究 [J]. 上海商学院学报，2018，19 (3): 21-27.

[32] 宋晶晶. 政府治理视域下的政府数据资产管理体系及实施路径 [J]. 图书馆，2020 (9): 8-13.

[33] 孟庆国，林彤，乔元波，等. 中国地方政府大数据管理机构建设与演变：基于第八次机构改革的对比分析 [J]. 电子政务，2020 (10): 29-38.

[34] 张洁彬，方伟. 后大数据时代的金融行业数据管理模式探讨：从数据需求到数据资产与数据价值的演化 [C] //中国证券业协会. 创新与发展：中国证券业 2019 年论文集. 北京：中国财政经济出版社，2020: 776-784.

[35] 工业互联网联盟，中国信息通信研究院. 2018 工业企业数据资产管理现状调查报告 [EB/OL]. (2018-12-14) [2021-11-21]. http://www.caict.ac.cn/kxyj/qwfb/ztbg/201812/P020181214617055723116.pdf.

[36] 马凯航，高永明，吴止锾，等. 大数据时代数据管理技术研究综述 [J]. 软件，2015，36 (10): 46-49，56.

[37] 王振东. 强化计算机数据库管理技术的有益分析 [J]. 软件，2014，35 (1): 84-85.

[38] 中国信息通信研究院. 大数据白皮书（2020 年） [EB/OL]. (2020-12-18) [2021-11-21]. http://www.caict.ac.cn/kxyj/qwfb/bps/202012/P020210208530851510348.pdf.

[39] 张治侨，谭畅. 数据资产的价值构成与估值局限性研究 [J]. 商业经济，2021 (6)：81 -82.

[40] 刘俊. 浅谈数据资产价值及其实现途径 [J]. 山西财政税务专科学校学报，2020，22 (1)：38 -40.

[41] DGI. The DGI Data Governance Framework [EB/OL]. (2018 -06 -15) [2021 -11 -21]. https://www. datasqlvisionary. com/wp - content/uploads/2018/06/dgi _ framework. pdf.

[42] 张明英，潘蓉.《数据治理白皮书》国际标准研究报告要点解读 [J]. 信息技术与标准化，2015 (6)：54 -57.

[43] 冯楠，贾大江，李燕. 电网企业数据资产监测机制研究 [J]. 山西电力，2016 (3)：45 -49.

[44] 王科，夏睿. 情感词典自动构建方法综述 [J]. 自动化学报，2016，42 (4)：495 -511.

[45] 王曰芬，章成志，张蓓蓓，等. 数据清洗研究综述 [J]. 现代图书情报技术，2007 (12)：50 -56.

[46] 陈跃国，王京春. 数据集成综述 [J]. 计算机科学，2004，31 (5)：48 -51.

[47] 吴加敏，孙连英，张德政. 空间数据可视化的研究与发展 [J]. 计算机工程与应用，2002 (10)：85 -88.

[48] 中国信息通信研究院云计算与大数据研究所，CCSA TC601 大数据技术标准推进委员会. 数据标准管理实践白皮书 [EB/OL]. (2020 - 02 - 17) [2021 - 12 - 21]. http://www. 199it. com/archives/983407. html.

[49] 甘义成. 基于语义分析的元数据管理工具研究 [D]. 上海：复旦大学，2015.

[50] 张闻. SAP 主数据管理解决论述 [J]. 通讯世界，2018 (7)：83 -84.

[51] 冯敬轩，张军贤. 国有企业战略规划管理理论研究 [J]. 石油规划设计，2021，32 (1)：32 -36，40，66.

[52] 张军贤，张礼安，张震，等. 中国石油集团战略规划管理体系创新与实践 [J]. 国际石油经济，2019，27 (3)：81 -89.

[53] 戴剑，罗清亮. 战略规划：企业持续成功的基因 [M]. 上海：上海财经大学出版社，2015.

[54] 刘希俭，等. 企业主数据管理实务 [M]. 北京：石油工业出版社，2017.

[55] 中国信息通信研究院，CCSA TC601 大数据技术标准推进委员会. 城市大数据平台白皮书 [EB/OL]. (2019 - 06 - 04) [2021 - 12 - 21]. http://www. caict. ac.

cn/kxyj/qwfb/bps/201906/P020190604489340368704.pdf.

[56] 石秀锋. 数据治理系列 5：浅谈数据质量管理［EB/OL］.（2019-08-10）［2021-12-21］. https://blog.csdn.net/kuangfeng88588/article/details/99085074.

[57] 中国信息通信研究院，安全研究所. 大数据安全白皮书（2018 年）［EB/OL］.（2018-07-12）［2021-12-21］. http://www.caict.ac.cn/kxyj/qwfb/bps/201807/P020180712523226672500.pdf.

[58] 中国信息通信研究院，开放数据中心委员会. 数据中心白皮书（2018 年）［EB/OL］.（2018-10-17）［2021-12-21］. http://www.caict.ac.cn/kxyj/qwfb/bps/201810/P020181017376178212777.pdf.

[59] 王汉生. 数据资产论［M］. 北京：中国人民大学出版社，2019.